岩　波　現　代　文　庫

サンタクロースを探し求めて

暉峻淑子
Itsuko Teruoka

社会 349

JN159266

岩波書店

目次

第一章　サンタクロースとの出会い …… 1
第二章　子どもと本と私と …… 23
第三章　サンタクロースの本を書く …… 49
第四章　聖ニコラウスを訪ねる旅 …… 105
第五章　サンタクロースと大人達の世界 …… 135
終　章　サンタクロースは、やっぱりいた …… 169
参考文献 …… 181
あとがき …… 189
岩波現代文庫版あとがき …… 191
解説　サンタクロースはいる …… 平田オリザ …… 193

第一章　サンタクロースとの出会い

どの家にも、祖父母から親へ、親から子どもへと、無意識のうちに、あるいは意識的に引き継がれ、人生の中にくりかえされていく習慣や行事がある。

昔、それは先祖伝来の秘伝とまではいかなくても、家風とか、しきたりとか言われて、それぞれの家の個性をつくってきた。各家には手前味噌という言葉通りに、独自の味噌や漬物のつくりかたがあり、じまんの家庭料理があり、お客様のもてなしかた、整理整頓のしかた、昔語りのおとぎ話や子どもの遊び、そして何よりも大事な子育てのしかたがあった。私は遺伝よりも家伝の文化のほうが、子どもの人生に与える影響は大きいと思っている。

私の生い立ちをふり返っても、子ども時代の環境が私の人格に大きな影響を与えていることを否めない。子どもは、親が周りの世界と、どのようにつきあい、どのように対処しているか、ということの中に親の人格の表現をみて、まぎれもなく、親の人格から生き方を学びとるのである。たとえそれが、反面教師としての人格であったとしても。

親が私に遺した二つのものは、ひとつには好きなことに熱中する楽しさであり、もうひとつはサンタクロースに出会う機会を与えてくれたこと、ではなかっただろうか。

『有田川』のモデルとなった父の生家

私は、父のルーツを二人の幼い息子に見せたくて、祖母の法要の折、父に伴われて、息子とともに和歌山の父の故郷をたずねた。父が生まれた家も、新校舎になってはいたが父が通っていた小学校も、昔のままの場所にあり、少年のころカッパのように水にもぐって育ったという有田川も満々と水をたたえて、その流れのかなたには渺渺《びょうびょう》とした紀伊水道が霞んで見えた。有吉佐和子の小説『有田川』(講談社)は祖母の生家をモデルにしたものだときく。その小説は、洪水の時に有田川を流されてきた幼児がみかん山の富裕な地主である夫婦にひきとられ、養女として育てられる話である。その幼女の人生をめぐるさまざまなストーリーはフィクションであるものの、みかん山でのみかんの収穫や除虫菊《じょちゅうぎく》の栽培の話など祖母の生家の雰囲気があちこちに感じられてなつかしい。

祖母の家には、洪水で流されてきた幼児ではないが、私たちが「たかちゃん」と呼んで親しんだ、やや知恵遅れ気味の女性がいた。家事労働をしているけれど、お手伝いさんでもなく、といって家族でもなさそうなこの女性のことを、私は子供心に、家庭のなかの定位置にはまりきれないふしぎな存在と感じていた。たかちゃんは、ひさびさに訪れた私たちをよろこんでくれているようなのに、ものかげから見ているだけで、人前に出ることはなく、それでも私が息子に「ここには大きなお蔵があるのよ。あなたたちはお蔵がどんなものか知らないでしょう」と言うのをちゃんと聞いていて、息子が庭に出たときなど、息子をそっと手招きしてお蔵を案内しようとしてくれるのだった。

1955年(昭和30年)頃の有田川．1953年(昭和28年)に大洪水があり，有吉佐和子の小説はそれを舞台にしている(中井一三氏撮影)．

父は実家に帰ると、いつも「たかちゃん。元気にしてるかね」と慈愛のこもった声をかけた。祖母も善良そのもののたかちゃんをかわいがり、日に何度となく、たかはん、たかはん、と声をかけるのだった。ずっとあとになって私は母から「たかちゃん」は、不幸な生いたちの子どもで、同情した祖母がひきとってわが子同然に育てた子だと、きいた。

祖母の死後も、たかちゃんはあいかわらず家族に囲まれて、髪の毛が真っ白になる高齢まで生きたが、菩薩さまのような童顔になった善良なたかちゃんが、いつ行っても祖母の家にいることが私にはなつかしくかんじられた。

祖母は仏教の信心が深いひとで、何にたいしてもあわれが先立ち、「どんなに悪いことをしてもね、南無阿弥陀仏といえば仏様は許してくださるのだよ」と、よく言っていた。有吉佐和子の『有田川』にも、慈悲ぶかく、こまごまと気配りを届かせる老夫婦の姿が描かれている。私の父は、後に子どもがいない親戚の家の養子となったので、名目的には本家を出た人間であったのに、あいかわらず祖母のいる家に私たちをつれて里帰りをし、私たちも祖母の思い出とやさしさが残るその家と家族を大切に思い、私たちの故郷だとも思っている。祖母の生家は地主で田畑やみかん山だけでなく明治のはじめから除虫菊の輸出も手がけ、財界で活躍した身内の者が多い。

佐藤春夫の「望郷五月歌」そのままに、たわわに実った夏みかんが土塀ごしに金色に光る初夏、私たちは祖母の生家を訪れた。親代々という忠実な執事が、まだその家を守ってくれていて、排水規制のきびしくなった除虫菊の工場も昔ながらに稼動しており、玄関先の広い前庭には、秋の収穫の後、小作人を慰労するために都会からよびよせた芸人一座に、人形浄瑠璃を演じさせたという、その小屋がけの跡も残っていた。そして家の中の地下には、いざというときに家人が避難するための座敷部屋までつくられているのだった。

他者に尽くす家父長

その祖母の三男であった父は、戦前の「家父長」という言葉そのままの人であった。自分の存在そのものが規範であるような人であったから、他人の批判をよせつけないところがあったが、そのかわりに荒波をよぎる船のへさきに立つ船頭のように、苦しみも悲しみもまっさきにわが身に引き受けて、決して逃げることも、泣き言をいうこともない強い人だった。

父を思い出す二つの出来事がある。化学者であり大学の教師でもあった父は、高分子学会誌に次のような思い出を寄せている。ある研究のため、元素分析室で一日一二時間以上に及ぶ実験が何日もつづき、体重を七〜八キロも減らして、最後の実験が終わるというその最終回に、幾重にも気をつけていたはずの、実験器具を取り落として壊してしまい、それが大学にひとつしかない実験器具であったために、実験を完結させることができなくなってしまった。

これまでつづけてきた実験も水の泡。発表する学会は目の前。神も仏もない、と呆然とした父は、しかし試されている自分を感じ、気を取り直して、実験室に出入りしていたガラス職人の家の住所を人づてにきくと、その家を訪ねた。

やっと探し当てた職人の家についたときはもう真夜中過ぎで、ホトホトと雨戸を叩くと、家の中で人が起き出してくる気配がし、電灯がついて、やがて雨戸を開けてくれた職人は、父の差し出した実験器具の壊れた面を電灯の光の下で長い間、じっとみつめていた。ややあって「これならなおります」といって徹夜で修理してくれたという。おかげで実験は完結し、計画したとおりの研究成果をあげることができた。「天は自ら助くるものを助く」という諺《ことわざ》をきいたとき、私はとっさに父のこの事件を思い出した。

戦後、私の家は、アメリカ占領軍の将校宅に接収されてしまい、ある時期、小さな借家暮らしを余儀なくされたことがあった。そこでは父の書斎もなかったから、家族が眠った後、父はすきま風の吹き込む玄関に茶卓を移して書見にふけっていた。凍えるような冬の明け方、トイレに起き出してみると、湯たんぽを抱えて背中を丸くした父が、いっしんにまだ本を読んでいるのをみかけた。父は、知ること、発見することの楽しさにわれを忘れて、朝がくるのも気がつかないようだった。父の死後、教え子の手でつくられた追悼文集には「ただひとすじに」という名前がつけられている。それもこうした父の性格を追憶してのことだったのだろう。

もうひとつの思い出は戦時中の空襲の時のことだ。空襲警報がひっきりなしに鳴りわたり、B29が焼夷弾《しょういだん》を落としていくのは日常のことだったから、それが、いつの夜のことだったか思い出せない。空腹と栄養失調と睡眠不足でフラフラになっていた私たちは空襲警報が解除されると、いつものように一刻も早くベッドの中で眠りたかった。

しかし、父は厳としてそれを許さず、このあともう一回、大空襲があるから眠ってはだめだと言う。父の頑固さを恨みながら幾重にも家の周囲に水を張り巡らし、改めて大事なものを庭に運び出しつつあったそのとき、ほんとうに大挙してB29が現れて、雨のように焼夷弾を落としたのだ。幸いに私の家は町内の隣組の中で唯一焼け残って、難をまぬかれた。

軍役についたことがない父に、なぜ再度の奇襲を予測できたのかときくと、最初の飛行機の飛び方がいつもとまったく違い、あちこちを長時間、低空旋回したからだという。

父は戦争中、軍や政府の発表をまったく信用しておらず、事実の中から自分の頭で判断し、行動し、家族を守った。事実にもとづいて事実の中から判断する、ということの大切さを、私はこの時、心に刻んだ。

それだけでなく焼け出された人たちを家の中に迎え入れ、わずかな貯蔵食糧を提供して、落ち着く先が決まるまで、ここで滞在するようにとすすめた。そのとき私はいつも煙たく敬遠していた父をはじめて尊敬の目でみつめた。その数年後に、たまたま家の門の前で掌《て》を合わせている人を見かけ、いぶかしく思って軽く会釈すると、その人は近所にいた人で「空襲の時はお宅でお世話になりました。そのときのご恩を忘れません。お宅の前を通る時は、こうしてかげながら掌を合わせております」と言った。

力をもつ者の判断によりかからず、長いものに巻かれず、自分の頭で考えることの大切さを、そしてそれが自己責任の第一歩であることを、私は学んだ。私が研究者の道を歩むようになってからも、仲間が無条件に信奉する大学者の言説に、わかったふりができない私は、自分の判断で納得できるまでは、思い悩み、遅々として論文ができなかった。すいすいと器用に片付けていく仲間が羨ましかった。

学者として数々の業績を残し、まじめで厳格で怖い人だった父は、ワンマンの頑固者であった他の一面で、自己の損得を無にして他者につくすところがあり、そのために父の欠点が相殺されていた。

まだ目も開かない犬の子が捨てられていれば拾ってきては養い、それらの子犬が成長して誰かにもらわれていく時も、かわいくて利口そうな子犬から貰ってもらい、一番見栄えの悪いビッコの犬を家に残して「こういう犬は本当に犬好きの家でないとかわいがってもらえないから」といいわけをした。庭の草取りをしても、小さな花を咲かせている野草を見れば「抜かないでおこう」と言って、そのままにした。学生が下宿先で病気をしているときけば、食べ物を届けたり医者への気遣いもしていたらしい。後年、旅先の駅で父を見送りにきた、かつての教え子の姿を見たが、父を見送るその教え子の目に涙がいっぱいで、それは学生時代に父の心遣いをうけたその思い出のためではなかったかと想像した。

自然の妙味というものか、頑固な父の遺伝子は、そうやってどこかでバランスを保つ設計になっていたにちがいない。そんな父を、年頃になった私達は、過干渉で煩わしく時代遅れの親と思い、新民法世代からみれば、何でも自分の思い通りに指図したがる父と、とくに私は、けっこうケンカの火花が絶えなかった。父が町の八百屋さんや魚屋さんであればどんなによかったかと、私は絶対主義専制君主みたいな父を恨んだ。にもかかわらず、どんなに父とケンカしていても、何かあれば、父は自分の身をなげうって私たちを助けてくれることを瞬時も疑ったことがなかった。だから子どものころ、そんな父が毎年クリスマスのサンタクロースの役割をしてくれることに何の違和感も持たずに子ども時代を過ごした。

サンタクロースとの出会い

私が生まれてまもなく、文部省の在外研修でドイツとアメリカにわたった父は、ドイツはベルリンのカイザー・ヴィルヘルム研究所(現在のマックス・プランク研究所)に長期滞在して、そこで教授論文を書いている。

ベルリン時代の父の写真をみると、ドイツの研究者にまじって、志高く、意気軒昂とした青年研究者のおもかげがみえて、眩《まぶ》しい。私が同じ在外研修でドイツにはじめて行った時のビクビクしていた姿とは大違いである。父は旧制第三高等学校、理乙の卒業であるから、ドイツ語を勉強してはいただろうが、当時のドイツ語の学習法はカセットテープがあるわけでもなく、現在に比べれば教材もたいしたものではなかったはず。

しかし、研究所の討論にはいつも積極的に参加して研究方法に疑義があれば、積極的にその誤りを指摘していたことが当時の記録に記されている。私はゲーテ・インスティトゥートでもドイツ語を学んだが、さっぱり討論などできなかった。

カイザー・ヴィルヘルム研究所の父(前列右から2人目)

その父が三年あまりの研究生活を終えてアメリカから帰国した時、私は三歳になっていた。まったく覚えていない父に人見知りして、いっしょにテーブルについて食事をしようとはせず、お手伝いさんと台所で食事をする私を父は嘆いた。

しかし、その父はドイツやアメリカからたくさんのお土産を持ってきた。今、思い出しても、大きな人形や、本物と同じようにスクリューで走る船や、動物のおもちゃ。木でつくった手作りの精巧な馬や人や車や街路樹や線路や踏切などでひとつの村ができる模型、ベビーゴルフの道具。本やオルゴール……。

後年、私はニュルンベルクのおもちゃ博物館で父のドイツみやげとそっくりのかずかずのおもちゃを見て、胸がいっぱいになった。なつかしい木製の荷車のミニチュアを買うと、手のひらにのる小さな手作りのその車は、ひとつで四〇〇〇円近くもした。父が持ってきてくれたあのかずかずのミニチュアの模型は全部でいくらしたんだろう。それらのおみやげの中にクリスマスツリーのための、夢のように美しいかずかずの飾りがあった。そして父が持ち帰ったクリスマスの習慣はその後何年も――戦争ですべてが失われるまで――わが家の心はずむイベントになったのである。

クリスマスの夜は、眠っている私たちの枕元に、サンタクロースの贈り物がくる。そこで、私たちは早々にベッドにもぐりこむ。そして、まだ夜も明けきれない時に目がさめて、枕元におかれたプレゼントの包みをガサゴソと開け始め、姉妹で見せ合って歓声をあげるのだった。その秘密にみちた、ワクワクする瞬間は、友だちを招待する誕生日やひなまつりのお祝いとはまったく異質の、スリリングな幸せを運んでくれた。

私たちはサンタクロースが親であることを知っていた。だから「サンタクロースってほんとにいるの？」と聞くこともなかった。しかし、それが親であって親でない、その背後にあるなにか大きな存在をかんじてもいた。

それは私が道路をはさんで隣にあるカトリックの幼稚園に通っていたからかもしれない。そこはフランスのサン・モール修道会が経営する幼稚園で、ブリタニ司教さまとよばれる白いヒゲのやさしい院長がクリスマスや卒園式のときには姿をあらわした。

幼稚園のクリスマス

それらの日々はやがて戦争によって砕け散るのだが、当時は日曜学校もあり、聖書の中のお話(私にとってはふつうの童話とまったく同じだったが)を聞いたり、美しいカードや小さな十字架をもらったりした。

中でもクリスマスの前になると幼稚園児も日曜学校の生徒も総出で劇や歌やおどりの練習があり、クリスマスツリーが本格的に飾られる頃は、園内に神秘的な中にも、何かを待ち望む、華やかな雰囲気があふれた。クリスマスの日は修道院のシスターや親達に見守られて劇や歌などの行事がおこなわれて、それが終わると、待ちかねたように白いひげのサンタが現れて、ひとりひとりの子どもと握手をして、大きな袋からプレゼントを配った。それが本当は誰であるかを聞こうとする子は誰もいなかった。

強制は読書を嫌いにする

もっとも幸せだった幼稚園時代から、学校時代にはいると、私たちの生活には突然にお国のための勉強という義務が強制されるようになる。私は今も外部から強制されることがきらいで、野蛮な男の先生から、軍国主義的な教科書や規則や宿題で、自由が制限されることを最大の不幸と思ったけれども、幸いに学校には図書室があったし、当時、塾などはまったくなかったので、学校が終われば、かくれんぼや鬼ごっこ、縄跳びやボール遊びに夢中になった。また、本の虫でもあった私は、本を読みふけると終わりにすることができず、父から目が悪くなる、と読書を中断させられたり、本に熱中している最中にピアノやお習字の習いごとに行く時間が来たりするのがとても不満だった。その欲求不満が心のどこかに残っているのか、私は息子が読書していているときに、それを止めさせたことがない。そのために、息子はしばしば宿題を忘れ、罰を受けたようだが、私は意に介さなかった。

長男が小学三年生になったとき、読んだ本について、そのあらすじや感想を、ノートに記録して毎週提出するという宿題があった。あれほど本が好きだった長男が「読後の記録をしなければならないと思ったら、読む前からもう読みたくなくなってしまう」と嘆いた。私は決然として次の父母会で、読書録の提出を任意にしてほしいと発言した。そのころ、子どもは学校に人質にとられているのであるから、学校のきめたことに異を唱えるなど、けっして賢い親のすることではないと思われていた。だから、先生も意外に思われたらしく、読書録の教育効果をこんこんと説明して、任意にしたら出す子がいなくなると言われた。

私も譲らず、「読書は強制して好きになるものではない。読書が好き、というのは私の家の大事な家風なんです。それを邪魔するようなことは学校といえどもしないでほしい」と過激なことを言った。

戦争という代価を払って、やっと、「子ども」そのものの権利を認めた戦後は、私の時代とは比べものにならないほど豊かな、子どもの本の世界をもたらしてくれた。その子どももまた自由な雰囲気の中でこそ、じっくりと本を読みたいに違いない。その自由であるがゆえの読書の楽しさを、私は管理と強制の下におきたくはなかった。

戦争の時代に本がもたらしてくれたもの

私の子ども時代には、当時、『婦人之友』の愛読者であった母が、婦人之友社が出していた『子供之友』やフレーベル館の『キンダーブック』を毎月とってくれていた。またおきまりの世界名作童話集や『ファーブル昆虫記』などもあった。母は子どもの本や文学が好きというより、教育的見地で子どもの本のことを考えていたらしい。ところが私は『小公子』や『小公女』や『フランダースの犬』『アルプスの少女ハイジ』などを読んだとき、子供心に「不幸って、どういうものなんだろう。私も不幸になってみたい」と思ったことを、はっきり覚えている。たぶん平和世代の若者が意外に戦争に興味をもち好戦的であるのも、戦争を知らないが故の、新し物好き好奇心の単純な心理なのかもしれない。

その後、やがて私達は戦禍の中で名実ともに不幸を経験し、××が欲しい、と言うのは禁句で、子どもの本も、戦争美談や、がまんの道徳や、たくましい日本人になるための鍛錬など、いやおうなく上から結論を押し付けられるものに変わる。やさしさや繊細な感受性は軟弱だとして、本の挿絵とともに発禁処分になり、敵国米英の本も禁じられた。私は欠乏と強制の中で人間の心がどんなに貧しく単純で歪んだものになるのかを知るのだが、大人たちが子どもに対してとる態度も強制と命令だけで、年上の者に対する批判などいっさい許されなかった。

しかし、どんなに戦争本が流布し、小学校の学芸会まで戦争劇一色になっても、その水面下で、戦争の世界とは異質の人間の世界を、本は私たちに語り続けていた。南極探検誌を読んだ時は、そんなにまでして未知の世界を探求しようとする人間の姿に共感を覚えると同時に、かつての探検仲間の遭難を助けようとして途中で死んだアムンゼンのことを、戦死者の話よりも悲しく思ったことを、今も思い出す。

『ファーブル昆虫記』にでてくる虫を庭で観察することも、戦争とは異なる心はずむ話題だったし、昆虫記と同じ行動をしない虫のことを、学校で理科の先生にきくと、「そりゃあ、虫がその気にならないんだろ」と明るく笑った。すべてを命令で動かそうとするファシズムの世界の中で、その気にならなければそうならない自然界の姿を、私は雨がやまないのも朝顔の芽がでないのも「その気にならない」もう一つの自然界の現実としてなっとくし、豊かな気持ちになった。

昔話に出てくるお寺の和尚さんとトンチ小僧の話もおもしろかった。お寺では味噌をつくるために大量の大豆を長時間かかって煮るのだが、その豆は特別においしい。小僧はこっそりとその味噌豆をおわんに盛ってトイレのなかで食べようとして、戸をあけると、トイレの中では先に和尚さんがこっそり味噌豆を食べていた。そこで小僧はすかさず「和尚さん、おかわりじゃあ」とおわんを突き出す話である。

画用紙をまっくろにぬりつぶした絵に対して、「それは何だ?」ときかれると、「闇夜の野原にねている黒牛」と答えるトンチ話もあった。飢饉の年に百姓たちが、代官に出す願い書に「一二三四五六七八九十」とだけ書き、代官から「読め」と言われると、「一つ申しあげます、二が苦《にが》しく、三年このかた四(非)常なききんで五穀《こく》も六にみのらず、七(質)いれするやら八(恥)をかくやら、九わずに苦しむ十カ村」と読みあげる、かしこい百姓の話である。私達も一に××二に××と言いかえ言葉をつくる遊びに熱中した。

どんなに校長や軍国教師がしかめっつらして教育勅語の道徳を説いても、修身や国語の教科書に出てこないこんなトンチ話の方が子どもにはずっと魅力的で頭脳優秀な話に感じられた。先生や軍人がいかめしさや厳そかさを演出すればするほど、その裏側には自然や人間性とかけはなれているがゆえの、こっけいさがあることを子ども達はかんづいていた。

戦時教育に洗脳されてアジアの侵略戦争も疑わなかった、と言う人がいる。

そんな人たちは学校外で本を読まなかったのだろうか。当時は農村も労働者の生活も貧しかったから、本に接する機会もなかったと思われる。しかしインテリでさえも戦争の偽善を見抜けなかったというのは、おかしい。自分で本を読めば、人間らしいもっと別の判断ができたはずである。当時の大人たちは知りながら自分に戦争という麻酔をかけたのだろうか。

しかし、感性の鋭い子どもは自分に麻酔をかけることができない。小学校を卒業するまぎわに、吉野源三郎の『君たちはどう生きるか』(新潮社、現在は岩波文庫)という本を読んだ。山本有三の編集する「日本少国民文庫」シリーズの一冊である。そのシリーズの中には、そのほかにも山本有三『心に太陽を持て』というような戦争とは関係のない人間的な題材の本があった。最近(二〇〇三年)、岩波書店が「読者が選んだ私の好きな岩波文庫一〇〇」を発表したが、その中の五番目に『君たちはどう生きるか』がはいっていてうれしかった。

この本はコペルニクスからとったコペル君というあだなの中学生の物語で、おじさんと話し合っているうちに、この社会の人間も文化も技術もが、網目のようにつながりあっていることを発見するところから物語が始まる。戦争で殺しあうことを「勝利」と教え、日本の優越性を教育していたときに、この本は、人間が世界の人びとと依存しあい、影響を与え合い、共生していることを、私たちに教えてくれた。上級生という地位と暴力で、下級生を支配し従わせようとする暴力グループと、コペル君たちはケンカもするけれど、そして叩きのめされるけれど、コペル君のグループは、豆腐屋の息子で運動も勉強も苦手の友だちを差別なく仲間に入れて、同じ人間としての友情を大切にしている。軍国主義反対とは叫ばなくても、『君たちはどう生きるか』には軍国主義とは対極の生き方を問いかける何かがあった。軍人や偉人をお手本にするのではなく、人間としての自分の生き方をみつめる目がそこにはあった。

この『君たちはどう生きるか』については、もうひとつの思い出がある。私たちが結婚して新居にめいめいの本を運び入れた時、夫の蔵書の中に『君たちはどう生きるか』があって、なぜか私はそれまでつきあってきた夫との長い時間よりも、この一冊、という共通性の方に安心したのである。

「私の好きな岩波文庫一〇〇」の三番目に選ばれている中勘助『銀の匙』も、荒々しい軍隊や競争や金儲けの世界とは異質の、このうえなく美しい少年時代の物語である。詩にしても、文学にしても、子どものときに読んだ本は、みずみずしいイメージを何乗にもして記憶され、心を豊饒にする。いま読んでみると、子どものときに思っていたほどの本でないことに気がつくこともあるが、それは言葉から受ける感受性が齢とともに衰えるからだろう。子どものときは、言葉以上に感覚でわかるものだ。だからこそ、子ども時代に人間性と向き合う本を読まねばならない。子ども時代によい本と出会えた人は、よき教師と出会えたと同じように、いや、それ以上に人生の基礎を本によって築くことができる。

　私は子どもの頃、読んだ本の内容を、なんの苦労もなく一言一句、暗記できたから、学校で教えられることよりも、本から多くの知識を学び、自由な空想の世界の中で、文章から紡《つむ》ぎだされる様々な世界に没頭した。そのうちに学校の先生達も私の本好きに一目おくようになり、私にどんな本がよかったかときき、私から本を借りる先生もあった。授業中も先生自身がわからないことにぶつかると、私に笑いながら「本には何と書いてあった？」ときかれることもしばしばだった。私の通った小学校は昔の師範学校（現在の学芸大学）だったから教育実習生がいつもいて、おりおりに、研究授業があり、そのときは校長も教頭も専科の教師もズラリと並んだ中で実習生が授業をする。その前日には実習生が「明日はお願いだから質問をしないでね」と私に言った。

子どもが人生を二度経験させてくれる

だから、子どもが生まれた時、私は子どもといっしょにもういっぺん、あのなつかしい、子ども時代の本を読み、もういっぺんサンタクロースに会うことができるのを心から喜んだ。

子どもが一歳の時は、私も一歳の心でまわりの世界を感じ、子どもが三歳になれば、三歳の目でいっしょにまわりの世界を見つめ直した。子どものおかげで、私は二度、みずみずしい人生を経験することができたのだった。

いまは少子社会だ。もし子どもを持ちたいと思うのに、あまりにハードな労働時間や、競争社会や、人生の計画が立てられない不安定社会ゆえに、子どもを持てないのだとしたら、政治経済社会の責任と罪はあまりに大きい。

第二章　子どもと本と私と

対照的な長男と次男

本が好き、というわが家の家伝と遺伝は息子達にも伝わったのか、長男は生まれながらに本の好きな子どもだった。

一〇カ月を過ぎた頃に、子どもはすでに絵本の内容がわかっていると思うできごとがあった。その本は、日常、目にする犬や猫や小鳥の絵が描かれた本で、それをいっしょに見ていたときだ。ブランコに乗っている子猫に、あひるが「下りてごらん、下りてごらん、こわくないよ」というページだった。そのページを読むと長男が泣き出したので、私はその理由がわからず、虫にさされたのかと長男の体をあちこち調べてみたがよくわからない。それから何日かしてまた同じページを読んだ時、再び彼は泣き出した。たぶん長男はおなじような経験を持っていたのではないだろうか。

その事件があってから私は、小さな子どもでも、大人が思う以上に絵本の内容がわかることを知って、よく選んで本を買ってくるようになった。彼は本当に本が好きな子どもだったと思う。よちよち歩きでやってきては私の膝に後ろ向きに座り、絵本を読んでもらいたがった。「ヨンデ」と言う言葉をおぼえ、読み終わっても読み終わってもまた、ヨンデを連発した。サムイル・マルシャーク『どうぶつのこどもたち』(岩波書店)、ディック・ブルーナの『うさこちゃん』シリーズ、ジーン・ジオン『どろんこハリー』、マリー・ホール・エッツ『わたしとあそんで』(以上三点とも福音館書店)。汗の匂いのする子どもの頭越しにいったい何冊の本を何度読まされたことだろう。私の方もまた、「本を読んで」と言われたら、どんなに忙しくても「あとで」などと言わずに、やりかけの仕事を放りだして本を読んでやるのだった。まるでそれが当然のことのように。

次男の方はもっぱら体を動かすことが生きがいのような子だったから、それはそれでいいと思っていた。二人とも一〇カ月で歩き出したところはそっくりであったものの、長男は用心深く、一歩、二歩、三歩、と歩いて体のバランスがくずれそうになると、転ばないように、その場にしゃがみ、また立ち上がって歩き出すというふうだった。次男の方は、どうせ転ぶのだから、ともかく転ぶまで一歩でも多く歩こう、とばかりに、しゃにむに歩き、必ず転び、転ぶのも歩くうち、とばかりに、また歩き出しては転ぶのだった。だから次男が「本を読んで」といって兄と同じように私の膝に後ろ向きに座っても、私がまだ三、四行しか読んでいないのに、つぎのページをめくりたがり、どんどん先のページをみたがった。そして私が一ページ読み終わる頃には、私の膝から立ち上がり、何かほかに気を取られることがあるのか部屋の中をひとまわりして、また膝の上にもどってくるのだった。

本を読むのに飽きて、それで終わりたいというのでもなく、膝にもどると、またつづきを読んでもらいたがるので、この不思議な行動に私も即応できるように、ボタンつけの仕事などをそばに用意しておき、膝をはなれるとボタンつけの仕事をはじめ、膝にもどってくると、ボタンつけの仕事をやめて、またつづきをよんだ。すると次男は、今度は庭まで出て行き、また舞

二人の息子とともに(ロンドンのトラファルガー広場)

い戻ってくる、というありさま。しかし、きれぎれの本読みにもかかわらず、本の内容も、ひとつひとつの言葉も克明に覚えているところがまた不思議だった。

ある日、夕方になると次男がシクシク泣くので、驚いて「どうしたの？」ときくと、「暗くなるともう遊べなくなるよう」とさめざめと泣くのだった。夜が来て泣く子の話なんてきいたことがない。しかしそう言えば昔、『竹取物語』のかぐや姫は月が出ると泣いた。私はあっけにとられてしまう。大人にとって夜が来るのは自然で何の驚きもないが、しかし子どもにとってすべては「ふしぎ」であり、当りまえではないのだろう。有名な北原白秋の詩「バラの木にバラの花咲く、なにごとのふしぎなけれど」も、たぶん、そういうふしぎさから生まれた詩だ。本の好みも、ミルン『クマのプーさん』(岩波書店)や、ポッター『ピーターうさぎのぼうけん』(偕成社)、『ひとまねこざる』のシリーズ(岩波書店)、マンガも大好き。ピーターうさぎのように、大人がちょっと目を離したスキにひとりで外に出てしまい、子どもと留守番をしていたお手伝いさんが蒼くなってあちこちを探したがみつからない。交番に届け出ると、子どもの名前を書くように言われるが、暉峻、という字が難しくて書けない。おろおろするうちに、誘拐犯と疑われたのか今度はお手伝いさんの身許をしつこく聞かれたらしく、彼女は帰宅した私に「もうやめさせていただきます」と涙声で言うのだった。交番からの連絡で石神井《しゃくじい》の本署に保護されていた次男はパトカーで帰宅したが、パトカーが気に入り、大人たちの気持ちをよそに、降りたくないと泣きベソをかいた。

複数の子どもがいたために、私は個性というものの存在を、つくづく理解することができた。長男はクラシックのピアノを勉強し、次男はジャズのドラムを習うところまでが対照的だった。しかし、好みはちがっていても、次男はやがて自分で字を読むことに習熟すると、『ドリトル先生』(岩波書店)が大好きになり、『大どろぼうホッツェンプロッツ』(偕成社)や灰谷健次郎さんの本や、中沢啓治の『はだしのゲン』(汐文社)に熱中し、トンチ話も大好きで、小学校の図書室の本のおおかたを読んでしまった子として先生に記憶されていたらしい。それだけでなく小学生のころからひとりで図書館にもよく足を運んでいた。彼が高校時代に現代国語の文意を難なく理解することに、友だちから、「どうしてわかるの?」といつも感嘆されていたという。

わが家の本棚

職業柄、私の家には本棚に納まりきれない本があふれて、それをどのように整理するか、いつも頭を悩ます。家族全員がそれぞれの本を自分の所有地(部屋)からあふれさせ、共有地を占拠しようとするから争いがたえず、口分田《くぶんでん》の故事にならって、線引きをしようという案も出る。そんな中で、どうしても整理し切れない本棚の一角があり、そこにはいまも、まだ幼かった子ども達が愛読した本の数々が並んでいるのだった。

子ども達が社会人になった今も、私はときおりその一冊を取り出して、思い出をなつかしむ。何世代も読みつがれてきた子どもの本には、大人の実用的な本とは違って、書き手の精神の結晶とでも言いたくなるような、特別な思いがこもっていると感じる。これだけは子どもに伝えたい、これだけは遺しておきたい、という人生のエスプリ――あふれるユーモア、自然界の不思議、生きることのよろこびや悲しみ、想像力をかきたてる空想の世界、聖なるものへの憧れ――感受性豊かで心のやわらかな子ども時代にこそ読んで欲しい、そんな書き手の願いが、ひとつひとつの言葉と息遣いを通してきこえてくるのだ。

『せいめいのれきし』

バージニア・リー・バートン『せいめいのれきし』(岩波書店)。長男が小学校にはいるとき「好きな本はなに?」と先生にきかれて答えた本の名である。なぜか彼はこの本が好きだった。地球が生まれてカンブリア紀から古生代、中生代、新生代、氷河時代と過ぎて行く歴史の中で、さまざまな生物が生まれ、ヒトが現れて現在にいたる話である。

私は子どもの日常経験を超えたこんな話を、どうして子どもが好きなのか理解できなかった。私の家には長男が高校に入学するまで、テレビというものがなかったから、テレビを通して地球の誕生や恐竜を知ることもなかったはずである。もしかしたらそれはこのページ左上のすばらしい絵のせいだったかもしれない。作者バージニア・リー・バートンは子どもが喜ぶ『いたずらきかんしゃちゅうちゅう』(福音館書店)という絵本も書いている。だから、一見、難しそうな「せいめいのれきし」を語っていても、著者は子どもの心をそそる「何か」をこの絵に託していたにちがいない。最後のページは「さあ、このあとは、あなたのおはなしです。……いますぎていく一秒一秒が、はてしない時のくさりの、あたらしいわです。いきものの演じる劇は、たえることなく

つづき……」という文章で終わる。

幼稚園時代には字が読めないから、この本も例によって私の膝に後ろ向きにすわって、いっしょにページをめくりながら読んだ。読み終わるとまた「もういっぺん」とリクエストがありまた読む。さらにもういっぺん、というふうで、くり返し読むうちに子どもは全文を暗記してしまっていた。想像することもできない地球の歴史の物語をきいて、いったい彼は何を考えていたのだろう。

こざるのジョージはわが子の生き写し

そうかと思うと、がらりと違った人気作マーガレット&H・A・レイ『ひとまねこざる』(岩波書店)のシリーズを読む時は親子で笑いがとまらなかった。こざるのジョージはわが子の姿に生き写しだったのだ。

子どもが小さいころ、私にとっての夕食までのひとときは、戦争のような時間である。勤め先の大学から駆けこむように家に帰り、早く食事をさせてお風呂に入れなければ、子どもはお腹を空かせているし、ぐずぐずしているとそのまま眠ってしまう。だから気ぜわしく食事の支度をして「さあごはんですよ」と炊飯器の蓋をあけると、なんと、おしょうゆがジャブジャブと注ぎこまれているではないか(いったいなんのつもりダッ）。どうしてこんなことしたの？　などときくのは愚問である。彼らは知りたがりやで、やってみたがりやのジョージと同じように、やってみたいというやみがたい欲求でやっているのだから。さあお風呂、と蓋をあけると、粉石けんがいちめんに浮かんで半ば溶けた風呂の水は白濁している（人間は洗濯物じゃないゾッ）。まったく泣きたくなる。食事の途中、電話の応対が終わって席にもどってみると、お茶碗のご飯粒をたん念に籐いすの籐の編目にぬりこんでいる。あとでそれを取り除くのに数時間かかってしまった。風呂の水を掃除機でくみ上げて、モーターを機能停止状態にしてしまったこともある。子どもがとんだりはねたり食べ物をこぼしたりして汚れ擦り切れた客間のソファに、真っ白な椅子カバーを新調して、「やれやれこれで来客があってもごまかせる」と一安心していると――。

　ある日帰宅したら真っ白なカバーのうえに、マジックで丸やわけのわからない

幾何学模様がモジャモジャと書かれている。こちらが根負けしてもうあきらめ、来客のたびに解説する始末。

二〜三歳から四〜五歳の頃の好奇心と行動力には、アッと絶句させられる日々の連続だ。おどろいて口もきけない私を、敵はあどけない目でふしぎそうにみている。そんなとき、私がおさるのジョージの本を読んでいなかったら、とっくに私の方が切れてしまっていたに違いない。大人の合目的的な行為と、子どもの無目的な行為の衝突である。しかし、悠久な自然からみれば、大人たちのめざしている目的とは、刹那的《せつなてき》な、「目的のない目的」にすぎなかったのかもしれない。

子どもは思いを本の中の言葉に託す

本は親子の共通体験であると同時に聖域でもあった。子どもは言葉にならない自分の思いを本の中の言葉に託す。

子どもをつれて実家に泊まった時、もう眠ったかと部屋の戸をあけてみると、二人の息子は口の周りをビスケットの粉だらけにして、ふとんの中でモグモグとなにか食べている。私の家では、夕食後はお菓子など食べずに、歯をみがいて、おやすみなさい、とベッドに入るのが習慣になっていた。私がおどろいて何か言おうとする間一髪、次男が「くってるときは、ねてないんだ」と言う。これはマルシャーク『どうぶつのこどもたち』(岩波書店)の中で、ふくろうの子が「ねてないときは　くってるんだ。くってるときは　ねてないんだ」という、その言葉の口まねである。私は思わず笑ってしまった。

マルシャークにはもう一冊、子どもたちが好きだった『しずかなおはなし』(福音館書店)という本がある。子どもが眠る前のひととき、枕元で本を読んでもらいたがると、終わりにする前にこの本を読んだ。「ちいさなこえで　よむ　おはなし。そっと　そっと　そっと……」。それで子どもたちも満足して眠りにつく。夫が子どもに本を読んでやるときは、忙しいので早く打ち切りにしたくて、ページを飛ばして読んだりする。そうするとすべて暗記している子どもから「ちがうよ」と異議がでるのだった。

あるとき、子どもを叱ったあと、立ち

去ろうとする私に、子どもは歌うように「ステテケ　ステテケ　スッテンテン　黒鬼さまのお通りだ」と言う。これは松谷みよ子『龍の子太郎』（講談社）の中に出てくるセリフである。たぶん私は鬼みたいな顔をして怒ったのだろう。怒るにも怒れない。

寒い冬の日、外から帰ってきた次男が「ママ、お手手が冷たい、お手手がちんちんする」と言うときは、その小さな両手に暖かい息をハーッと吹きかけて、私の両手の中に包みこんで欲しいときだ。新美南吉の『てぶくろを買いに』（大日本図書）のように――。この本の中で、ある寒い雪の日、お母さん狐は子狐の手をそうして温めてやり、子狐はひとりで手袋を買いに行くことになる。

「おやすみなさい。おんぶして」と甘えるときは、ラッセル・ホーバン『おやすみなさいフランシス』（福音館書店）のように、おんぶしてベッドまでつれていってもらいたいときだ。親子の間にそれが通じることで、子どもは至福の満足感を得ていたに違いない。

加古《かこ》里子《さとし》『だんめんず』（福音館かがくのとも四八号）。次男が小学校の一年生の時、理科の先生が、植木鉢の土中にのびている根の絵を黒板に書かれたことがあった。次男が「あ、だんめんずだ」とつぶやくと、先生は「ほう、断面図と言う言葉を知ってるの？」といわれた。たまたま給食の手伝いで教室にいた私は、次男が言う断面図が、理科で言う断面図といささかちがっていることに気がついていた。加古里子さんのだんめんずは、しりたがりやで好奇心のかたまりである子どもの目で描かれている。たとえば土管に向かって犬がほえている。次のページには土管のだんめんずが現れ、土管の中に子猫がうずくまっている、というふうなのである。ケーキや紅茶のだんめんずもでてくる。物体の外側と内側。内側の世界のふしぎと切り口の多様性。人間にもいろいろな断面があり、その心理の断面の複雑さはけっして一色ではあらわせない。友だちが悲しみや怖れの中にいるとき、その心の断面に向かって、最も適切な救いの言葉を投げかけることができるのは次男の特技であったかもしれない。

小学校の先生から「てるおか君は不思議な子だね。クラスでいじめがあっても、てるおか君がひとこと何かいうと、いじめが止む」と言われたことがあった。たしかに子どもは、人びとが心の中に置き忘れていた大事なものを、一瞬のうちに思い出させてくれる言葉を知っている。私も、子どもの言葉でハッと反省させられたことがしばしばあった。

しかし子どもの持つ純粋な言葉の魔力が通じるのも、ある年齢までで、中学生ともなると、クラスのいじめは陰湿険悪なものになっていき、そばで何を言っても、言葉が心の壁の中にはいりこめなくなる時がある。言葉の無力である。そんなとき、江戸落語をそらんじていて、暴力のきらいな次男は「落語のユーモア」で、周りにはりつめた爆発寸前の緊張感を一瞬のうちに吹き飛ばしたという。

私の家でも兄弟同士で、しばしばケンカがあった。そんなとき私が間にはいってやめさせようとすると、お互いに「相手が先にこんなことした」「いや僕じゃない、お兄ちゃんがこうした」と言いたてて、公平な仲裁をしたくても絶対に納得させられない。「ママはまるで落語に出てくる町奉行か代官みたいじゃないか」と怒り――「お前が悪い。と思いおったが、やっぱりこっちが悪い。と思いかけたが、やっぱりそっちが悪い、ときまりかけたが、やっぱりお前が悪い」と袖《そで》の下に賄賂《わいろ》がはいるたび裁きを二転三転させる悪代官の噺《はなし》を持ち出す。それがおかしくて結局三人とも笑ってしまい、ケンカはどこかにいってしまうのだった。やっぱり言葉は無力じゃないのだ。生活の中から生まれ、人びとの感情の険悪な衝突を、機知にとんだ言葉でいっきに笑いに変える落語の文化。

長男と蒸気機関車

子どもにとって本の世界と現実の世界には、夢と現実というような境界線がない。長男は乗り物マニアで、とりわけ蒸気機関車が好きだった。『いたずらきかんしゃちゅうちゅう』(福音館書店)も好きだったが、阿川弘之『きかんしゃやえもん』(岩波書店)や谷内こうた『なつのあさ』(至光社)も好きで、私たちは万世橋にある交通博物館の「やえもん」に、何度も会いにいった。

九州にはまだ蒸気機関車が走っているというので、あのころたぶん筑豊本線のどこの駅だったか忘れたが、駅の売店でお弁当とお茶を買い、てくてくと親子で歩いて、芋畑の丘をよじのぼり、そのまま下を走る蒸気機関車をいつまでもいつまでも待った。

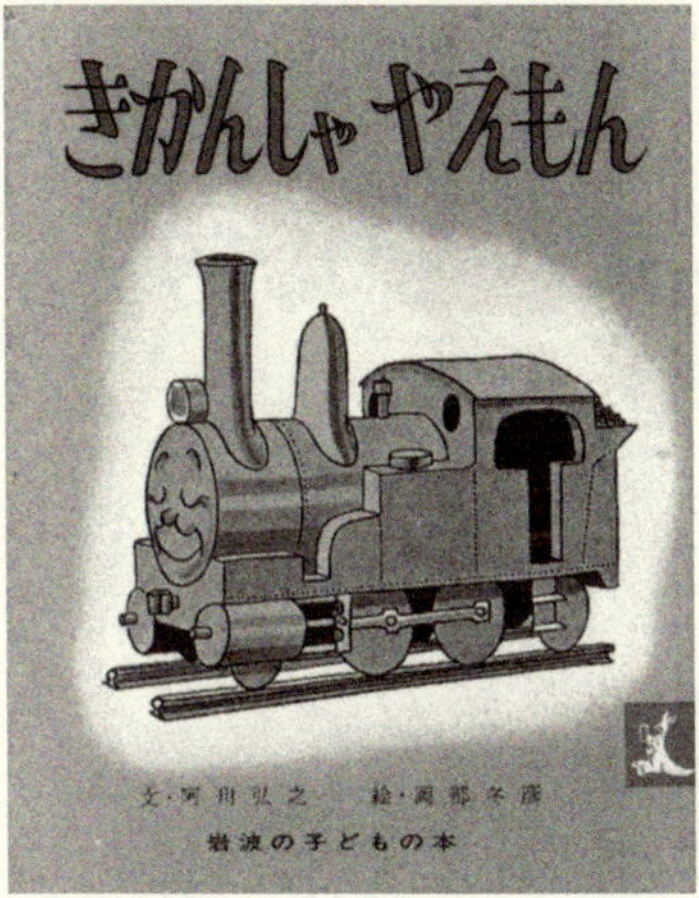

「きこえる　きこえる　いつもの　あのおと　だっだ　しゅしゅ　だっだ　しゅしゅ……」『なつのあさ』の言葉さながらの一瞬だった。機関車に手を振ると、機関手もサービスにポ――ッと汽笛を鳴らしてこたえてくれた。

一日が暮れていくまで、私たちは何本かの蒸気機関車が走りすぎるのをみた。長男の蒸気機関車マニアは病い高じて、小学校四年生の夏休みに、北海道を走る蒸気機関車がその年で最後になるときき、ついにひとりで北海道に旅立つ。小樽が故郷の知人が帰郷するときいて、ご迷惑はかけないからと、同じ列車に乗せることにして、北海道でも一人暮らしのおばあさんの家に泊めてもらう約束ができた。あれほど人見知りして寡黙で非社交的な長男が、リュックの中にカメラと録音機と着替えと洗濯石鹸を入れて、あの日、後ろも振り返らずに上野駅から旅立ったのだ。

二週間のちに、すすで真っ黒の顔をして帰ってきた長男は、青森から各駅停車の列車で帰ってきたと言う。彼は、往復の途中の駅や青函連絡船内で買った弁当の包み紙を大事に持ちかえっていて、それぞれの弁当について、くわしく解説してくれた。窓から録音機を外に突き出して、蒸気機関車の音を録音した「だっだ　しゅしゅ」の音や汽笛の音もきかせてくれた。列車の中で小学生の長男が熱心に録音している姿や、駅で停車するたびに、機関車のそばまで走っていって食い入るように見ている姿に気がついた機関手は、長男を機関室に抱え入れて実際に汽車を走らせるところをみせてくれたという。北海道でも手宮《てみや》の機関庫にいる弁慶号に会いに行き、そのときも東京からはるばる来た小さなマニアを係員が抱き上げてヘルメットをかぶせ、庫内を案内してくれたという。

中学一年のときは、ロンドンの科学博物館をたずね、ワットが蒸気機関を発明した当時そのままの実験室を見ることができたし、その後、ウェールズのスノードン山を上っていく、昔日の小さな小さな蒸気機関車にも乗った。

地球は丸いことを確かめる

アンソニー・ラビエリ『地球はまるい』(福音館書店)。この本にも思い出がある。

昔ひとびとが地球は平らで海のはては断崖絶壁になっていると信じていたとき、星や月を観察して、地球は丸いのではないかとかんがえるギリシア人がいた。約二五〇〇年前、ピタゴラスは水平線から船が見えるとき、まずマストが見え、次に帆が、最後に船体が見えてくることから、地球は球の形をしていると考えていた。アリストテレスも月食の状態からそれを証明しようとした。そして、その理論を実際に確かめるために航海に出た

のがコロンブスであり地球を一周したマゼランだった。航海に出発するコロンブスの厳しいが夢見るような顔をみて長男は言ったものだ。「確かめにいく決心をした顔だから好き」。そして自分も丸い水平線を見たいと言う。私達は大島にわたる船に乗り、デッキから、丸く弧を描く水平線を見た。

そのとき、その水平線から、本当に船のマストがせりあがるように現れ、帆こそなかったが、やがて船体が姿をあらわすのを見たのだ。

井尻正二『野尻湖のぞう』(福音館書店)やハイエルダールの『コンチキ号漂流記』(偕成社)のように、仮説をたてては事実を確かめ、くずれた仮説を再びたてなおして、真実に迫っていく話は、子ども達の好奇心と探究心をいやがうえにもそそった。庭に二人で深い深い穴を掘り、地球の裏側まで掘っていくはずの穴に落ちて、ケガをし、頭を二針も縫ったこともあった。

次男とアゲハ

福音館書店が毎月刊行する『かがくのとも』に『あげは』(小林勇文)という一冊がある。私の家の小さな庭には山椒《さんしょう》と、みかんと、くちなしの木があるので、アゲハが卵をうみつけて、黒い毛虫から青虫になり、サナギになるのをしばしば見つけた。

ところがもう一一月末のある寒い日、枯れかけた山椒の葉のうえを這いまわっている青虫を次男が枝ごと折りとって、部屋に持ちこんで来た。

この寒さで青虫が死んでしまう、家の中でなら生きられるのではないか、という。陽だまりにわずかにのこる半枯れの山椒の葉を集めて青虫の給食にし、やがて青虫はふつうよりもずっと小さなサナギになった。

蝶になったら、花屋さんから毎日花を買ってこようね、と話し合っていたのに、サナギはいつまでたっても蝶にならなかった。本をみると四〇日から五〇日前後で羽化《うか》すると書いてあるが、四〇日過ぎても、五〇日過ぎても、サナギは蝶にならなかった。「きっと山椒の葉が足りなかったので、栄養不良で蝶になれないのよね」「もう、死んじゃってるんじゃないの」私たちは小さくてあわれなサナギをみてはそう言い合った。

それでもサナギは捨てられることもなく、ストーブのそばで冬をこした。そして家族のだれもがサナギのことを忘れてしまっていた春休みのある日、次男が大きな声で叫んだ。「サナギが蝶になってる!」

みなが駆け寄ってみると、糸トンボのように細い、羽化したてのアゲハが、花瓶にさしたままの山椒の枯れ枝に、たよりなげにしがみついている。

私たちはその花瓶を食卓の真ん中に移して、羽化したばかりのアゲハをみなで見つめた。しずかにしずかに、深呼吸するかのように、一呼吸ごとに、アゲハの羽は、少しずつ、少しずつ開いた。開き終わるまでにどれくらいの時間がたっただろうか。開き終わったその羽の色の、水もしたたるようなあざやかさに、私たちは息をのんだ。アゲハは羽を開き終わってからも、そのままジッとしていたが、何時間かすぎて、体内の時が満ちた、とでもいうように、南がわの明るい窓に向けてゆらりと舞い上がった。

次男が戸をあけてやると、外の風にさそわれるようにアゲハはゆっくりと庭に舞い出て、ライラックの木の枝に羽を休めた。その後姿にむけて「おーい、つかまるなよ」と言った次男の声は、心なしかうるんできこえた。その日、夕暮れが夜になっても、アゲハはまだライラックにとまっていたが、翌朝、もうその姿はみえなかった。

わが家の王者になったおんどり

まだ、いくつかの忘れられない思い出がある。

マルシャークの『どうぶつのこどもたち』(岩波書店)の中に勇敢なめんどりの話が出てくる。ひよこを守るために猫とたたかう、強いお母さん鳥の話だ。

ある日、お盆の縁日の屋台で、子ども達は一羽のひよこを買ってきた。大きくなって卵を産み、勇敢なめんどりになる、と信じて。

ひよこはピヨピヨと鳴いて人間のあとを追い、ポケットの中で眠り、手のひらから餌をもらって、人間の肩を止まり木がわりにするほどなついていた。ところが、あるとき家族で数日、家を留守にして帰宅してみると、急にたけだけしいおんどりに変身していて、二階の屋根まで飛んでいってはトキの声をあげ、近所の人を驚かせた。

鉄棒にぶらさがってハダけた子どものオヘソめがけてつっかかったり、素足では歩けないほど、私たちの足をつつき、わが家の庭にはいってくるものは、よその猫でも雀でも追いかけ回すので、いつしかわが家に寄りつく生き物はいなくなって、おんどりはわが家の王者になった。

ある朝早く、玄関のブザーがなるので起き出てみると、近所の家の娘さんが玄関に立っていて「お宅のにわとりが来ているので迎えにきてください」という。あわてて行ってみると、その家の犬を犬小屋から外に追い出し、犬の朝ごはんを、傲然《ごうぜん》と食べている最中だった。「勇敢なめんどり」ならぬ勇敢なおんどりである。――だから、そのおんどりが家出して姿をくらましたとき、私は半ばホッとしたが、二人の息子は心配して、自転車で近所の肉屋さんを回り鳥相書を渡して、もし、にわとりが連れてこられたら電話をしてほしい、と頼んだらしい。数日して肉屋さんから連絡があり、迎えにいった息子に抱かれて、水炊きにもスキヤキにもならなかったにわとりは、ケロリとして帰宅した。ところが、こんどは夜中の二時、三時にトキの声をあげて、隣の家から安眠妨害の苦情を受けることになった。

「早くつぶさないと、年をとったにわとりは硬くておいしくありませんよ」という隣の奥さんに、私は「だって、にわとりは天照大神の昔から天岩戸でトキの声をあげていたんですよ。にわとりの方が既得権が古いんだから、なきごえがうるさかったら最近建ったあそこのマンションの終夜灯を消してもらってください」と古事記の話をしてあきれられてしまった。

私たちを振り回したおんどりも、八年目の冬の朝、とうとう死んだ。白布にていねいに包まれて目を閉じた勇敢なおんどりは、寒風の中、二人の息子の手で土中深くていねいに埋められ、死んだ他の動物と同じように、墓石のかわりに一本の木が植えられた。家族みんな動物が好きだったから、さまざまな動物が入れ替わり立ち替わり家族の一員となって、それぞれの一生を終わった。犬も、にわとりも、あひるも、カニも、カブトムシも、それぞれの命が、多くのドラマのあとに死を迎えるたびに、私たちは気がぬけたように無言になった。

地球と自然こそは永遠の主人公であり、花も木も虫も鳥も、そして人間も、すべての生物は生まれては死に、生きては死ぬ、大地のわき役にすぎないのだった。

「Ｂｏｏｋ童夢みまき書店」の赤尾美和子さんは言う。

「死という言葉に出会っても、短い夏を旅立っていく蝉たちの死よりも、ホラー映画の残酷な死のイメージしか描けない子どもが出現する。語彙こそ多いが、言葉の獲得が、豊かな人格の形成にはつながっていない」と。

しかし、子どもたちから言葉の土壌になる体験の豊かさを奪ってしまったのは大人たちではないだろうか。本に熱中できるゆとりを子どもの世界から奪ったのも。

子どもは頭で考えたり感じたりするだけでなく、手足でも皮膚でも、体全体で考え感じている。体全体で考え感じるゆとりと、自然との共通性を奪われてしまった子どもたちは、都会の子が俳句を理解しにくいように、言葉の奥にある深く豊かなイメージを描き楽しむことができなくなっているのかもしれない。そして既成のパラダイムを超える豊かな創造性も、もぎとられているのかもしれない。

子どもたちの独立

子どもの絵本と現実の出会いは親である私にもあった。幼稚園のころから友だちの群れの中に自分から入っていってキャッキャッと遊ぶでもなく、おもちゃの取り合いをするのでもない、おもちゃを奪われても、つきとばされても黙っていて、大勢のなかで積極的に自己主張をしようとしない長男をみていると、自分の世界を静かに持っているのはわかるけれど、生存競争の激しいこれからの社会の中で大丈夫かと心配だった。マンロー・リーフ『はなのすきなうし』(岩波書店)という本がある。牧場で、ほかの子牛は、はねまわり、角突き合わせてケンカしたり、追っかけっこしたりして騒いでいても、フェルジナンドだけは木陰でしずかに花の匂いをかいでいる、という子牛の話である。「うしとは　いうものの、よく　ものの　わかった　おかあさんでしたので、ふぇるじなんどの　すきなように　しておいて　やりました」という文を読んだ時「ほんとうにそうなのだ。みなと同じでなくてもいいのだ。こどもはひとりひとり、自分らしい人生を生きているのだから」と私は自分にいいきかせた。

本をめぐる息子達との共通体験も思い出も、息子が成長するにしたがって、どこかに行ってしまう。彼らは、自立して自分で考え自分で行動するようになるから、どんな本を読み、何を感じているかも、どんなことに興味をもっているかも、親に話してくれなくなる。

うっかり何かをたずねると、返ってくる言葉は「関係ない」「うるさい」であり、自分から口をきくのは、せいぜい「めし」と「ゼニ」くらいのものだ。中学から高校にかけての激動期は、子どもが独立していく過程だとはわかっていても、親にとってほんとうに心配な時期である。親離れ子離れの通過儀式は、はじめての子どものときが一番難しい。急に無愛想になり、自分で勝手に行動し、親に対して壁をめぐらして反発する。昨日までの愛しい息子は突然に「よその男」に変身する。でも、そうしなければ親もまた子離れできなかったにちがいない。そうやって長男は独立した。

次男のときは子どもの独立を、親もいっぺん学習しているから、それほど狼狽することはなかった。次男はいかにも彼らしく「ママ。おれ、ママにチュッてしてもらうよりはゼニもらったほうがいい」と言ったのが決別宣言だった。

そんなとき、私は慰めにもならないに違いなかったが、子どもと共有した本の世界を想うことで、子どもを信じることにした。親としての私は、たいしたことをしてやれなかったにしても、数々の本は、彼らが挫折したとき、激情に駆られた時、きっと彼らに何かを語りかけてくれるに違いなかったからだ。そしていっしょに読んだ本の数々は、子どもが社会人になったいまも、子どもの心の奥深く、静かに眠っているに違いない——。

第三章　サンタクロースの本を書く

福音館書店からのさそい

以前、『朝日ジャーナル』という朝日新聞社の発行する週刊誌があった。そこに二年間、エッセーを書いたことがある。

その中の一回に、子どもの本の思い出を書いた。その一文を読まれた、当時の福音館書店社長、松居直《ただし》さんが、編集部の人にそのエッセーの話をされたらしい。ほどなく編集部のMさんから手紙が届いた。何か子どもの本を書いてみないか、という内容である。

私は子どもの本のファンであり、子どもといっしょに、たくさんの本を読んできたけれども、子どものための本を書こうなどとはそれまで一度も考えたことがない。私は文学部を卒業したあと、経済学部を卒業しているから、エッセーぐらいならそれほどの違和感なく書くこともあったが、それさえも経済学が専門になってしまった日常からすれば、やや軌道外れの感があった。まして、子どもの本を書くとなったら、私の気が変になったと大学の仲間達は思うに違いない(そんな本を書くひまがあったら、まともな経済の論文でも書け！ とか)。

編集者との対話

その後、福音館書店編集部のMさんから電話があって、私の私宅か大学の研究室を訪ねたいという。私はあわてた。そして、Mさんの後日談によると、「ご自宅でも大学でも、いつでもどこにでもうかがいますよ」とMさんがくり返し言うのに、私はそれを固辞して、いずれ私の方から福音館書店の方に出向くから、と言ってゆずらなかったという。

その理由を今から思うと、もし私が「どうぞおいでください」とMさんに返事をしたら、「書く気がある」と思われるかもしれず、断りにくくなっては、と心配したからだろう。なにしろMさんからの話は青天の霹靂《へきれき》のような話だったし、私にはなんの心の準備もなかったのだから。

しかし、子ども達の愛読書を出版した福音館書店とは、どんな出版社なのだろう、一度みてみたいという気持ちも心のどこかにあったのかもしれない。

いまでは本を出すからといってわざわざ出版社の雰囲気をたしかめにいくことまではしていないが、しかし本をつくるときにおこなわれる、編集者とのやりとりの中で、人生や社会に対する編集者の考えや感性が真摯でないと感じるときは、なぜか私には書く気が起こらないのである。どんな編集のベテランでも本を単なる商品扱いにする人とは絶対にソリが合わない。それはどっちがいい悪いの問題ではなく、ひとえに「書く気」の問題なのだ。私たち大学人には紀要や学会誌という論文発表の場があり、一般の出版社の本は「別に書かなくてもいい」。しかし、社会科学の研究者には、一般市民にこそ問いかけ、その判断をききたいと思う重大な問題もある。そんな書き手の思いを編集者が理解し、受けとめ、助けてくれる、著者との間の人間関係は、出版活動の土台ではないかと思う。

ずっと後になって聞いたのだが、編集者のMさんは京都大学の哲学科の学生時代に、当時の大学紛争を体験した世代である。その時、学生と教授陣は民主主義の外形的制度だけでなく、それを内面から自分のものにするラディカルな反権威の価値観をめぐって対立した。そのときMさんは日ごろ尊敬していた教授達が旧態依然とした権威によりどころを求め、話し合おうとしても異国の人のように、まったく理解しあえない壁を立てていることに驚いた。その結果、通じ合えない言葉の壁は幼児期に原因があるのではないか、幼児期に人間らしい感性を育てなければ、大人になってからではその壁を越えられない、と考え、福音館書店社長に手紙を書いたのだと言う。そして、いま福音館書店で子どもの本をつくっている。

私は多くの人と出会って感じるのだけれど、明治維新にしても、敗戦にしても、そして大学紛争にしても、価値観の激変をめぐって、自分で徹底的に既成のものを問い詰め、自分の頭で考えぬいた人たちには、根源からものごとを考える思考方法があるような気がする。それは今の若者にはない社会的経験のせいだろう。子どもに何を伝えるべきか。Mさんと電話で話していると、私たちの考えは近縁のもののように感じられた。

それから、どれくらい後だったか忘れたが、ともかくも私は福音館書店をたずねた。「何か経済にかんする本はどうでしょうか。たとえば子どもとお金の話とか」とMさんは私にヒントを出して、私のやる気をひき出そうとしてくれた。

たしかに、子どもはいつとはなしにお金に興味を持つようになる。子どもにとってまったく縁のないものと思われていたお金が、「それをもっていけば自分のほしいものが手にはいる魔法の道具」だとわかると、親の財布からこっそりお金を持ち出して、好きなものを買いに行くという冒険を楽しむ子もいる。あるいは、はじめてお金を渡されて、お使いに行った時の、あのドキドキする気持ちを、どの子も経験しているに違いない。

だが、考えてみると、子どもにお金の本質を説明することほど難しいことはないのだ。なぜならお金とは、それこそ大人専用の世界で起こる「稼ぐ」「売る」「買う」という経済活動の中枢に位置し、経済の本質を語るものだからである。私と編集者はお金の本をつくるいくつかのアイディアを出し合ったが、どれも、これぞというものがなく、「まあ、ゆっくり考えましょう」ということで、別れた。

その帰りしなに(これもMさんの後日談なのだが)、私がコートの袖に手を通しながら次のように言ったという。そしてそのひとことが、サンタクロースの本を書く運命を決定することになった。――それは次のような言葉だったという。

「あなたがた子どもの本の出版社は、あちこちでサンタクロースの本を出していますね。それはどの子にとっても、ワクワクする夢の話題だから、サンタの本で出版社はかなり儲けたでしょう。でも、子どもはいつか、クリスマスの贈り物が、サンタクロースからのものではなく、親や保育園の先生がサンタだったと知る日がきます。サンタに託した夢が大きければ大きいほど、サンタは、ほんとはいなかったのだという事実に、子どもはどんな気持ちで向き合うのでしょうね。

「ねえ、サンタクロースってほんとにいるの？」ときかれなかった親はいないでしょう。そして「いるよ」と答えた親は、後になって「あれはウソだったんだよ」って言うんでしょうか。出版社は儲ければいいというのではなくて、子どもに与えた夢の、その後の子どもの心のことも考えて本をつくってくれなくては」

この言葉はMさんにとって、のちのちまで忘れられない劇的でショッキングな言葉だったという。そしてそんな本こそ、てるおかにつくってもらっては、という気持ちが動いたというのだ。

その後も、ひと月にいっぺんぐらいの割合でMさんは、電話連絡をしてこられた。そして経済の話はいつしか経済とは正反対の「サンタクロースはいるのかいないのか」という本をつくる話に入れかわってしまっていた。

私にとってそれは青天の霹靂のあとに降ってきた火の雨ほどの話だった。まさか、そんな本を私が書くとは——にもかかわらず、私の心は揺れた。

なぜなら、私たち親子には、胸が疼《うず》くほどに忘れられない、サンタクロースの思い出があったからだ。

誕生日や子どもの日など、子どもが贈り物をもらう機会はほかにもある。それなのになぜクリスマスのサンタクロースに、とりわけ子どもは夢中になるのか。

町にはジングルベルやホワイトクリスマスの曲が流れ、樅《もみ》の木にはイルミネーションがかがやき、サンタのユニフォームを着たおじさんが街角に立つ。クリスマスケーキやローストチキンがショーウィンドーに並び、デパートでは贈り物のコーナーが特設される。雪が降れば舞台効果はいっそう劇的だ。テレビや新聞紙上だけでなく、幼稚園やそれぞれの家にもサンタクロースが来てくれるらしい。

子どもが興奮しないほうがおかしい。子ども達は「サンタクロースさま。今年は××をお願いします」と親に代筆してもらったり、自分で手紙を書く。すると、子どもが眠っている真夜中にサンタクロースがやってきて、たのんだものを枕元に置いて姿もみせずに立ち去っていくのだ。そんな存在がこの世にいると思うだけでもワクワクするではないか。この物語には親も参加して劇中人物になり、サンタになり代わって眠った子どもの枕元にプレゼントを置く役割を演じる。子どもが驚き喜ぶ姿を想像して、親もワクワクする。そして子どもが子ども時代を卒業するまでは、サンタクロースがいることを子どもに信じこませるために、親もあの手この手で苦心する演出の楽しさを、子どもと共有しているのである。

しかし、その逆にクリスマスの賑わいから置き去りにされた、サンタの来ない寂しい家の子どももいる。保育園や幼稚園でボソッと「だけど、うちにはサンタクロースはこなかったよ」という子が必ずいる。アンデルセンの『マッチ売りの少女』ではないけれど、自分の幼かった子ども時代をふりかえって「サンタクロースに贈り物をもらいたくて、寒い冬に手をかじかませて、せっせと親の手伝いをしたり、ハイ、ハイと何でもきくいい子でいたのに、サンタクロースはとうとうこなかった」という寂しい思い出を投書する子どもや大人の文章も毎年、新聞や雑誌で見かける。

ベルリンのクリスマス

サンタクロースが来ないさみしい家、ときくと思い出すことがある。

私はベルリン滞在中、福祉の実態を知りたかったので、訪問看護に同行させてくれるように赤十字の看護婦をしていたギロックさんにたのみ、何カ月か、訪問看護を体験させてもらったことがある。そのギロックさんが、クリスマスに私を自分の家庭に招待してくれたのである。室内にはクリスマスツリーが美しく飾られ、飾り棚にはドイツ独特の木彫りの人形や動物がイエスの誕生を祝い、祖父母の時代から使っていたという大きなろうそくが神秘的な光を投げかけている。そんな家庭にギロックさんの子ども達が三々五々遠くから帰省して、ちょうど日本のお正月のような光景である。

子どものひとりがピアノに向かうとみなで賛美歌を歌い、それからクリスマスツリーの下に置かれた贈り物の包みをといて祝福し合う。そのあと食卓を囲んでお祝いの食事になる。そこに友人や親戚から「フローエ・ヴァイナハテン」（メリー・クリスマス）という電話がかかってくる。典型的な一般家庭のクリスマス風景である。

ベルリン市立の老人ホームにおけるクリスマス風景．右奥の方に立っているのがサンタクロース．

みなでにぎやかに食事をしている最中に、ふとギロックさんが立ち上がり、「あなたたちはこのまま食事をしていて。私はすぐに帰ってくるから」という。どこにいくのかと訊ねると、自分がいつも訪問看護にいっているお年寄りの家で、クリスマスにだれも来ない家が三軒ほどあるので、プレゼントを届けにいくのだという。私もいっしょについていくことにした。

その老人の家の玄関の前でギロックさんはろうそくに火を灯し、大きな美しい声で賛美

ベルリン自由大学のゼミの学生とともに(テーブルの向こう側2列目，右から3人目が私)

歌を歌いだした。すると玄関の戸が開いて、老女が部屋に入るようにと言う。部屋の中にはクリスマスらしいものは何もない。さみしい一人暮らしであることが察せられた。ギロックさんは「あなたは教会にも行けないから、そのかわりに、ここでいっしょに賛美歌を歌いましょう。あなたは何番が好きですか?」と聞く。それからみなでいっしょに賛美歌を歌い、用意したプレゼントを渡す。老女が自分の孤独を嘆いて泣き崩れると、「私がちゃんといるでしょう。私はいつでもあなたが必要なときに来ますよ」とギロックさんは老女の肩を抱いて慰めた。二番目の家も同じような家だった。三番目の家に行ったとき、そこでは、孤独な老人の家でいっしょにクリスマスをすごす大学生のボランティアの男女が二人来ていて、クリスマスの料理もささやかな飾りも準備されていた。老人もとても嬉しそうで、いっしょに食事をしていかないかと言う。家には子ども達が待っているからと辞退して急いで家に戻ったけれど、ギロックさんのサンタクロース的心配りに私は感動してしまった。

お祝いの夕食がすんでから教会のミサに行き、不幸な人たちへの献金をして教会の前でギロックさんと別れたが、ギロックさんの息子や娘たちは家に残ってだれも教会には来ず、たしかに教会に来ているのは老人と老人に連れてこられた小さな子どもばかりが目立った。

ベルリンで、私がひとりだと知ると、いろんな人からクリスマスの招待を受けた。どんなケチな人も、気難しい人も、クリスマスだけはやさしく親切になる、ときいていたのを実際に経験して、私は不思議な気がした。子どもが成長してしまえばサンタクロースのことも忘れてしまう日本人とは、まったく違っていたから。

ベルリンのカイザー・ヴィルヘルム記念教会堂で、バッハのクリスマスオラトリオをきいたこともあったし、ライプチヒのバッハゆかりの教会で、一般の人が練習を重ねたマタイ受難曲をきいたこともあった。クリスマスもサンタクロースもどこか厳粛で心のこもったものであったことを、いまもなつかしく思い出す。このようなドイツのクリスマスについては、若かりし日の父が、一九三〇年代に、やはりクリスマスを迎える市民の心の純粋さに触れて驚き、その様子を母に書き送っている。町中はきれいに掃き清められ、どの家も美しく整えられて、市民は教会でこの世の不幸な人たちのために心から祈り、寄付や援助活動をしていたというのである。

私がみたベルリンのクリスマスは一九三〇年代に比べれば、教会に来る若者たちの姿もまばらだったけれども、日本の社会はもっと俗化していたから、私にとってドイツのクリスマスは、やはり精神的に厳粛で美しいものに映った。

なぜサンタクロースの絵本を書いたのか

話をもとに戻そう。サンタクロースの絵本を書く仕事は、始めのうちこそ私にはとてもできない話と思っていたが、日がたつにつれて、だんだんクリスマスへのなつかしさが心の中を占領して、書いてみようかという気持ちが現実味をおびるようになってきた。

次の文章は、『サンタクロースってほんとにいるの?』(福音館書店)という絵本を書くようになったいきさつを親子読書地域文庫連絡会の全国集会で話したものの記録を一部手直ししたものである(『サンタクロースってほんとにいるの?』親子読書地域文庫全国連絡会、一九八四年)。今よりも記憶が鮮明であり、いまとなってはその時のことを書くのも気恥ずかしいので、この講演の記録を紹介することをお許しいただきたい。

《この集会にお招きいただいて、子どもの本の好きな方が、こんなにたくさんいらっしゃるのかと思うと、ほんとうに嬉しくなりました。私は、二人の子どもが大きくなった今も、心のふるさとに帰るように、時折、子どもの本を読み返しています。

絵本作家でもない私が、なぜ突然に一冊の本を書くようになったのか――

皆様方と同じように、サンタクロースの思い出は、親の私にとって、あまりになつかしく忘れがたいものであったために、本当に思いがけなく、しかしとうとう、この本を書く気持ちになったのだと思います。私に本を書かせたのはサンタクロースその人の力だったのかもしれません。

長男が三歳のときのクリスマスだったと思います。「ぼく、サンタクロースに会いたいよ」と言って、長男はなかなか寝ようとしません。子どもが寝てくれないと、親も寝られません。眠っている子どもの枕元にプレゼントを置かなければならないからです。しかし籐椅子の上にチョコンとすわったままの長男に「もう寝ましょう」と何度言っても、時計が一二時をまわっても、いっこうに寝ようとしません。父親はしびれをきらせて「パパはもう寝るぞ」といってストーブを消し、電灯も消して、さっさと寝室に引き上げてしまいました。私も部屋にいなくなれば、子どももあきらめてベッドにはいるだろうと、寝室に引き上げたものの、子どもはやはり椅子の上でサンタを待っている様子です。ストーブを消したまっくらな部屋で、長男がどうしているかと私は気が気ではありません。しばらくして長男のところに行ってみると、彼はまっくらな寒い部屋の中で、まだそのまま目をいっぱいに見開いて、椅子のうえに正座しているのです。

私は思わず彼を抱き上げて、「サンタクロースがきたら、ママがあなたを起こしてあげるから、もう寝ましょう。寒くてカゼをひくと、せっかくサンタクロースが持ってきてくれたおもちゃで遊べなくなるよ」と言うと、彼はすなおにうなずき、まもなくベッドで眠りにつきました。そこでやっと私も長男の枕元に、積み木のおもちゃを置いて眠ることができました。

翌朝、枕元に大きな積み木の箱があるのに気がついた長男は、ベッドの上に起き上がり、いそいそとして箱から積み木を出したり入れたり、しばらくはわれを忘れて遊んでいました。ところがやがて私たちの枕元には何もないことに気がついたらしいのです。私をまじまじとみつめていましたが、やがて一本の積み木を取り出してそれを自分の枕元に置き、あとは積み木の箱ごとかかえると、重さで顔をまっかにして、いっしょうけんめいに、その箱を私の枕元に運んできました。そして、私を慰めるように言ったのです。「ママ、ぼくがサンタクロースにたのんだのは、あの一本だけだったの。あとはママのところにきたんだよ」と。

いったい誰がそんな思いやりを長男に教えたというのでしょう。私は胸がいっぱいになりました。それは誰から教えられなくても、彼の心に、自然にわき上がってきた心からの思いだったのです。

そのとき、私は、サンタクロースが大人のところには来ないで、なぜ子どものところに来るのか、その理由がわかったのでした。子どもは愛されることによって、愛することを知るのだということを。

後日、長男の幼稚園の先生からこんなこともききました。その幼稚園にはクリスマスより一足先に、サンタクロースが来ます。なにしろクリスマスのときは幼稚園は冬休みですからね。

その幼稚園に来たサンタクロースは演劇の仕事をしている人で、それはそれは真に迫ったサンタクロースだったそうです。しわがれ声でしかも外国語(らしき)言葉を話し、それを幼稚園の先生が通訳(?)しました。子どものなかには興奮して泣き出す子もいたそうです。サンタクロースがその幼稚園にもってきたプレゼントは、ほんものの真っ白なウサギだったのです。

幼稚園の先生が子ども達に「だれかサンタクロースとお話したいひとはいますか?」と聞くと、いつもは無口な長男が手をあげたので、サンタクロースは長男の前で足をとめました。彼はサンタクロースに「あのね。ぼくのおじいちゃんは病気なの。おじいちゃんのところにも、行ってあげて」と言ったそうです。おじいちゃんが聞いたらどんなに喜んだでしょう。しかしそれからまもなく、おじいちゃんは天国に召されました。

児童図書の専門家である松岡享子さんは『サンタクロースの部屋』(こぐま社)という本を書いています。私がこの本にめぐりあったのはもっと後のことですが、そのはしがきに書かれた一文は、子どもが積み木を私の枕元に持ってきた、クリスマスのあの朝の私の思いを、もっとすてきな言葉で表現しておられますので、ご紹介したいと思います。

〈もう数年前のことになるが、アメリカのある児童文学評論誌に、次のような一文が掲載されていた。「子どもたちは、遅かれ早かれ、サンタクロースが本当はだれかを知る。……しかし、幼い日に、心からサンタクロースの存在を信じることは、その人の中に、信じるという能力を養う。わたしたちは、サンタクロースその人の重要さのためでなく、サンタクロースが子どもの心に働きかけて生みだすこの能力のゆえに、サンタクロースをもっと大事にしなければいけない」〉

〈サンタクロースその人は、いつかその子の心の外へ出ていってしまうだろう。だが、サンタクロースが占めていた心の空間は、その子の中に残る。この空間がある限り、人は成長に従って、サンタクロースに代わる新しい住人を、ここに迎えいれることができる。……のちに、いちばん崇高なものを宿すかもしれぬ心の場所が、実は幼い日にサンタクロースを住まわせることによってつくられるのだ。……本当らしく見せかけることによってつくられる本当と、本当だと信じることによって生まれる本当を、子どもはそれなりに区別している〉

この本の題名はさきにのべたように『サンタクロースの部屋』です。ところがサンタクロースがでてくるのは、この本のはしがきの中だけで、本の内容は、子どもと向き合って、読み聞かせをしたり、子どもの本が好きな大人達に講演をしたりしたものについての記録なのです。その中で松岡さんは、子ども達にテレビや情報を洪水のように与えすぎると、ちょうど親の「こごと」をしょっちゅう聞かされている子どもが、聞き流してしまうように、何事にも本気で関心を持たなくなる、静かな環境がとりわけ子どもには大切だということを繰りかえし述べています。そして子ども達は本を通して、サンタクロースに限らず、いろいろな不思議、言葉のもつ深く多面的な意味、そのリズム、目に見えないものを信じる力……などを、心の中に住まわせる部屋(キャパシティ)をつくっていくのだ、ということを、体験的に語っておられるのです。サンタクロースは、それほど大切な人物だったのです。だからこそ、子どもも親もサンタクロースに夢中になるのでしょう。

子どもは枕元にプレゼントを置いていってくれるサンタクロースを現実に見るわけではありません。そこで、おませな友だちや年上の兄弟が、サンタクロースなんていないんだよ、と入れ知恵をしたり、からかったりすると、どの子も一度は、親に「サンタクロースってほんとにいるの?」とたずねます。

私の長男も小学校にはいってから、ある日まじめな、というより深刻な顔をして、私にそうたずねました。学校で友だちから何か言われたらしいのです。

ある小学校の先生が、自分のクラスでサンタクロースがいる、と思う子どもと、いない、と言う子どもとが二つのグループに分かれて対立し、自分が教室に行ってみると、真剣なケンカになっていて、「先生、どっちが正しいか」と言われて困ったという話をしてくれたことがあります。

でも、「サンタクロースってほんとにいるの?」ときく長男の顔には「いるよ」と言ってもらいたい気持ちがありありとみえるのでした。

「サンタクロースなんて、本当はいないんだよ。あれはお父さんやお母さんだったんだよ」などと、どうして私が答えられるでしょう。子どもはいつか夢から現実への橋を渡ります。しかし、サンタクロースはいる、という現実も、サンタクロースを見た人はいない、という現実も、その両方ともが真実であり、それが人間にとっての真実なのだと私には思えるのです。

その時、私は、昔、英語のテキストの中にあった話を長男にしてやりました。

——サンタクロースは、リキアのミラにあった教会の司教、聖ニコラウス(二七一―三四二)のことだといわれています。当時、ミラは港町で、船乗り達が教会に立ち寄り、航海の安全を祈ってもらったり、教会にタダで泊めてもらったりしました。そのお礼に、船乗りは、今度ここに来るときに、外国からどんなおみやげを持ってきたらいいか、とニコラウスにたずねます。するとニコラウスは、親のいない子どもや、貧しい子どものために、何か子どもの喜ぶおみやげを、とたのみました。心のやさしかった彼は、贈り主がだれであるかを、けっして知られないように、黒衣に身をつつんで、夜中に、お金や贈り物を、そっと貧しいひとの家の破れた窓や煙突から入れて、助けました。あるとき、窓からそっと手を差し入れて、お金を置こうとしたその人を、家の中の人が追いかけて、贈り主がニコラウスであることを知りました。ニコラウスは、自分が贈り主であることを、絶対にだれにも言わないで、とたのみました。ミラの町からニコラウスの姿がみえなくなってからも、クリスマスになると、家の玄関や窓には、贈り物が置いてあるのです。あちこちを廻っているニコラウスが、クリスマスの夜にはミラに帰ってきて、贈り物を置いてくれるのか、あるいはニコラウスの心を引きついで、だれかが贈り物を置いてくれるのか、だれも知りません——。

話し終わると長男は、ふうん、と言ってそれ以上は何も言いませんでした。

次男は「ねえ、サンタクロースってママでしょう?」と言い、だけど、「そうじゃないよ」と言ってもらいたい様子が、やはりありありとわかりました。

そしてクリスマスの夜、次男の部屋の戸をあけると、戸がぶつかるとひとりでに鳴り出すオルゴールが仕掛けてありました。そのオルゴールで目を覚ましてサンタクロースの正体を、確かめようとしていたのです。危うくオルゴールを止めて、枕元にプレゼントを置こうとすると、今度はふとんからマイクの先が突き出ていて、一二〇分のカセットテープが回っています。笑いをかみ殺し、そっと足音を忍ばせて次男の部屋を立ち去りました。

ある家では子どもがベッドのまわりにメリケン粉をいっぱいに撒いて、サンタクロースの足跡がつくかどうか、試したのだそうです。もちろん親は下駄箱から長靴をもってきて、足跡をちゃんとつけておきました。

もう四〇歳になる男性から、こんなこともききました。自分が小学校三年の時、親が夜中に、枕元にプレゼントを置くのを見てしまい、だまされたと思うよりは、こんなにしてまで自分を喜ばせようとしている親の気持ちがありがたく、寝たふりをして、息を殺していた、と。

ある学生は、「だって、ぼくがサンタクロースを信じていると思ってたほうが、親も嬉しかったんじゃないかなあ。かなり早くからサンタクロースは親だと知ってたけど、フィクションでもやっぱりクリスマスの贈り物はうれしかった」と言いました。

次男が中学生になったクリスマスに「サンタクロースは子どものところにくるのだから、もう、中学生になったあなたのところには来ないのよ」と言って、次男のためにつくった預金通帳と印鑑をわたしました。クリスマスのプレゼントよりも大きな金額の預金通帳だったのに、次男は悲しそうに「ぼく、やっぱりたくさんのお金よりも、サンタクロースのほうがよかったなあ」と残念がるのでした。

サンタクロースの話題になると、大人も子どもも目を輝かせてそれぞれの思い出を語ります。サンタクロースからどんなプレゼントをもらったか。サンタクロースはいるのかいないのか。いろいろな面白いエピソードがあって、サンタクロースという人物の影響力の大きさを改めて思い知らされるのです。

サンタクロースはいるのか、という子どもの質問に答える本としては、有名な『サンタクロースっているんでしょうか？』という偕成社の本があります。しかしこの本の内容は、質問した八歳の子にとうてい理解できるものとは思えません。子どもの本というより、むしろ大人のノスタルジアで書かれた本のような気がします。それはサン＝テグジュペリの『星の王子さま』(岩波書店)が大人のファンを大勢もっているのとどこか似ています。

私とMさんは「サンタクロースはいなかったんだ。あれはおとうさん、おかあさんだった」という本ではなくて、「サンタクロースはいたよ。あれはおとうさんやおかあさんや親切な大人たちだったよ」という本にしようという点で一致していました。

私ははじめ聖ニコラウスの伝記を書いては、という気持ちをもっていました。ニコラウスの伝記については、かなり調べていたからです。しかし、それでは長男タイプの子どもは読むだろうけど、次男タイプの子は「なあんだ、そんなの」といって、読んでくれないのではないか、と思いました。

「サンタクロースはほんとにいるの？」という子どもの問いに、まっすぐに答えられて、ユーモアがあり、大人になったときに、ちょっぴりなつかしく思い出してもらえるような、しかし、そこに人類の本質を語れる

サンタクロースって
いるんでしょうか？
——子どもの質問にこたえて

ような、そんな本を！　と思いながら、本の構成を考えました。

人びとの心と心をつなぎあわせて、幼い子どもや、貧しい人や、病気の人を助けようとしてきた、原始時代からの人間の生き方を、サンタクロースが体現しているからこそ、世界中の人びとは国境を越え長い歴史をこえて、サンタクロースを待ち望み、サンタクロースの役割を引き受けてきたのだと、私は思います。子ども達が大人になったとき、そのことにも気がついてくれる本ができたら、どんなに素敵でしょう。

その後、編集のMさんと、何度もやりとりを重ねながら、二人の息子が私に投げかけたそのままの言葉を生かして、親子の対話の形式で、この本をつくることにしました。はじめに書いたもとの文章は、現在の文章の一〇倍ほどもありました。それを削りに削って、「この言葉だけは」というものを最終的に残しました。それまでにすでに二年間が過ぎていました。

福音館書店が、けっして急がず、私の心がふくらみ熟して、自然に言葉になるまでを見守り待ってくれたことは、本当に幸せなことでした。効率性とか他の出版社との競争とかを考えていたら、この小さな本も生まれなかったことでしょう。

本の原稿が完成してから、実物と同じ紙質、同じページの大きさ、実物と同じスタイルで製本されている、まっしろな紙を編集部のＭさんからもらい、原稿の字を下書きとしてのせていきました。子どもがこの本を一ページずつめくっていく姿や速度を頭に描きながら、声を出して読んでみました。またそこで、少し手直しをしました。

それが終わってから、こんどは、近くの幼稚園に原稿を持っていき、子ども達に読み聞かせをしてみました。第一ページ、「ねえ　サンタクロースって　ほんとにいるの？」と読んで、次のページは読まずにそのまま黙っています。すると子ども達は椅子ごとにじり寄ってきて興奮し、「いるいる」「いないいない」と大騒ぎです。この本は小学校二年生くらいのお姉さんと幼稚園くらいの弟が、つぎつぎにサンタクロースについて親に質問をして、お父さんがそれに答える形になっています。私はこの本を読むときに、質問のところだけ読んで、答えのページは読まずに幼稚園の子の反応を見守りました。子ども達はキャアキャアとはしゃいで思い思いの答えを言い合います。それをきいて、私は「よし、この本を出しても大丈夫」とはじめて自信をもちました。私の投げかけた言葉は、じゅうぶん子ども達に受けとめてもらえる、と感じたからです。

さてそれから、私の文章に合う絵を誰に描いてもらうかという難題がありました。編集の人も美術展をみたり、いろいろの作品を吟味したりして、ある女性の画家に白羽の矢を立てました。ところが、その女性の画家は、私の文章を読んでしばらく考えた後「私には怖くてこの文章にふさわしい絵は描けません。もし描けたらどんなにいいでしょう。本当は描きたいのです。でも描けない」と言って断られた、と聞きました。

次に福音館が候補として挙げたのは、この本の絵の作者、すぎうらはんもさんでした。すぎうらさんが描いた他の作品の数枚をもってきてくれたMさんと、それらの絵をていねいに見ました。率直な私の第一印象は、少しマンガチックな表現に偏りすぎている気がしましたが、しかし、その色彩の美しさと色調のハーモニーのすばらしさには共感するものがありました。Mさんは編集のプロとして、少し漫画的なくらいが、逆に私の文章を補完して、つりあっているという意見でした。

それから、作画を引き受けてくれたすぎうらさんと何度か話し合いました。すぎうらさんはアイディアの胚胎する時間をかなり長くとって、第一番目の原画をもってきてくれました。もちろん編集のMさんは、文と絵の組み合わせについてはプロですから、積極的に意見を出してくれましたし、すぎうらさんも、それにこたえて、四回も絵を描き直してくれたのです。この本の中に「来ないうちもあるのはなぜ？」というページがあります。わたしはすぎうらさんに、ラフマニノフの音楽がきこえてくるような絵にして、とたのみました。私のほうも、絵が語ってくれるものについては、文章がよけいな説明になることをさけて、文章を手直ししたり、削ったりしました。

すぎうらさんは、ほんとうに子どもの心に届くようないい絵を描いてくださったと思います。この絵のために、私の本は、数歩も、子どもの心に近づくことができました。しかし、ある一ページだけはどうしても私のイメージに合わない絵があったのです。その点ではMさんも同じ意見でした。しかしMさんは「でもね。すぎうらさんは職人さんではなく芸術家なんですよ。一枚くらいは合わない絵があっても、許容範囲だと思いますけど」と言うのでした。福音館の編集長さんもときどきは私たちの話し合いに顔を出されたのですが、「どうしても合わない場合は増し刷りのときに描き直していただくという方法もありますから」と、その場を収めてもらいたい様子でした。

その後、もう一度、すぎうらさん、Mさん、私の三人は絵について話し合います。そのときMさんは、のっけから「さあ、いくらでもお二人で言い合ってケンカしてください。私はここできいていますから」といって椅子を窓ぎわに移して傍観者の態度をとりました。これはMさんの策略であったと思うのですが、後でMさんは「じつは内心ハラハラして、あのとき話が決裂し、もうこの本をつくるのはやめた、という結果にならないかと、いてもたってもいられなかったんですよ」と告白しました。私もほぼ察しがついていましたので、私の気に入らないページについてはそれ以上要求しませんでした。

その後、私が懸念したページについて、私が何も言わないのに、読者から「あのページの絵が文章に合っていない」という話をたびたびききました。そのたびに私は「やっぱりあのページを描き直してもらっていたほうがよかったかなあ」と心の中で思います。しかし、すぎうらさんはそのほかのページでは、私の期待以上の絵を描いてくださったのですから、それはそれでよかったのだと思っています。

私がサンタクロースの原稿を書き始めてから、すぎうらさんの絵ができるまで、すでに三年以上の月日が流れていました。

さて、私が書いた短い文章について、何が言いたかったのかを、お話しする約束になっています。本当は作品についてあれこれ説明を加えるのは邪道で、作品は「作品をして語らしめよ」、というのが本当だと思うのですが、この集会の企画の方からのご希望で、あるいはかえってこの本にマイナスを与えることになるかと心配をしながら、お話をさせていただきます。

お話は二ページ目からはじまります。クリスマスも近いある夜に、お父さんと姉と弟の二人の子どもがお風呂に入るため、下着を脱ぎながら、会話をしています。弟のほうがお父さんに
「ねえ　サンタクロースって　ほんとにいるの?」
とたずねます。お昼に誰かから「いない」とでも言われたのでしょうか。お父さんはくつしたをぬぎながら、さりげなく
「いるよ」
と答えています。だってサンタクロースはお父さんなんですからね。
二人の子どもの表情をみると、弟はまだ幼稚園だから、あどけない顔をしていますが、小学生のお姉さんのほうは、サンタクロースについて少し疑い始めた賢そうな表情をしています。この本では質問を見開きの左のページに、答えを右のページにくるように構成しました。
四ページ。脱いだ下着をかごの中に入れながら、弟がなおも
「えんとつがなくても　くるの?　ドアに　かぎが　かかっていても　くるの?」

とたずねます。もしかしたら幼稚園で、サンタクロースの本を先生が読んでくださったのかもしれませんね。さきに浴槽につかっているお父さんは

「へいきさ」

と答えています。お父さんはもともと家の中にいるのですから平気なわけです。そして子どもにとってサンタクロースは、神通力をもった存在ですから、やっぱり「へいき」なのです。

ここで私は、サンタクロースがトナカイに乗ってくると信じている子も、サンタクロースが親だと知っている子も、どちらもがこの本を受け入れられるように、と考えました。さきにのべたように、サンタクロースはいない、あれはお父さん、お母さんだった、ではなくて、サンタクロースはいた、あれはお父さんやお母さんや親切な大人たちだった、という本にしたいからです。

六ページ。三人いっしょに浴槽につかりながらまたまた弟はたずねます。

「どうして　ぼくの　ほしいものが　わかるの?」

「こどもの　ほしがっているものが　わかるひとだけが　サンタになれるんだよ」

お父さんの答えは本当です。物を贈ることは心を贈ることです。相手を愛していな

ければ、相手の心がわかるはずがありません。親としての私も子どもの心がわかるひとでありたいと思ってきましたが、しかし、子どもを愛していても、親として子どもの心をわかってあげられたのか。私には子どもを育ててきた中で、いくつもの後悔する思い出があります。思い出すたびに、今もすまない気持ちでいっぱいになります。プレゼントとして、ただお金や、高価なおもちゃを与えれば、それで子どもが喜ぶわけではありません。「ねえ、サンタクロースに何をたのむの？」と、私はカンニングで子どもに質問しては、それをプレゼントにして、子どもの枕元に置きました。子どもはサンタクロースが自分の欲しがっているものを、いいかえれば心をわかってくれていることを、何よりも喜んだのではないでしょうか。自分の心がわかる人がこの世にいる、ということは、自分を愛してくれる人がいる、ということなのですから。

八ページ。「どうして　よなかにくるの？」

「おれいを　いわれるのが　はずかしいからだろ」

二人の子どもは浴槽の外で体をゴシゴシ洗っています。弟のこの質問に、お父さんは浴槽の中で後ろむきのまま、たぶん、ちょっと照れて答えています。ほんとうに、他人のためになにかをしてあげたいと思う人は、してあげることが嬉しくて、お礼なんか期待していないと思います。もし道路に倒れている人がいたら、お礼だのお返しだの何も考えずに、その人を助けると思います。

線路に落ちた人を助けようと、自分の危険も考えずに線路に飛び降りた人もいたし、大やけどをした人に名前も告げず、自分の皮膚を無償で提供した何人もの人がいました。

今の社会では、見返りを期待して、政治家に賄賂を贈ったり、自分の子の内申書の点が悪くならないように、先生に付け届けする人が少なからずいます。しかし、子どもが手伝ってくれた時、「ありがとう」というと、子どもははにかみますね。なにか見返りをほしがったりしません。自分が手伝ってあげられたことが子どもにとってはうれしいのです。それが人間の本来の感情だと思います。

一〇ページ。「どうして　おとうさんや　おかあさんには　こないの?」

「こどものときに　たくさん　もらったからね」

ここでは、私の長男が三歳のとき、クリスマスのプレゼントの積み木を、プレゼントが来なかった私に分けてくれた時のことを思い出しながら書きました。親は子どものときにたくさんの贈り物をもらっています。自分の親からだけでなくたくさんの大人たちから、愛情や世話を受けて大人になりました。そして今度は与える側にまわっていきます。人間はじゅんぐりにそうやって、与えられた人が与える側にまわってきたのです。大人になってまで、あれが欲しいこれが欲しいと欲の皮をつっぱらせている人は、子どものとき愛情不足だったのでしょうね。

一二ページ。「サンタは　なつのあいだは　どうしているの?」
「おくりものの　じゅんびの　あいまに　すこしは　なつやすみを　とるんじゃないかな」

ここでは、先にお風呂から上がった子ども達が、バスタオルで体をふきながらの質問です。お父さんは、やたら元気に「なつやすみ」と答えています。お父さんだって稼ぐばかりじゃなくて、夏休みをとらなくてはね、と言ってるみたいです。サンタのユニフォームが洗濯されて、物干しに吊り下げられています。

なお、サンタの夏休みについては、レイモンド・ブリッグズの『サンタのなつやすみ』(あすなろ書房)という、ほほえましい本を読んだ方もおありかと思います。

一四ページ。「サンタなんて　いないって　みんな　いってるよ!　あれは……」

ています。

「いるとも　ほんとだよ」

二人の子どもは歯を磨きながら、しかしここからは、がぜんお姉さんの方が、質問者になっています。すぎうらさんの絵は、二つのグループに分かれた小学生の子ども達が、こぶしをふりあげて、サンタはいるかいないか、言い争っているところを描いています。

「あれは……」で止めたのは、そのあとにお父さん、お母さんだよという言葉を入れたくなかったからです。子どもの夢を大切に残しました。

「いるとも　ほんとだよ」と答えているお父さんは、浴槽の中で完全に後ろを向いています。こころなしか、その後姿はさみしそうです。なぜなら、サンタがいるってことは、子どもを愛している親がいる、ということですから。人間は病気の時や貧しい時も、助けてくれる人に出会うことによって、信頼という感情を知ったのだと思います。人間の社会は、人びとが支え合うことによって生き長らえてきたのだと思います。

「いないって　みんな　いってるよ！」と言われて、すぎうらさんの描いたサンタも、寂しそうに小さな、だけど長い大きな影法師をひいて、毅然と立っている。そんなサンタになりました。

じつはこのページで、私とMさんとの間に大きなケンカが起こりました。Mさんは新聞の投書欄に、「待っていたけど来なかったサンタ」のことを書いた一文を見つけて、私に「どうでしょう。ここで〈いるとも〉なんて、あんまりはっきりとした言葉にしないほうがいいのでは。本当はサンタはいないわけですから、子どもを混乱させることになりませんか。サンタが来なかった子どもを、いよいよ悲しくすることになるかもしれないし。ここでは〈いるだろ〉という言葉にしては」と言うのです。それは、私のサンタの哲学に根本からあい容れない修正でした。

そこで私は「サンタがいる、ということは愛してくれる人間がいる、ということだから、〈いるだろ〉なんていうビールの気の抜けたような言葉にはできない。人間は助け合って生きてきた、という歴史的事実にも反する。ここは絶対変えられない」とがんばりました。

しかし、Mさんにも哲学があるようでした。そこで両方ともゆずりません。とうとう、私の勤めていた埼玉大学まで、Mさんと編集長さんが押しかけてきて、またまたそこで押し問答になりました。私はサンタが来ない子どもがいるとしても、来年は来るかもしれないし、五年先には来るかもしれない。この世の中で助け合いたいという人びとの愛情が絶えることはなく、希望が永久になくなることもない。〈いるとも〉ということで、今年はこなくても五年先一〇年先にはきっと来るという希望を持って欲しいのだ、と言いました。Mさんは「さあ、読者がなんというでしょうかねえ」と賛成し切れない様子で、ともかく、その日は別れました。その夜、私は私の友人でちょうどサンタ世代の子どもを三人持っている父親に電話をして、〈いるとも〉がいいか、〈いるだろ〉がいいか意見をきいてみました。その父親は新聞記者でもあったので、世情に明るいのではという気持ちもあったからです。

彼は即座に断固として、「そりゃあ、〈いるとも〉がいいに決まってますよ。子どもは〈いるだろ〉なんて言葉には魅力をかんじないよ」と言いました。そしてその後、この意見の対立はおしまいになりました。そして今日まで、〈いるとも〉と書いたことに対する読者からの苦情があったという話は聞いていません。

一六ページ。「じゃ、どうして　としとって　しなないの？　むかしから　いるんでしょ⁉」

「サンタのこどもも　そのまたこどもも　サンタになったんだろ」

この質問もお姉さんの質問です。すぎうらさんは、サンタの祖先の肖像画を額ぶちに入れて、壁にかけているところも描いています。女性のサンタもいます。だってお母さんもサンタの役割をしているのですから。

サンタの役割は、やがて親から子どもに受け継がれて、次はあなた達がサンタの役割をする大人になるんですよ、ということをここにこめました。世代から世代へと、愛される側が愛する側にまわっていく。この答えは案外すんなりと子どもにうけいれられて、「あ、そうか。サンタの二世、三世がいるのか。今は何世になったんだろ」などと言ってます。

一八ページ。「じゃ、どうやって　ひとばんで　せかいじゅうを　まわれるの？」

「ひとりで　まわりきれなければ　てつだってくれる　なかまを　よぶんじゃないの」

ここもお姉さんの質問です。どうもお姉さんは、なかなか納得しないみたいですね。みんなお風呂から上がって、こたつにはいり、今度はおかあさんも、そばで、年賀状を書きながら、子どもの質問に答えています。世の中の親達が、それぞれクリスマスケーキを買ってきたり、贈り物をこっそり用意して、子どもをよろこばせようとしているのですから、サンタはたったひとりではありません。町にもたくさんのサンタがいるし、アルバイトのサンタもいます。難民キャンプにもサンタは贈り物を届けていますし、一人暮らしの老人を訪問するギロックさんのようなサンタもいます。みんなサンタの下請けとお手伝いなのかもしれません。

二〇ページ。「どうして　そんなにたくさん　おくりものが　できるの？」

「せっせ　せっせと　ちょきんをしたのかしら　それとも　きふがあつまるのかな

こどもたちに　あげてくださいってね」

サンタクロースは、どうしてそんなにお金持ちなんだろう、というのは、子どもたちのすなおな質問です。だから姉も弟も意気込んでおかあさんにきいています。本当の親は、なにかひとつ、「あれ買って」とおねだりしても、なかなか買ってくれないものです。サンタのようにお金持ちで気前がいい親だったらどんなにいいでしょう。

せっせ、せっせと子どものために貯金をしていたのは、親の私たちの実感です。だからすぎうらさんの描いた絵には、笑いながら二人の子どもに答えているお母さんの顔がみえます。「こどもたちにあげてください」、と寄付が集まるのは、サンタひとりの力だけではなく、親の力だけでなく、名前も知らないたくさんの人が、子どもの成長をたのしみにして子どもたちを助けているのだという意味を添えました。年末助け合いとか、救世軍の社会なべとか、子どもたちも目にする寄付の活動があります。

二二ページ。「みなみのくにでは　どうするの？　ゆきがなければ　ソリは　つかえないよ」

「ソリがだめなら　さあ、ヨットかな　じてんしゃかな」

賢い お姉さんは知恵比べのような質問をしています。お父さんは、おかしいのを、かみころすように、こたつで年賀状を書きながら、答えています。

ほんとうに、サンタクロースが船にのってくるところもあるのです。それぞれの国で、昔からある習慣や伝統にうまくサンタクロースを吸収して、お祝いをしています。どこの国でも、やっぱりサンタクロースに、来てもらいたいからでしょう。

二四ページ。「こないうちもあるのは　なぜ？」

「びょうきの　この　そばで　あさまで　はなしこんでしまって　まわりきれなくなったのかなあ」

このページは、さいごまで書けなかったページです。

「ぼくのうちに、サンタはこなかったよ」という子どもに、なんと答えたらいいか。その言葉がどうしてもみつかりません。どの本を探しても、答えがありません。二年間、子どもの顔を思い浮かべながら、ねてもさめても、毎日のように考えて、やっとこの言葉におちつきました。

「サンタクロースは、重い病気で入院している、かわいそうな子どもたちのところから、先に回るでしょう。そういう寂しい子どもの枕元に、贈り物を置きにいくと、昼間からベッドに寝ている子どもは、夜中に、目ざとく、耳ざとくなっていて、サンタがきたことに気付きます。サンタクロースは歩けない子どものために、子どもの枕元で、自分の国の話や、とちゅうで見てきた珍しい国の話をしてやります。そのうちにいつの間にか夜が明けてしまうでしょう。サンタは自分の姿を見られて、ありがとう、って言ってもらうのは恥ずかしいので、太陽がのぼったら、急いで帰らなければならない。それで、たぶん、全部の子どものところを、まわりきれなかったのよ。でも来年は、そうでなければそのまた来年は、あなたのところにも、くるかもしれない。いっしょにそれを待ちましょう」

そう言ったら、子どもは納得してくれるでしょうか。最近はイラクやパレスチナで戦争のために手足を失った子どもの姿をテレビで見ることもあるでしょう。健康な子はサンタが来なくても悲しまずに、待ってくれるでしょうか。どの子の人生にも、希望と愛がなくなることはないことを、将来には違う形できっとサンタが来てくれることを、信じてくれるでしょうか。

どうにも自信がなくて、私は次男に「どう思う?」ときいてみました。

彼はアッケラカンと

「サンタが来ない理由だって? そりゃ、かんたんだよ。

サンタはウサギ小屋だと思ってておりすぎたのさ。だってサンタは外国人だろ」

かつてドイツのシュミット元首相は、日本の経済の発展が生活を置き去りにしている現実をみて「日本人の家はウサギ小屋か鳥かごだ」と言いました。

二六ページ。「ねえ、ほんとうにいるの」

「いるよ　サンタクロースはね　こどもを　よろこばせるのが

なによりの　たのしみなのさ

だって　こどもが　しあわせなときは　みんなが　しあわせなときだもの

サンタクロースは　ほんとにいるよ

せかいじゅう　いつまでもね」

子どもがいきいきとして喜んでいる姿をみるのは、親にとってもいちばん嬉しいときです。逆に子どもが、暗く悲しい顔をしていたら、どの親も心配で、食事ものどをとおらないでしょう。

現在は子どもにとって、いい社会状況とはいえない時代です。空気も水もきれいで、太陽が輝き、広場や緑がこわされない社会、子ども達が絵本を楽しく読むことができて、それぞれの子が競争に追い立てられることなく、ほんとうに好きな道をみつけて、じっくりと、歩いていけるような、そんな幸せがある社会は、大人にとってもいい社会です。子どもが希望を失わず、なんども挑戦していけるような社会。私が福祉社会と呼んでいる社会は、そんな社会です。子どもはすべてのものの指標になっていて、子どもが不幸な社会は、大人にとっても、他のすべてのものにとっても、よくない社会だと思うのです。子どもが幸せな社会をつくることは、老人や病人にとってもよい社会をつくることであり、サンタクロースもそれを願っているのだということを、最後のページにこめました。皆様もサンタにまつわるいろいろな思い出をもっていらっしゃるのでしょうね。いつか、皆様のサンタについても、語り合える日があることを、心から願って私の話を終ります》

子ども達はどのように読んでくれたか

私はこの本を書き終わったときに、私の魂もこの本のなかに置いてきたような気分になり、もう、この一冊以外は、子どもの本を書くことはしない、と、心に誓った。この本が出版されてからもう二〇年になる。一一月頃から書店に並ぶこの本を見ると、なつかしくはあるが、自分が書いた本だという気がしない。

そして、クリスマス近くなると、どこかの放送局で、この本が朗読される。朗読する人は女性だったり、男性だったりするが、その言葉は、朗読している人の言葉ではないかと思えるほど、その人のものになっている。サンタクロースは一人旅をつづけて、それぞれの人のサンタクロースになっているのだろう。

ところがあるとき、私はぐうぜんに、この本を子ども達に読み聞かせている、小学校の先生のエッセーをみた(『子どもと読書』岩崎書店、一九八三年一二月号)。

その著者、高山智津子先生は、小学校の先生で兵庫文学教育の会に所属している人だと紹介されている(のちに、日和佐「文学と絵本」研究所所長)。子ども達にずっと本の読み聞かせをしつづけてきて、読む時も、子どもに決して強制せず、聞きたい子だけが聞く、という自由を大事にしてこられた。本を読めばどういう効果がある、とか、教育上どうだとかいう議論ぬきに、ただただ本は楽しいから読む、という立場をつらぬいてきた先生のようだ。しかし、先生のクラスは、他のクラスにくらべて、子どもたちが攻撃的でなく、豊かな情緒にみたされている、と、ある教師が書いている。

先生の書いた文章の一部を紹介しよう。

《小学校の三年生ごろまで、サンタクロースの存在を信じている子がいます。一年生でも幼児でも「サンタクロースなんか、いてへんでェー。おとうさんやおかあさんに決まってる!」という子もいます。でも、子どもたちは、「サンタクロースってほんとにいるの?」と、一度ならず問いかけた経験をもっています。『サンタクロースってほんとにいるの?』書名を読んだだけで「ほんまや、ほんとにいるか?」「そら、いてるで」「おらへん、おらへん」ワイワイがやがやと、いいはじめます。はじめのページに大きく?マークなどがでているので、まず驚いています。「ウワー」「いてるでエー」「いてへん」

「えんとつがなくてもくるの?」

「そやそや、えんとつない家は、いかれへん」「へいきさ」「ほらみてみい」……

「こないうちもあるのは、なぜ？」

「そや、そや、けえへんとこもある」「けえへんときもあった」

「びょうきのこのそばで、あさまではなしこんでしまって、まわりきれなくなったのかなあ」

私はこのページがとくに好きです。私ならどう答えただろう、と思うからです。私の息子がもしこんなことをたずねたら、私はきっとこういったでしょう。

「その子一年間悪いことばっかりしていたからでしょう」と。……

「ねえ、ほんとにいるの」

「いるよ。サンタクロースはね、子どもをよろこばせるのが、なによりのたのしみなのさ。だって、子どもがしあわせなときは、みんながしあわせなときだもの」

この文を私は、いろんな思いで読むのです。わが子がつらいことがあると悩んでいると、私の胸も痛む。わが息子が受験に苦しんでいると、私も苦しむ。しかし、子どもが悩みから脱したときの笑顔、息子が苦しみをのりこえたときの晴れやかな顔に、しあわせを感じるのです。

そんなプライベートなことだけではないでしょう。作者は、もっともっと大きいしあわせ、戦争のない平和なとき、それが子どものしあわせ、だといいたいのでしょ

う》

高山先生の文章のなかから、私は、読み聞かせをきいている子どもたちのいきいきとした表情や姿が見えてくる。そして、そんなとき、しみじみと本を書いた幸せを感じるのだ。

もう一つの文章は、学童保育の先生が書かれた通信で『ぼちぼち』という名前の冊子である(四七号)。

横山稔先生は三三人の学童保育の子にサンタクロースはほんとにいると思っているのか、アンケート調査をしている(内容は後述)。なぜかというと、《一斉に子どもに問いかけたりすると、「サンタなんか　おるか！　あれは親やぞ」「アホか　サンタがおるって幼稚くさいのぅ」と大声で言う子がいるにきまっている。なんせ、「いない」というのが、ほんまやし、理由もいろいろ言えるので、「いる」と言う子どもは旗色がわるい》。そこで、子どものホンネをきくためにアンケート調査をした、というわけだ(まったくひまやなあ。といいたくなるけど、そこがサンタの楽しいところ)。

《今から、書いてもらいます。「いる」「いない」って言わないでほしいです。友人の書いているのをのぞきこまないで、自分でそっと書いてください》

そのアンケートの結果は以下のとおりだった。

《サンタはいます！——三三人中一六人

＊プレゼントを、真夜中にくれるのは、親ではできないから。（寿谷）
＊お話があるから。（伊香）
＊私の家には、毎年こないけど、それは忘れたのだと思います。でも、「きた」と言う人がいるんですからぜったいいる。（梶原）
＊プレゼントくれたから。（宮本）
＊クリスマスにきた。聞いた。（坂本）
＊クリスマスがあるからサンタもいる。（斉藤）
＊サンタの出ている本をみたときに「いるんじゃないか」と思った。友人は、「お父さん・お母さんだ」と言う人もいるが、いっしょに食事をしているときにプレゼントがついた。（須田）
＊「いる」と思って信じないとプレゼントをもらえないから。いたらうれしいから。

信じたらクリスマスの気分がでるから。（戸谷）

＊たとえほんとうにいなくても、じぶんたちの頭の中にいます。だからクリスマスは楽しいのです。サンタがおかあさんやほかの人だったらおもしろくないと思います。（横尾）

＊クリスマス・イブにサンタがきて、翌日おきてみるとプレゼントがあるからいる。（丸山）

＊いつもプレゼントをくれるから。（浜口）

＊去年のクリスマスに手紙を自分のへやのかべにはっておいて、手紙に「サインをください」とかいておいたら、次の日おきて手紙をみたらサインを書くところとちがうところにかいていたから。（田中）

＊三歳のときにベッドの横にあった。もちろん四〜八歳まであった。（内田）

＊毎年、サンタがきています。お父さん・お母さんに聞いても「ちがう」という。サンタは早く寝ない子や信じない子にはこない。（菅原）

＊前に一度サンタに、いろんなしつもんをかいた紙をまくらもとにおいておいたら、そのしつもんに答えをマジックで書いてくれたから。だけどその字はお父さんににていたから、「いるかもしれないし、いないかもしれない」。（内藤）

＊映画にも出ているし、子どもの夢にもできるから。（井上）

わからない――三三人中五人

＊クリスマスのときにプレゼントをおいてあるときとおいてないときがあるから。（本岡）

＊たぶんいないと思う。サンタは、お父さん・お母さんと思う。（藤本）

＊いないかいるかわからへん。（西）

＊見た人がいない。けれどプレゼントがおいてある。（大原）

＊すがたを見たことがないからわからない。（横井）

サンタはいません――三三人中一二人

＊お父さん・お母さんがサンタです。どうしてほしいものがわかるのですか。北極からくるのに何日もかかるのに一晩で来れますか。（澤田）

＊お父さんがサンタだからほんとうのサンタはいない。（萬木）

＊前までいると信じていたけど、サンタは正体をあらわした。正体が動かぬしょうこだ。イエス・キリストの弟子で人に物をあげるのがすきな人が、サンタクロースという名前だっただけ。（大塚）
＊本にいないと書いてあった。（増崎）
＊お母さんが「何ほしい」と聞いて、それをお父さんに言っている。（真木）
＊前のクリスマスのとき、朝おきたら、バドミントンのシャトルの絵が書いてある紙がまくらもとにおいてあった。ぼくのお父さんは、バドミントンのかんとくをしているので、そういうものをいっぱい持っている。サンタはお父さんやお母さんが、やっていると思った。（宇治）
＊お母さんは自分から「自分がサンタだ」と言った。（前田）
＊ようちえんのときに、お母さんに「サンタにおりがみをもらう」と言ったので、お母さんは、お店から買ってきて、かくしておいて、子どもがねたら、まくらのうしろにおくのだと思います。（石川）
＊もしサンタがいたら、サンタの家がわかったら、子どもが「私にはこれをちょうだい」といっぱいくるのでいないと思います。（高須）
＊いないほうがいい。サンタは、ぼくたちのお父さん・お母さんがプレゼントをくれ

ている。(倉谷)
＊カギが全部かかっているのにくるはずがない。お母さんが作っていた。(岡崎)
＊クリスマスになると、お母さんが「何が欲しい」といつも聞くから。(石川)

その他アンケートの質問にたいする答え。

どうしてあなたのほしいものがわかるのでしょうか――

＊クリスマスまでに世界中をまわって聞いてくるから。
＊前もって調べておく。
＊サンタはなんでもわかるから。(この答え多い)
＊心の中であの子はあれがほしいのだなと思っている。
＊ほしいものを口でいえば、耳がいいから聞こえる。
＊テレパシー。電波がくる。
＊お父さん・お母さんが子どものほしいものをサンタに言ってくれる。
＊お母さんが電話する。

＊お母さんが買っておく。
＊サンタは自分のお父さん・お母さんだから。(サンタはいないと言う人のほとんど)

どうしてよなかにきますか――

＊みつからないように、みられないように。(この答え多数)
＊子どもにあったら「プレゼントは?」と聞かれ「ちょうだい、ちょうだい」などと言われて、うるさいから。
＊子どもと会って、長話をしていると、世界中を廻れなくなるから。
＊正体をみられたら、おしまいだから。
＊正体をみられたら、みんなの夢がなくなるから。
＊昼だったら、みつかっておもしろくない。楽しみがなくなる。
＊朝にはソリの用意をしたりしておそくなるから。夜いくと子どもは朝が楽しみになるから。
＊子どもが起きてプレゼントがあったら、まほうみたいで、みんなをよろこばせるため。

＊〝かげの仕事〟だからみつかるとだめ。
＊みつかってニュースでいわれたらいやだから。
＊正体がばれると子どもの夢がこわれるので。子どもを楽しませるため。（この答え多数）

どうしてお父さん・お母さんにはプレゼントがないのでしょうか――

＊もうおとなだから。子どものころ、もらったから。プレゼントは、子どものもらうものだから。サンタは子どものものだから。
＊大人はおもちゃなんかいらない。自分がサンタだから。（ほとんどの答え）

サンタは夏のあいだどうしていますか――

＊別の服に着替えて、あそんでいる。毎日、休日を楽しんでいる。寝ている。テレビを見ている。旅行している。（この答え多数）
＊トナカイさんの世話をしたり、プレゼントを作ったり、おおいそがし。

＊北極の深いトンネルみたいな家で、寝たり、来年のプレゼントを集めたりしている。
＊夏のあいだ、冬眠をしている。
＊私の家にいる。（この答え多数）
＊夏休みしている。
＊クリスマスにあげるプレゼントを考えている。
＊子どもにプレゼントをあげるために働いている。

サンタはどうやって、ひとばんで、世界じゅうをまわれるのでしょうか――

＊サンタはたくさんいる。
＊すごいスピードでまわる。
＊地球は回っているので、外国が朝だったら日本は夜。
＊自分の親だからかんたん。
＊サンタにきけ。

どうしてあんなにたくさんのプレゼントができるのでしょう――

＊お金持ちだから。
＊サンタのプレゼント工場がある。
＊まほうでつくる。
＊どろぼうしたから。
＊前の年から集めておく。
＊夏の間につくっておく。
＊サンタは何人もいるので、手分けして買う。
＊お父さんお母さんの給料で、買う。》

横山先生は、通信『ぼちぼち』のあとがきで、つぎのように書いている。

《ついつい、たのしくて、ほかの仕事は全部あとまわしにして(セナあかんことが、いろいろありましたが)ワープロに向かいました。サンタの存在を信じている子ども。半信半疑の子ども、そして、正体を知りつつ、なお、サンタはいる、という子ども」そして「日ごろは、教室で、なまいきなことをいったり、センセイを〝散々多苦労ース〟させている子どもも、じつにかわいい、すてきな、けったいな、おもしろい、ことを言っています」「こういう誰の考えが正しい、誰の考えが間違いということのない、それぞれ自由にお考えあそばせ、というのはいいですねえ。こんなこと、なにもがんばって教えなくてもほっとけばいいことですので、なお、いいです」「そのうちフィクションと、ノン・フィクションについて知るでしょうし、事実は小説よりも奇なり、ということも、虚構で真実を表現するということも、知っていきます。サンタクロースのいる空間、かんぱい！》

そうとうに、サンタクロース中毒の子どもとセンセイである。でもこんな親や子どもや先生は、このセチガライ世の中にもかかわらず、じつに多い。それは洋の東西を問わずそうなのだ。私は夢の中までたのしくなり、夢の中で思い出し笑いをしてしまう。そして、サンタの故郷を探す旅に出かけることになる。

第四章　聖ニコラウスを訪ねる旅

なぜ、こんなに世界中で、国境をこえ歴史をこえて、大人も子どももサンタクロースに夢中になるのだろう。やりかたこそちがっていても、各国それぞれのサンタクロースは、勘定高い人びとを、善意の使者に変えて、人びとに――とりわけ子ども達に幸せを運んでくる。そこでは社会主義も資本主義もない。なにか、そうさせる人間共通の心性が、サンタクロースという人物に結実し、サンタ像をつくりあげているにちがいない。もし贈り物の楽しみだけならば、誕生日もあるし、他の祝日もある。それなのに、なぜサンタクロースが贈り物の善意を独占代表してしまっているのか。

聖ニコラウス伝説

サンタクロースについて研究したい人がまず目を通すのが、一三世紀、ドミニコ会の修道士であり、ジェノバの大司教をつとめたヤコブス・デ・ウォラギネの編纂した

『黄金伝説』(人文書院)の中の聖ニコラウスにかんするページである。この本は一三二人の聖人、二七人の聖女の伝説集であるが、その中できわだって大きくとりあげられている聖人が聖ニコラウスなのだ。この『黄金伝説』をもう少しコンパクトにした聖人伝や聖人物語もあり、その中にも聖ニコラウスの伝説が語られているから、聖ニコラウスがサンタクロースの原型だと知る人は多い。それらの伝説によれば——

ニコラウスは西暦二七一年に古代の小アジア、リキア地方のパタラで裕福な家の一人息子として生まれた(パタラは現在、トルコ領内にある)。ニコラウスという名はニコス(勝利・光輝の意味)とラオス(民衆の意)に由来し、オランダ語ではシンタ・クラースとよばれた。このシンタ・クラースがオランダからの移民によってアメリカに伝わり、サンタ・クロースになったのだと言われる(彼の生涯をかきとめたのはギリシアの都市アルゴスの学者たち、および九世紀にコンスタンチノープル(現在のイスタンブール)の総主教となったメトディオスであるという)。

現地の言い伝えでは、多くの船が寄港し、経済的に栄えた地中海沿岸の都市、ミラに八歳のころ、ニコラウスは移住した。ニコラウスは神学校で学び、教会に入るが、幼少から心やさしくあわれみ深い人であったという。ミラの教会の司教がいなくなったので、その跡をついで司教となり、当時、異教の信仰がまだ多く残るこの地方で、異教の神々や習俗とも折り合いながら、キリストの教えにもっとも忠実に、他者のために生きた聖人として、東西を問わず人びとから慕われている。三四二年一二月六日に死ぬまで、子ども達を心から愛し、貧しい人を助けた(現在でもドイツでは、一二月六日にニクラウスが従者クランプス〈別名ルプレヒト〉を従えて、子どものところに木の実や果物をもって訪れる)。とくに、当時、命の危険にさらされる船乗りたちの安全を、神に祈る守護聖人として、船乗りたちに深く信仰されていた。

ニコラウスにかんするほとんどの伝説が、子どもや貧困者や囚人などを助ける話であるが、夜中にお金や贈り物を届けるというサンタクロースの姿に象徴されるように、ニコラウスは、自分の善行を秘して、人びとに知られないことを望んだ。三人の娘の身売りを止めるために、夜中に金貨を窓から投げ入れて助けた有名な話でも、その家の主人があとを追いかけて、ニコラウスの足もとにひれ伏したとき、彼は自分の名を明かすことを拒んだ(ニコラウスにかんしては、『黄金伝説』や民俗学の文献などがあるが、三～四世紀の人であるために、どこまで正確であるかは不明である。一説によればニケアの宗教会議にニコラウスも出席したと伝えられているが、『キリスト教大事典』(教文館)によれば、出席者名簿にも記録がなく、アタナシオスの文献の中にも記録がない)。

ニコラウスにかんする伝説には、嵐にあったときに船乗りがニコラウスの名を唱えて助けを求めると海が静かになったという話や、船から海に落ちた水夫がニコラウスの奇跡によって助かった話、嵐の中で舵《かじ》を失った船にいつのまにかニコラウスがいて、無事に船を誘導したという話もある。

ミラの周辺一帯に飢饉があったとき、ニコラウスはミラの港にはいってきた船の船乗りに、アレキサンドリアからコンスタンチノープルに運ぶ積荷の小麦を分けてくれるようにと懇願した。船乗りは積荷が減れば自分達の責任を問われる、と拒絶するが、ニコラウスは、けっしてそんなことは起こらない、と言って船乗りを説得し、船乗りもニコラウスのあまりにも熱心な涙ながらの嘆願に負けて、小麦を飢え死にしかけている人たちに配った。その船が母港に帰りついた時、ニコラウスの言葉どおり、積荷は少しも減っていなかった。その麦は種子にも使われて、翌年のゆたかな収穫をもたらした(この話は現在もミラやパタラの人びとが必ずしてくれる話だ。ヨーロッパの港町にはニコラウスの名の教会が二〇〇もあるときくが、最近、アイルランドのゴルウェイの町で偶然にニコラウス教会に出会った。ゴルウェイは昔港町であり、説明によると、やはりミラのニコラウスを祭った教会だという)。

あるいはニコラウスが、無実の罪で獄に捕らえられ死刑に処せられる人を助けた話や、子ども達の守護聖人として子ども達の命を救った話もある。前にも話した、貧困のため売春婦として売られかけた三人の娘のために、こっそりと真夜中にお金を投げ入れて助けた話は英語の教科書にも載っている。ニコラウスは文字通り「他者のために生きた」聖人なのだ。

文化人類学的な研究

宗教的な文献のほかにも、サンタクロースにかんする文化人類学的な研究書は、かなりある。

『サンタクロース伝説の誕生』(コレット・メシャン、原書房)は中でもすぐれた本だと思う。その他『サンタクロースとクリスマス』(カトリーヌ・ルパニョール、東京書籍)、『ヨーロッパの祭と伝承』(植田重雄、早稲田大学出版部)、『ドイツ民俗学小辞典』(谷口幸男他、同学社)など。

しかしこれらの民俗学の本は、子ども達の質問に答えてサンタクロースの説明をしたい大人たちにとっては、西欧の神話や土俗の習慣になじみのない日本人であるだけに、複雑で、のみこみにくいものではないかと思う。そんな人には、『サンタクロース伝説の誕生』の巻末に、編訳者、樋口淳《あつし》が「サンタクロースと会うために」と題して、わかりやすく短い解説をつけている。葛野《くずの》浩昭『サンタクロースの大旅行』(岩波新書)も、日本人的な関心にそって、文化人類学的にも、また現代社会のサンタ馬鹿うけの由来についても、コンパクトにしぼりこんで説明した格好の本である。

ただし、この著者はフィンランドのサーミ人(ラップ人)の家庭に滞在の経験があるためか、フィンランドびいきで、ニコラウスの故郷であり、教会があったミラ(デムレ)については、ほとんどふれていない。私は、あとでのべるように、今はトルコ領内にあり、イスラム教徒が多いミラの町の、崩れかけた小さな古い教会の方が、フィンランドのロバニエミにある商業主義サンタ村よりも、ずっと心ひかれる。なお、一般の人には手に入れにくい本だが、私がミラの図書館で読んだ*In Search of Santa Claus*(Rex Miller, Turkish Press)が、歴史的にも実在した聖ニコラウスの姿を、現在の視点から簡潔に描いている。ニコラウスの故郷、リキアについては、エーネン(Önen)による考古学的な研究的解説書『リキア』(*Lykien*)が豪華な写真とともにトルコのネットアカデミーという出版社から出ている。私はウィーン大学の図書館でサンタクロースの文献を探してみたが、ここにもあらゆる分野からのサンタ研究書が並んでおり、民俗学にかんする図書館にはさらにたくさんの研究書があるのにびっくりしてしまった。そして、上にあげた複数の本もそうなのだが、さまざまな説がそれぞれに推論の根拠を並べて、どれが正論であるか、しろうと判断はできない。もともと民俗学とか文化人類学は、収集された事物の伝承と分析なのであるから、そこから決定的な判断を導き出すことは難しいのである。

私の興味は、これまでの章で書いたように、なぜ、現在、こんなにまで子どもや大人がサンタに夢中になるのかという人間共通の心性にあったから、サンタクロースにかんする何冊かの本は、絵本を書く前と、サンタクロースの故郷をたずねたとき、参考のために読んだにすぎない。そもそも、一人の人物であるサンタクロースにかんする本がかくも多数あること、そのこと自体が、サンタにあこがれる人間共通の心性を語っているのではないだろうか。だから、民俗学的研究については簡単にふれるだけにして、サンタクロースにまつわる私自身の体験を回想してみたい。

クリスマスの起源

民俗学が明らかにするところでは、一二月二五日のクリスマスの祝祭は、各国にあった土俗の冬至のお祭りに、キリスト教の行事が合流したものであることがほぼ定説となっている。聖書にはイエスが生まれた日は明示されておらず、キリストの誕生日が一二月二五日と定められたのも、帝政時代のローマで行われていた冬至の祭り(太陽の神、ミトラの祭り)の日が一二月二五日であったのを、そのままキリスト生誕の日としたという。そのことを決めたのは、三二五年にコンスタンチヌス帝が開いたニケアの宗教会議だったといわれる(そしてこの会議にはニコラウスも出席したとつたえられていることは前にもふれた)。

たとえば同じキリスト教でも、正教会のクリスマスは一月六日である。私たちのNGOが救援活動をしていた旧ユーゴスラビアでも、クリスマスは一月六日で、プレゼントをもってサンタクロースが難民キャンプを訪れるのも、キャンプの中で子どもたちが歌を歌ったり、詩の朗読をしたり、部屋に絵を飾ったりして、わずかに心づくしのクリスマスを祝うのも、一月五日の前夜祭だった。個人の家庭では、それぞれの家族に守護聖人がいて、床の上には木の葉や木の実が撒かれ、クリスマスケーキを焼く時は、中に一個のコインを入れて焼いて(民俗学によると、昔は陶片だった)ケーキを切り分ける時に、コインが入っている一片にあたった人は、その年の幸運に恵まれるというクリスマスのお祝いを、私ははじめて経験した。切り分けるケーキの数は、目の前にいる人の数よりも、必ず多くして、貧しい人に(民俗学では死んだ人にも)分け与える。家族がクリスマスに帰ってきて寄り集まるところなどはドイツと似ているが、クリスマスが一月六日であるため、年があけても延々と休暇がつづく。

フィンランドではサンタクロースはヨール・プッキというヤギの頭をした動物である。教会のミサが終わって、以前は馬ソリでそれぞれが家路につくその時に、一番はやく家に帰りつき、家畜にワラの餌を与えた人が一番いい贈り物がもらえる、という習慣があったという。そういえば、教会から家路をソリで競争して帰るシーンを、映画でみたことがある。

バーニャ・コビリャチャの難民キャンプでのクリスマス

そんなふうに、クリスマスもサンタクロースも、地方によって、歴史によっていろいろなのである。

冬が長い地域では、冬至の日は、翌日から日に日に夜が短くなっていき、太陽が姿を現して、農作物や生命に命の輝きを吹き込んでくれる日だから、昔から冬が終わるのを悦ぶ大きな祝祭がおこなわれていた。

民俗神話と結びついたサンタクロース

クリスマスが冬至の祭りと深く関係しているように、サンタクロースもまた各地域の民俗神話や土俗の習慣と深く結びついている。その名前からしてドイツではサンタクロースではなくヴァイナハツマンで、ヴァイナハツマンが一二月二四日(二五日)にプレゼントを持ってくるのにたいして、ニクラウスは一二月五日(六日の前夜)に木の実を持ってくる。つまり二回子ども達はプレゼントをもらうわけだ。

ただし、このニクラウスの司教の服装は必ずしも赤ではなく、白やブルーの司祭服を着ている人もいるし、おもちゃ博物館をみても、昔のサンタクロースは赤い服ではない。そしてお供にクランプスという角がはえて尻尾がある半人間をつれており、クランプスは手に鞭を、背中に籠をしょっている。私がその実際を見せてもらった家庭では、小さい子どもは、もちろんニクラウスを信じていて、お供のクランプスを怖がっていた。

ニクラウスも、やさしいサンタのおじいさんではなく、手帳を持っていて、その手帳をみながら「あなたは、何月何日に道をたずねたおばあさんを、親切に駅まで案内しましたね」とか「お母さんのお掃除をてつだったね」「何月何日には弟とけんかをして、泣かせたね」とかもっともらしく言う。それは前もって親からきいていた打ち合わせ済みの行状なので、みんな当たっている。子どもはそんなことは知らないので、怖さに緊張して真剣そのものだ。後ろではクランプスが鞭をときどき威嚇するように鳴らす。悪い子は鞭打ちにされ、クランプスが背負っている籠に入れられて連れて行かれることになっているから、泣き出しそうな子もいる。でも、そんなときはニクラウスがその子にやさしく、「あなたはいい子だったたね」などと言い、果物や焼き栗やくるみのプレゼントをわたすのだった(このクランプスも地域によっていろいろな変形がある)。

この光景をみた日本人は、必ず、「なまはげ」を思い出すらしい。勧善懲悪《かんぜんちょうあく》は子どものしつけに直截有効なので、どこの国にも、このような脅しの習慣がある。現在も、サンタは、悪い子に対しては、靴下の中に消し炭だけ入れておく、と伝えられている。それもクランプスの変形かもしれない。しかし、子どもの権利条約は、たぶんそんな脅しによるしつけに反対だろう。

ドイツではサンタクロースがヴァイナハツマンと呼ばれるように、イギリスではファーザー・クリスマス。フランスでは、ペール・ノエル。トルコではノエル・ババ。スウェーデンではユールトムテ。フィンランドではヨール・プッキ(今は観光化のためにアメリカなみのサンタクロースになり、真っ赤な服のサンタをプリントしたビニール袋を持った観光客が歩きまわっている)。

ドイツでは冬の神ヴォーダンがサンタクロースの原型だといわれ、北欧でもおなじく冬至の祭り(ユール)でオーディンやフレイの神々を祭ったのがその原型といわれている(興味がある人は前掲書を参照のこと)。

サンタクロース発祥の地――パタラとミラ

私はサンタクロースの発祥の地を知りたく思い、一九八九年、ついに、聖ニコラウスの生まれたリキア地方のパタラの町と、ニコラウスが司教をしていたミラ(現在デムレ)の教会をたずねた。この町は、今はトルコ領になっているが、ニコラウスがいたころは小アジアの地中海沿岸の都市のひとつで、古代の地中海文化が栄えた跡を今も残しており、ギリシア人が多数住んでいたといわれる。

リキア地方はアクロポリスや城壁の跡を多く遺し、山の中腹から頂上にかけて山腹にびっしり並んでつくられた有名な墓(入口に神殿の柱をたてた洞穴)が残っている。そのありさまは壮観でもあり、奇観でもある。ミラは港町であったから船の出入りも多く、古代文化と経済の栄えた町であったようで、コンスタンチヌス大帝は、この町を他の町に比べて非常に恵まれたところ、と言った。

すでにトルコを観光した人には周知のことであるが、トルコの地中海沿岸には古代史に出てくる地中海文化の跡、たとえばエフェソス、トロイ、ペルガモンなどの遺跡がある。ギリシアの史跡のように観光客が多く、警官があちこちに立っていて、ちょっと建物に近づきすぎるとピーッと警告の笛を鳴らされるのとは違い、これらの遺跡を訪れる人は少ない。すでに目ぼしいものは博物館や他の国に持ち去られているからかもしれないが、ギリシアの神殿の柱や階段などがそのまま残る荒れた史跡に立つと、その光景に覆いかぶさるように、古代の歴史が思い出されてくる。気の向くままに歩いていくと、雑草の中に真っ赤な一輪の野生の芥子《けし》が風にゆれていたりして、「年年歳歳花相似たり」という詩句が、いやでも頭に浮かんでくるのだ。

私はベルリンのペルガモン博物館をしばしば訪れたが、ペルガモン宮殿を城壁ごと持ってきたというその博物館は、一歩足を踏み入れると、その威容に圧倒されてしまう。東西ドイツ統一前のこの博物館は、しかしまだ、遺跡の香りを漂わせていた。ところが、統一後、管理者が変わったためか、背後の壁の色が濃くなり、展示物の数は多くなっているものの、現地の雰囲気からは遠く離れてしまった気がする。私はペルガモンの廃墟に立って、博物館の中の展示物をこの廃墟の中に重ね合わせようとイメージしてみたが、それは、とうてい無理だった。

サンタクロースが生まれたパタラも、彼が司教をつとめたミラの教会も地中海沿岸の遺跡のひとつである。パタラとミラは地図でみても、六五キロメートルほどしか離れていない。

前にものべたが、ニコラウスはパタラの裕福な家庭に生まれ、当時の学校(神学校)で教育を受けた。生まれつき情け深い人であったと伝えられる。そのうち教会に入り、少年時代に(村人達の話では八歳のときに)パタラを離れミラに移住した。やがてミラの教会の司教の席が空席となり、その跡をつぐが、町の人にも、ミラの港にはいってくる船乗りにも慕われたという。

ミラの町がトルコ領でイスラム教が主流であるせいか、この町とニコラウスの教会のことはあまり派手に宣伝されていない。そして、ニコラウスとは何の関係もないフィンランドにお株をうばわれてしまっているのだ。

ニコラウスの故郷に行きたい

私は以前から、一度この町を訪ねたいと思っていた。地図で調べると、私が当時滞在していたウィーンからトルコまではそう遠くない。ただ問題はトルコの国内の鉄道が発達していないので、ミラの町に行くには、アンタリアかダラマンの空港まで飛行機でいき、そこからはレンタカーで行く以外に方法がないことだった。公共交通としてのバスの便もなく、ミラのニコラウスの教会を観光ルートに入れている観光バスは、わずかしかない。

さらに問題なのは、私が旅程時間を長くはとれないことだった。その頃ウィーン大学で、講義やゼミを三つ持っていた私は、一週間の中で大学に出なくていい通し時間といえば、せいぜい二日しかなく、よほど効率的にプランを練らないと、ミラまで行って戻ることができない。しかし、私はどうしてもニコラウスの故郷に行きたかった。

あるとき旅行案内をみていると、ウィーンからダラマンまでのチャーター便に空席があるから希望者は申し込むようにとの広告が出ている。しかもそれは私が休める曜日なのだ。帰りも一日おいて、チャーター便で帰ることができる。私はすぐに、そのチャーター便を予約した。しかし、空港からミラまでの道路地図もなく道順もわからないのに、レンタカーを借りてどうするのか。トルコ語だって話せない。ウィーンにあるトルコの領事館に出かけて、だれか日本語とトルコ語のできる案内人はいないかとたずねてみたが「いまはクルド人のテロでバスに爆弾がしかけられたり、あちこちで不穏な動きがあるから、女一人で行くのはやめたほうがいい」と言われてしまった。

だからチャーター便に空きがあったのか……。でも私の願望は消えなかった。

そこで私は予約を取り次いだ旅行社に、私の旅行目的を話し、ダラマン空港から、ミラのニコラウス教会へ行く交通手段がないので、レンタカーと案内人を紹介してほしいと頼んでみた。まもなく旅行社から連絡があり、日本語ができる案内人は無理だが、オーストリア人を案内したことがあるイスタンブール大学の学生がいて、ドイツ語に堪能だから、彼にダラマン空港で待つように手配する、という。かなり高い料金だったと思うが、私はＯＫした。

ミラへの旅

ダラマン空港にチャーター便が着いたのは、真夜中すぎだった。けれども、その大学生はちゃんと空港で待っていて、キョロキョロしている私に向こうから声をかけてくれた。私たちは空港の片すみで打ち合わせをしたが、空港からミラまでは六時間以上かかるという。ミラからパタラに廻り、その日のうちにダラマンに帰り着くためには、真夜中ではあるが、三時か四時には空港を出発しなければまにあわない。そこで、私はすぐにレンタカーの手配をしてもらい、それでも一時間以上待って、真っ暗な中を、いよいよ彼の運転でミラに向けて出発した。

ところが、小一時間も車が走って森林の中にさしかかったとき、突然、車が急停車した。驚く私にその学生は「ガソリンが切れた」という。レンタカーはもともと満タンのはずではないか。「最初に点検しなかったのか」ときくと、していないという。なんたること！　騒ぐ心を抑えて「では、どうしたらいいでしょう」ときくと、これからガソリンスタンドのあるところまで、自分が歩いていって、ガソリンを買ってくるという。「お金を持っていないから、ガソリン代を下さい」というので、さまざまの危険をかんじるものの、彼に現金をわたした。

彼が立ち去ったあと、まわりは漆黒の闇。自分の手も見えない。まわりには一軒の人家も灯りもみえない。誰かに襲われても、どうすることもできないのだ。私は何年か前、ひとりでアフリカを旅したときのことを思い出した。

私は一人旅が好きで、いつもひとりで旅をする。もちろん、不自由なこと、心細いことにはたくさん出会うけれども、旅の印象も、人情の厚さも、異文化の人間や社会に対して、もろにぶつかるときの怖れや感動も、一人旅でなければ味わえない。モロッコからモーリタニアに向けて移動していたときのことだ。バスが通る道路があるというので、荒野を横切り小一時間ほど歩いて道端のバス停らしきところ(標識も何もない)でバスを待った。バスを待っているとおぼしき人は私のほかにも数人いて、地元の人らしく、おしゃべりをしながら地べたに腰をおろしている。ところが三〇分も待って、バスがきたかと思ったら、バスはとまらずに通り過ぎていってしまった。私はあわてた。手振り身振りできいてみると、そこはバス停ではないという。しかも、もうバスは来ないと言うのだ。

人家のあるところまで引き返すにも一時間はかかる。私は情勢を甘くみて、ひとりでバスが走り去った方角に向けて歩き出した。一時間も歩けば、どこかの村にたどり着くだろうと思ったからだ。次第に日が落ちてあたりは暗くなり、しかし、行けども行けども、人家はみつからなかった。漆黒の闇がやってきたことは、まったく同じだった。その中を緊張で体中をこわばらせながら何時間歩いたか。ときどきロバが疾走して追い越していくので、道があることだけはわかったが、だれかに襲われてもどうすることもできない。アラブの社会では女は男より数段下の生き物で、外国人の女は家畜と同じときかされていたから、何が起こっても不思議ではなかった。私はただ必死に歩いた。もう夜明けが近いころに私はある家並みがあるところにたどり着き、私の疲れきった姿をみた見知らぬ人のはからいで、ロバの荷台にゆられて、めざす町に着いたのだった。

私がいよいよ任期を終えてベルリンを去るとき、アフリカを歩いた時に履いていた、くたびれた靴をどうしようかと迷った。靴を手に取ると、なぜか涙があふれた。でも思い切ってその靴を処分した。

ニコラウスの教会

アフリカでのその時の覚悟のほどを思い出し、観念して車の中でじっと待っていると、一時間半ほどして、彼はガソリンのはいった容器を抱えて戻ってきた。人家をみつけてそこからガソリンスタンドに電話をしたのだという。それから猛スピードでミラの町に向けて走り、昼すぎに目指す町デムレに着いた。

もうミラという町の名はなくなったときいていたが、通りの名にミラという名前は残っており、ニコラウスの教会はすぐにわかった。教会の前に立った時、私は「ああ、とうとう来た。あれほど訪れたいと望んだ

ニコラウスの教会の入り口に立つ

教会の南面

ところに、とうとう来たのだ」と思い、しばらくは立ち尽くした。

石造りの小さな教会は半ば崩れかけ、しかし古代の建築様式の面影をのこしている。教会の庭には、誰が建てたのかニコラウスの立ち姿の像があり、襞《ひだ》の多い昔のギリシア・ローマの服装をして、しぼんだ小さな袋を肩にしたまま、スッと直立している。サンタの帽子をかぶって毛皮の縁取りをしたサンタのユニフォームなど着ていないし、トナカイもいない。その表情も、けしてにこやかなサンタクロースのおじいさん顔ではなく、ヒゲこそあるものの、きびしい表情をしている。子どもを愛したニコラウスのあしもとには、子ども達が、ニコラウスに背中をむける形で手をつなぎ、まわりを取り囲んで立っている。贈り物をもらっている姿ではなく、手をつないだまま遠くを見ている姿だ。

ミラの町は、当時、もっと海が近く、波が押し寄せて町じゅう水をかぶったり、山崩れや川の氾濫で砂に埋まったりした。戦乱もあった。考古学者によると、土の表面は当時よりかなり高くなっている。しかし教会の内部はほとんどそのまま残り、暗く灯りもない教会内部には、ニコラウスが説教をしたときに使ったという、あちこちが欠けた石の机台や、石づくりで椅子とはいえない粗作りの台座などが、手入れもされずに、しかし、かえって当時をしのばせて、ひっそりと室内の位置を占めている。船乗りの掟を刻み込んだ石も、やっとそうとわかるもので、私が考古学者であったら、さぞいろいろな発見ができたことだろう。教会には司祭もいないし、説明係もいない。ただ門番のおじいさんが、私の求めに応じて、ぼつぼつと語ってく

教会の中庭にあるニコラウス像

ニコラウスの遺体を納めたと伝えられる石棺

れるのを、トルコの大学生が通訳してくれただけである。

いちだんと目をひくのは、ニコラウスの遺体を納めたという石の棺である。博物館でみるようなまがいもない古代ローマ時代の石棺で、見事な彫刻がほどこされているのに、下の部分がこわされている。それは、イスラム教徒に粗末に扱われるからというので、一〇八七年にイタリアの船乗りが、夜、ミラに押しかけてきて、ニコラウスの遺体が納められた棺をこわしニコラウスの遺骨を持ち去ったためだという。船乗りが持ち去ったその遺骨を納めたのが、イタリアのバリの教会であり、この教会はさびれたミラの教会とは違って、りっぱな建物である。アドリア海に面したバリは当時、商業の港として栄え、多くの船乗りが出入りしていた。

バリの船乗り達が、バリに骨を持ち去る時、取り残した骨片が七つほどあり、これはいま、アンタリア博物館にある。門番のおじいさんは、腹立たしげに、「キリスト教徒であれば、遺骨の略奪などしてはならないことだ。どんなにニコラウスを愛していても、そんなことはしてはいけない。イスラム教徒だって、ニコラウスを愛しているのだ」と、はじめて、きつい調子で言った。門番のおじいさんの説明によると、ニコラウスの時代にはギリシア・ローマの神々や土俗の神々への信仰や習俗が根強く残っており、ディアナ(月と狩猟の女神・アポロの妹)の信仰を持つものがニコラウスの教会を焼き打ちしようとした、という話もある。しかし、ニコラウスは異教の神や土着の習俗と合流しながら人びとの心に語りかけた。貧しい人や、かよわい子どもを守り愛した行為によって、ニコラウスは人びとの尊敬と信仰をかちえていったという。ミラの教会には中二階がある。ここはイスラム教を信仰する人たちが勉強する教室で、一階がキリスト教の伝道の場だったと、門番のおじいさんは説明してくれた。つまり二つの宗教は両立しておこなわれていたのだと。だから、イスラム教徒がこの教会を壊すようなことはありえない。実際、ここにはローマ法王も来て、ここがニコラウスの教会であることを宣言した。「フィンランドのサンタクロースがなんと言おうと、本当の聖ニコラウスはここにいる」と門番のおじいさんは、そう言うのだった。

私はこのイスラムとの共存の話はまんざら作り話ではないように思う。スペインのモスクをたずねたとき、モスクの建物の中にキリストの教会があり、質問すると、やはり、同じような説明をうけたからである。双方の宗教は争ってばかりいたわけではない。

前掲書、コレット・メシャンの『サンタクロース伝説の誕生』は著書を次のような文章で結んでいる。

《これまで本書で検討してきたように、各地の聖人たちはさまざまな形で古代信仰の後継者となっている。雨を降らせる聖ゴルゴニウスと聖女ヴァルドレ。……彼らのうちには、キリスト教以前の信仰が生きている。

しかし聖ニコラスは、なかでも第一の位置を占めている。……

異教の信仰をキリスト教化するために、最初にロレーヌに導入されたのは、聖ゴルゴニウスであった。……修道僧たちが聖遺物を華やかに移送して、彼を「宣伝」したにもかかわらず、この地方に生きているゴールやゲルマンの神たちの遺産を引き継ぐことができなかった。

これに対して聖ニコラスの信仰はたちまちのうちに人びとのあいだに広まり、修道僧や司祭の手をはなれて民衆のものとなった。たとえ本来のいかめしい司教姿が忘れられ、白い髭と赤い服のやさしい老人に姿を変えても、古代の神々の後継者となることに成功したのだ。……(聖ニコラスは)子どもたちに贈り物をもたらす富と豊かさの保証人ともなった。そしていつの間にか、贈り物が香辛料入りのビスケットやハシバミの実から素敵なオモチャにかわり、「消費者の卵である子どもたち」に工場で大量生産された産業社会の収穫物を配って歩く、あの親切なサンタクロースに変身をとげたのである》

私が第一回目にミラを訪問したときは、森の中でガソリンの補給に時間をとってしまったことや、教会を立ち去りがたく、そこでも時間を費やしたため、帰りには、ついにパタラに寄る時間がなくなってしまった。案内人のトルコの学生は、ニコラウスが少年時代にパタラからミラに移ってしまったために、パタラには何もないという。私は、アンタリア博物館のニコラウスの骨と、そこにあるミラの古代の遺物を見るために、再びトルコを訪れることを心に誓って、この時は帰りのチャーター便にまにあうべく、ミラを後にした。

ミラ、パタラ再訪

その誓いの通りに、私はその後、アンタリア空港からもう一度ミラとパタラを訪れ

なかよくなったパタラの村人と

ることになる。パタラは本格的に遺跡の発掘をすれば、さぞ価値ある史跡が現れそうな村であるが、土の表面に遺跡や柱が半分土に埋もれたまま、姿をさらしており、村人達の話によると、低い丘の中腹にニコラウスの生まれた家があったという。本に書かれた伝説と、村人達の言い伝えとは細部にくいちがいがあるけれども、村人達は数人集まって次のことを話してくれた。ニコラウスが自分の善行をいかに隠そうとつとめたか。彼がいかに子ども達を愛したか。航海の安全を祈ってもらったり、教会に泊めてもらったお礼に、船乗りがお礼のお土産をもってくると、ニコラウスは、親のない子どもや貧しい子どもに残らずそれを分け与えただけでなく、子ども達に差別をきびしくいましめた。黒人の子どもをからかった子どもの体を、インク壺の中にひたして、いましめた話や、貧しい人に小麦を分け与えたとき、小麦の一部を種子として蒔いて、収穫するように指導し、貧困から自立できるようにしたことなど、ニコラウスはただ与えるだけの親切な人ではなかったようだ。
真夜中の贈り物がニコラウスの善行であったことが知られたのは、ニコラウスから
お金を施されて娘の身売りをまぬかれた商人が、晩年のニコラウスのお供をしてコン

ニコラウスの生家はこのあたりにあったという
(パタラ)

スタンチノープルに行った旅の途中で、もう体が弱っていたニコラウスから、自分が死んだら必ずミラに埋葬してほしいと頼まれ、そのときもニコラウスが貧しい村人達のことを案じた言葉の端ばしに、事実との符合があって、わかったのだ、という。

私は二度目の訪問で、ニコラウス教会の門番のおじいさんと再会をよろこびあい、そのあと、アンタリア博物館を訪れた。ニコラウスの骨は、たしかに展示されていたが、犬の骨か人間の骨かわからなかった。バリの骨と遺伝子のつきあわせもされていないから、事実はわからない。村人達の言い伝えも、あくまでも言い伝えであ

ロバニエミのサンタ村

る。しかし、その話から人びとがニコラウスの何に魅かれているのかは、わかる。

私にとっての収穫は、アンタリア博物館を通して、考古学的にみた古代のリキアやミラの状態を知ることができたことだった。地中海文化というものは、ほんとうに人びとの関心をそそる。そして、その中にニコラウスは生きていたのだ。

フィンランドのサンタ村

その後、一九九四年の六月に、私は二度目のウィーン大学滞在を終わって、帰国する。そしてその直前に、フィンランドのロバニエミを訪れた。その頃は、六月にならないとロバニエミのサンタ村は開かない、とのことだったから、六月を待っていたのだ。ロバニエミがなぜサンタ村になったのかという由来については、『サンタクロースの大旅行』にくわしくのべられているので、ここでは省略したい。フィンランドの北極圏地域にあるラップランド県にはコルヴァ・トゥントゥリという丘があって、サンタクロースはそこに小人とトナカイといっしょに住んでいるという話をラジオが放送したのがきっかけで、観光客が北極圏のそこまで行くのは困難だろうから、北極圏の入り口、北緯六六度三三分にサンタクロース村をつくり、国をあげての観光宣伝の地とした、というのが、ロバニエミのサンタ村だ。

サンタ村からはこのような航空書簡をサンタクロースの名前でも出すことができる

すっかりアメリカ化したサンタ村がそこにある。宗教的なものはなく、民族的な習俗の名残を伝えるものもほとんどなかったので、私はワラでつくったヨール・プッキが売られていたのを、買って帰った。サンタ村には子ども達からきた手紙にこたえる中央郵便局があり、そこからトナカイの絵がついた航空書簡やハガキを出すことができる。その他は観光みやげ物売り場と変わるところがない。

前にもふれたが、オランダのサンタクロースは、シンタ・クラースとよばれ、旧支配国であったスペインから船にのって、オランダの運河を通ってやってくる。そのオランダ人が新大陸アメリカに新天地を求めて移民したとき、オランダ人の町ニューヨークに、このシンタ・クラースの習俗をもちこみ、それが通俗化したアメリカのサンタクロースとなった。少女バージニア・オハンロンがサンタクロースはいるのかいないのか、ニューヨーク・サン新聞社に問い合わせた手紙とその返信は、『サンタクロースっているんでしょうか?』(中村妙子訳、偕成社)という本となって一躍有名になった。その返信の中にある「バージニア。サンタクロースがいるというのは、けっしてうそではありません。この世の中に、愛や、人へのおもいやりや、まごころがあるのとおなじように、サンタクロースもたしかにいるのです」という言葉には、私もまったく同感なのだが、アメリカ型消費文化のサンタは、きらきらしたイルミネーションや、まっかなユニフォームのコカコーラやフライドチキンの宣伝商標となって知られてもいる。オランダからアメリカにわたったサンタクロースがふたたびヨーロッパに帰ったとき、それはフィンランドのサンタ村のアメリカ式観光事業になってしまっていた、というわけだ。

第五章　サンタクロースと大人達の世界

瀕死のサンタクロース

日本でも、大量消費が子どもの世界に、容赦なく押し寄せている。子ども達は「おこづかい」やアルバイトで、日ごろから、ふんだんな消費をたのしんでいる。個性は消費の中にあり、友人との共通性も、友だちや親子との間をつないでいるのも、このお金と消費である。

こんな現実を前にして、「サンタクロースってほんとにいるの？」などと言ってみても、笑い話にもならない、と思う人がいるにちがいない。クリスマスが終われば、売れ残りのクリスマスケーキやローストチキンの安売り以外に、サンタクロースのすべては忘れられる。だから、「サンタなんていない」と言い切ってしまうほうが、現実の世界に還って生きていくには、いいのかもしれない。

カトリーヌ・ルパニョールは前掲書『サンタクロースとクリスマス』の終わりの節

で、瀕死のサンタクロース、について次のように言っている。
《今日、クリスマスおじさんは死に瀕している。それに気づくためには、十二月に大都市のデパートの前を歩いてみれば十分である。クリスマスおじさんは、今や利潤をもたらす怪物たちの陰に消えた、くだらない仮装にしかすぎない》
しかし、「結び」の節で、また次のようにも言う。
《私たちひとりひとりにとって、クリスマスおじさんの実在を信じることは、大人も子供もみなが、いつかは再び見つけたいと願ってやまないあの黄金時代に想いをはせることである。……私たちの置かれた状況にふさわしい、平和と愛と豊かさへのノスタルジーと幻想を、私たちの誰もが自分なりの方法で、クリスマスの祝日に、最高の贈り物としてよみがえらせようとしている。……それではクリスマスおじさんとは誰なのだろう。……彼は渡し守りなのだろうか》
そして、この本の訳者は巻末の「解題」の中に、おもしろいフランスの小話を紹介している。要約すると、——兵役に服する息子アントワーヌの入隊の前に、母親が父親に「あのこと」を息子に教えるのは父親の義務だと言う。父親も、息子が仲間の兵隊に馬鹿にされてはかわいそうだから、今晩説明しよう、と答える。ところがその晩も、翌日も翌々日も、そのまた翌日も、父親は話を切りだすことができない。とうとう、息子アントワーヌの入隊の日、息子をのせた列車が動き出した時に、父親はプラットフォームを走り、息子の席の窓辺に追いつき叫んだ。「アントワーヌ！　クリスマスおじさんの話、あれはうそっぱちだよ！」

この意味深長な笑い話はいくつにも解釈できる。夢（しかし、人間の真実を表わしている夢）から現実への橋を、子どもはどのように渡るのか、そしてその橋を渡ったあとも、夢と現実をつなぐその橋を、自由に往き来できるのか。その如何によって将来の子どもの人生は、大きく変わってくるだろうからだ。

日本の贈答文化

宗教との精神的かかわりが薄く、一般社会の贈り物が利害関係の手段になっている日本では、子どもが渡るその橋は、はじめからないのかもしれない。

私たちの生活の中にも、お歳暮、お中元、という贈答の習慣があり、いまは、不況なので、会社の贈答はかなり減っているようだが、デパートのカタログをみて一括して贈る贈答品は、「相手をいつかは利用する」ことが前提になっている。会社で、機材や物品の購入を決める役職にいると、取引先や自社の製品を買ってもらいたい企業から、私宅に山のような贈り物が届き、その職をはずれるやいなや、パッタリ途絶える。製薬会社と医学部のセンセイや病院のセンセイたちとの癒着も相当なものらしい。患者から贈り物はもらわないという建前も、くり返し言われるだけで、守られないただの建前である。学校の先生に対する生徒の親からの付け届けも、なかなか廃止にならない。

堅実で知られる『婦人之友』の一九九六年一一月号にも、いただきものへのお返しの苦労が、さまざまに語られている。お返しをしなかったばかりに、あとの付き合いが気まずくなった話や、入院患者が同室の人からもらう「お見舞い品」のおすそわけに、お返しをしなければ、悪口をいわれる気疲れ、結婚式のお祝いや香典返しの苦労など……。まったく日本は贈答の国なのだ。

贈っておけば、あとでなにかと頼みやすい、とか、お返しを期待する(それがモノでなくて利権である場合も多い)文化は、結局、支配者への貢ぎ物が横行した古代や中世の、非民主的な社会の残滓《ざんし》であると、私は思う。民主主義社会であれば、いわば裏金で相手を動かすのはフェアな市場競争ではないし、賄賂で公正なルールを歪めるのは罪悪だ。

ヨーロッパの社会で暮らした人がまっさきにホッとするのが、この利害にからむ贈答文化の心労からの解放である。私がドイツ人からまずきかれたのも「日本人はなぜあんなにたくさんお土産を持ってくるのか」という質問だった。ドイツ人のピアノの先生は「日本人の音楽学生が、お土産をどっさり持ってくるので、さぞ、何か教えてもらいたいことがあるのだろうと思っていると、それは、はっきりしない。ただ教えてください、というのが多い。韓国や中国の学生は、ここを、という強い問題意識をもってくるのに」と言っていた。ドイツに長く住んでいる日本人は、新参の日本人に「ドイツ人には何も持っていかなくていいのよ」と必ず言う。たしかに、お誕生日やパーティーには、チョコレートの箱か、一本だけの花ときまっている。何も思い煩うことはない。何かしてもらっても、ダンケ(サンキュー)、と言えばそれですんでしまう。親切にしてくれる人も、することが嬉しいからするので、お返しなどまったく期待していない。唯一の例外として、クリスマスには郵便配達の人に、ほとんどすべての市民が「フローエ・ヴァイナハテン」といって五マルクを渡す習慣があった。郵便配達の人も、ニッコリして受け取る。

その例外を除けば、ドイツの公務員の規律は、日本の公務員よりずっと厳しいようなのだ。私はベルリンで福祉の実態を調べるために、ほぼ一年間、市の福祉局の人にさまざまなお世話になった。それは、日本の役人が、絶対してくれないような、細かな配慮に満ちていた。私が帰国の前に、お礼に本当に小さなプレゼントを持っていくと、「公務員は何も受け取ってはいけない規則だから」と言って、どうしても、受け取らなかった。私の帰国のさよならパーティーに、せめて、と招待すると、それも規則だから、と言って、逆にその人がお別れのお茶に招待してくれたのである。

そのうち私は、贈り物を持っていくことが、逆に軽蔑の対象になっていることに気がついた。物で人の歓心を買おうとか、物と金で横車を押して、自分の欲望をはたそうとか、そういうことに対する軽蔑である。本当の友情は、物で育つものではないし、義務や責任を物で左右することは許されない。私は日本がスイスとアメリカへの軍事資金を出したり、外務省が、自分がいい顔をしたいばかりに、国民の税金を湯水のように他国にふるまったりしていること(それは国益ではなく、人道援助でもなく、私益であることが多い。鈴木宗男事件は政治家だけではなく、外交官にも、往々にしてあてはまることだ)をみてきた。そして、結局、甘くみられ、馬鹿にされている。

宮田登編『談合と贈与』(小学館)の著者の一人で、厚生省の課長補佐を務めた宮本政於は、厚生省の研究助成を受けたある大学の研究班が、会議のあと、研究費で盛大な懇親会を開き、帰りにはタクシー券まで配るのを経験して、大きなカルチャーショックを受けたという。厚生省の研究費は国民の税金である。宮本氏が研究生活を送ったアメリカでは、私立、国・公立を問わず、研究費の中に接待にかかわる費用などは絶対に含まれない。日本でも研究費の申請の中に飲み食い費は含まれていない。しかし、現実には研究費の一部が自分達の飲み食いおよび厚生官僚の接待費として使われる。アメリカでは日本のように担当官を接待したことがバレれば、教授もポストを追われ、接待を受けた側の官僚も罪を問われる。

宮本氏は「接待が形を変えた贈答であることぐらい、誰にでもわかる。……友人の父親は厚生官僚だった。その友人は昔を回想しながら、「盆暮れには四畳半の天井に届くぐらいの付け届けが来ました。そして母親はその時期になると必ずデパートに返品に行くのです。商品券に換えるのですが……」と語った」と述べている。

権限を握った役人に利益を配分してもらうために、役人への付け届けや接待をすることは、彼らからすれば安い先行投資なのだ。あるとき帰り支度をしていると、課長が「おい、接待は仕事の一環だ」と宮本氏に命令した。

「赤坂界隈で、厚化粧の女性がすり寄ってくる宴会は、とてもひとり一万円では収まらない。結論から先にいってしまえば、国民がそれらの経費の負担をしているのである」(前掲書)

かつて、ドイツ人が不思議がって私に問いただしたように、アメリカ人もまた宮本氏に、——日本人の学者が初対面の私にプレゼントをくれた。アメリカでは初対面の人にプレゼントなど持っていかない。会ったとたんにプレゼントを渡す。こうした行為はわれわれからすれば、わいろを渡すに等しい。少なくとも欧米社会からすると、日本人の「お土産」の心理の裏には、人間の狡猾さがかくされている――と言ったという。

宮本氏のこの文章を読んだのは、私が『サンタクロースってほんとにいるの?』を書いたずっと後のことだったけれども、「こどもの　ほしがっているものが　わかるひとだけが　サンタになれるんだよ」と書いた絵本の中のメッセージ――愛情のない贈り物など、無意味どころか有害なのだということが、現実に証明されている気がしてうれしかった。

日本人は深く考えずに「顔のみえる」モノやカネを贈りすぎる。モノでなく行為や態度が本当の贈り物になることだってあるのだ。チャリティー・バザーというと、日本では記念品としてもらった引き出物などの不用品を出すことが多い。しかし、モノやカネだけをチャリティーだと考えていない国では、「ただで草取りをします」とか「障害のある人の案内や送迎ができます」などという「行為の提供」がおこなわれている。私がはじめてベルリンに滞在したとき、日本でなら、お茶や食事に招待して親しくなるところを、「次の日曜日に散歩に招待する」と言われてめんくらったことが

あった。こんな招待はドイツでは普通で、公園や植物園を散歩した
をしたり、町の案内をすることで、じゅうぶんに親しくなれるのであ
もいらない。

ボゴバジャの難民キャンプで子ども達にぬいものを教える

「お中元やお歳暮、それが日本の
文化だ」などとごまかさずに、モノや
ることの裏側にあるウサンクサイものを
と掘り下げてもいいのではないか。そうい
統文化を守ることで、誰がいちばん利益を得
いるのだろう。

お世話になったから、とか、病気の人の不自由を気遣って、とか、心のこもった贈り物を否定するわけではない。しかし相手に負担をかけず、相手の心の喜びとなる(サンタクロースが真夜中に届けたような)贈り方は、本当に難しいものだ。

私はNGOの活動の中で、人を助けることの

難しさを、イヤと言うほど学んだ。そして、日本人の人助けには、しばしば助けられる人の心や立場を無視して、ただ自己満足のために、あるいは感謝される優越感や自己顕示欲のために、または潜在的な支配欲から、助けている場合があることをしばしば見てきた。

助けることは、相手の自立と自由の達成のために、相手の必要によりそって手を差しのべることである。相手が援助を期待して、逆に自立心を失ったり、金持ちを利用しさえすればいい、と安易な考えに陥るのは、助ける側にも責任がある。単純に自己満足感から助けようとする人をみると、その人自身が、欲求不満を抱えていて、それを、助けるという行為によって、つまり、感謝され、ありがとうと言われることに
って、代替的に満たそうとしている場合さえある。そういう場合、感謝される
足りないとみると、相手を非難するほうに回ることもあって、ものを贈ること
けることも、本当にサンタクロースでない私たちには難しい、と痛感する。
て、私にも十分な答えがみつからない。

贈賄で動く日本社会

しかし、こんなに思い悩む贈り物と違って、もっとも単純明快

という習慣が、日本には伝統的に根付いている。それは、あくまでも市民社会の未発達によるものだ。

テレビをみていても、時代劇には、必ずと言っていいほど贈賄がでてくる。かの有名な忠臣蔵もその代表で、松島栄一『忠臣蔵』(岩波新書)を読むと、当時、吉良《きら》上野介《こうずけのすけ》は今でいう儀典長のような係りで、勅使の応対にも熟知していた。浅野内匠頭《たくみのかみ》のような若気の正義感を持った短気者が、吉良上野介への贈賄を十分にしなかったために、その報復として恥をかかされたということは、あながちフィクションではなく、ありえたことだと、松島氏はいくつかの文献から結論している。とすれば、この贈賄事件が浅野内匠頭を切腹させ、その後何人もの命を奪うことになったのだ。

社会派の小説を書いた松本清張も、贈収賄事件から発した殺人事件の裏にある、政治家・官僚・企業の癒着のドロドロの闇を描いた人として有名である。だからこそ、人気があったのではないだろうか。国民から見れば、それらの汚職の横行は政官財の世界の日常であり、いくら新聞に書かれ批判されてもいっこうに止まない行為だからだ。贈収賄・税金の私物化は国民の怒りのマトになっている。

たとえば松本清張の『点と線』(新潮文庫)は次のような出だしから始まる。「安田辰郎は、一月十三日の夜、赤坂の割烹料亭「小雪」に一人の客を招待した。客の正体は、某省のある部長である」。

この安田は安田商会の経営者で、官庁に機械を納入するために、贈賄接待攻勢をかける。そして、それが表面化しかけると、事情を知りつくした担当の課長補佐を情死にみせかけて殺してしまう、というストーリーだ。

同じく『けものみち』(新潮文庫)も、暴力団と癒着した政商、鬼頭洪太が、金にあかせて政治資金を出し、贈賄し、政治も警察も新聞社も動かす。その文中に八五〇〇万円の石仏を即座に買った鬼頭が次のように言うところがでてくる。

「わしのところに置いても役に立たんからのう。わしにはそんな骨董趣味はない。秦野、小滝に言ってこいつを尾山のところに持って行くようにさせろ」

尾山は政界の実力者の名前で、すでに大臣も何度かやり、保守政党の実力者の一人だった。その名前が老人の口から、まるで近所の人間のように平気で出てきた——という文章だ。他の小説と違って、このような情景をフィクションだと思って読む人はあまりいないだろう。それほどに政財界の贈収賄は日常化しているのだ。

人びとはもう忘れかけているが、厚生省の岡光序治《のぶはる》事務次官が特別養護老人ホームを建てるための補助金を、小山博史という業者に与えた見返りに六〇〇〇万円相当の金品を受けたという事件も、その一例である。明治以来、政商は高級官僚に高価な贈り物をし、高級料亭で接待して義理を感じさせ、国家から特権を得た。そして政治家も官僚も、やがては自分の方から賄賂を要求するようになる。贈収賄を契機とする政官財の癒着は、政治や行政の公正さを失わせ、国民の税金を不正に使う結果を必ず招くことになるのだ。

権限を持つ者は接待を受けてはならない、というルールをもつ欧米社会に比べて、接待がなければ情報交換ができないから、などという日本の政財界は、あいかわらず忠臣蔵なみの封建社会なのである。ロッキード事件、リクルート事件、金丸佐川急便事件、ゼネコン汚職、エイズ等薬害事件、大蔵省官僚の不正接待事件……とこれでもか、これでもかとくり返される汚職ぶりは、むしろ悪質化さえしている。実際には贈賄でありながら「集金パーティー」方式をとる場合は、賄賂性が隠されてしまうのだ。前掲書『談合と贈与』の中で、政治部の元記者、多田実は次のような例をあげている。

パーティー券を一枚三万円として四万枚売る場合、実際に券を印刷して配るのは二万枚だけ。あとの二万枚はいくつもの後援会・業界団体などに券なしでまとめて引き受けてもらう。「券あり」の方で六億円、「券なし」の方で六億円（こちらは届出をしない）。一二億円の収入から経費を引いて、八億円が手元に残る。もちろん、券を引き受けた業者は、贈賄の見返りを要求する。

当人達に罪の意識はない。

田中角栄のロッキード事件を追った立花隆の『田中角栄研究――全記録』(講談社)『田中角栄いまだ釈明せず』(朝日新聞社)は、間違いなくノンフィクションである。その追跡、発表には、さまざまな苦労があったことが語られてもいる。それがともかく発表されたことに、私たちは批判的言論の自由の立場から、喜んでいるが、しかしそれが現実であるだけに、日本社会に対していっそう救いのない気持ちを抱く。

助け合いと義理――ムラ社会の生活習慣

サンタクロースとは異質の、助け合いや義理の形をとる権力支配のシステムは日本のムラ社会の生活習慣にもあった。例えば葬儀のときに三日間は集落のものが手伝いに行き、葬式をする家では借金をしてさえも酒をふるまう。日常生活でもカネや米に困れば本家や地主に借りにいき、しかし返すときは、借りた分より多くを返さなければならない。貸し手は恩を着せる形で貸しながら、結局は儲けていることを誰もが知っているが、そして助けられる方は義理にしばられることもわかっているが、すぐに頼れるところとして、結局、本家やムラの実力者に頼り、それ以上に絞られ拘束を受けたのである。集落の人びとは実力者の田畑や共有地のために、代掻《しろか》き、田植え、稲刈り、道普請《みちぶしん》、植林などのタダ働きをさせられ、その報酬としては、恩着せがましい一夜だけの食事と酒の振舞いがあった。助け合うというタテマエの裏側には本家や実力者の支配のシステムがあり、共同体としてのムラの人間関係は、どんなに不合理だと思っても古くからの習俗に抵抗できない人びとをつくった(いまも、地方には、このような習慣が残っているところがあり、選挙にも影響している)。

このような経済外的な強制と非合理的な不自由をガマンするよりも、はっきりと目に見える市場取引の方に、人びとはあと腐れのない自由を感じたにちがいない。「都市の空気は自由にする」からだ。しかし、近代の都市社会は資本主義社会であり、そこでの自由とは契約の自由であったから、差別的な契約を強いられる者や、契約から排除された者は、飢え死にしなければならない、そんな自由だった。

体と労働能力しかない労働者は、解雇や失業が自由に行われる社会では生きていけなかった。そこで彼らは労働者の団結と相互扶助を自分達の手ではじめる。労働組合の結成である。しかし、経済の自由、契約の自由を信条とする資本主義社会は、労働組合の力で、解雇が制限されたり、賃金の切り下げが阻止されることは、自由の侵害だとして、なかなか労働組合を認めようとしなかった。しかし労働者は、処罰や処刑によって禁止しても禁止しても、ストライキに訴えて組合の法認を要求した。最終的に資本も国家も、労働者を貧困にしておくことは、その子ども達の健康な成長を妨げ、栄養不良や学校に行かない子や、病気や犯罪に走る子を生み出して、健全な労働力の再生産ができなくなることを悟った。騒乱のない社会の安定は、資本家にとっても、必要なことだった。そうして、社会的な助け合いとしての、健康保険や失業保険、年金制度などの社会保障ができあがったのである。どんな形であれ、相互扶助のない社会は存続しえない。

現在も、「共同体」とか、「助け合い」という言葉にウサンくささを感じる人が少なくない。日本ではとくにサンタクロースのような無償の隠れた善行を信じる人はいない。人間は欲の塊で、利己心によって互いに争い、この社会が弱肉強食の世界であることを誰もが知っており、ホッブズの言うように万人は万人の敵(『リヴァイアサン』、岩波文庫)なのである。私がある大学でNGOの活動について話した時、学生はレポートに「助け合うという言葉は知っていたが、これまでの人生で、その言葉を現実に一度も脳裏に思い浮かべたことがない」と書いていた。

しかし、義理と無言の圧力でしばるムラ社会とはまったく異質の、同じ人間であるがゆえに助け合おうとする人びとが戦前のムラ社会にもいなかったわけではない。私が『豊かさの条件』(岩波新書)の中で紹介した大田春司さんは、子どものとき、白い米が食べられたのは盆と正月だけ、という極貧の小作人の六人兄弟の末っ子として生まれた。だから、友だちの多くがそうであるように、小学校を卒業したら、丁稚《でっち》奉公《ぼうこう》に出るのを当然だと思っていた。ところがある篤志家《とくしか》の援助で、京都大学まで卒業することになる。しかしその間、学資を出してくれた篤志家が大田さんの前に姿を現したことはなく、ずっと後で、チラリと姿を見た程度だったという。その学資援助には何ひとつとして見返りの要求がついていなかった。

大田春司さんもまた、セツルメント活動で貧しい人びとを助ける。大田さんが尊敬した同郷の偉人、田中正造も、足尾銅山から出る鉱毒排水や有害ガスによって、健康を害され田畑を汚染された農民たちのために一生を捧げた人である。

山代巴《やましろともえ》『荷車の歌』(筑摩書房)の中にも、姑《しゅうとめ》にいじめられる貧乏農家のお嫁さんが、発育不良で足の立たないわが子を背負って、遍路の旅に出るその旅の途中で、見知らぬ人の心からの同情や助けを受ける話が出てくる。辰濃和男『四国遍路』(岩波新書)は最近の著作であるが、いまも「接待させて下さい」と、何の酬いも求めずに行きずりの旅人を助ける、親切な地域の住民の姿が描かれている。たぶんそれは昔からくり返されてきた、人間としての自然な行為だったのだろう。山代巴さんの書簡集をみても、人間の、人間であるがゆえに、支配や損得を度外視した助け合いと共感が、戦前のムラ社会にもあったことを知らされるのである。

助け合いに悦びを感じるのは自然な感情

人間の社会は、どんな理屈を並べてみても、つまるところは相互依存の社会である。個々バラバラの人間が自立して生きているようにみえても、産業社会の中で行われている分業は、結果的につなぎ合わされ協業化されてはじめて有効な完成品となる。病気や貧困の人を放置する社会は、健康な人を不安にし社会への信頼を失わせる。

だから、人間の本能の中に、助け合うことを悦びと感じる自然な感情があるのは当然のことだ。同情心や共感する心を、カネや利潤で代替したり抹殺することはできない。私は『豊かさの条件』の中に、私の人生の中で出会った無償の助け合いのいくつかを書いた。助けることはやさしいことではないかもしれないが、しかし、憎悪や戦闘に傷つき、長く悲惨さの記憶から逃れられない苦しみ(『流転』高知新聞社)を背負うことに比べれば、はるかに、選択しやすい自然な人間関係ではないかと思う。いったん戦えば、その後遺症はいつまでも残る。日本が第二次世界大戦の賠償をいまだに求められつづけ、地下に埋めた毒ガス弾の処理に悩まされているのもその一例である。

重大な社会資本のひとつは、社会の中にある信頼性だ、と言われている。では私たちは、どんなときに人間社会を信頼するのだろうか。それは、私たちが助け合える人間だと知る時ではないだろうか。

『人を助ける心』(サイエンス社)の中で、社会心理学者の高木修氏は、各国の研究者が、子どもの自然な状態を観察した結果と、子どもの行動を実験してみた結果を、次のように紹介している。

それによると、愛他的行動・思いやりの感情が出てくるのは、精神分析学では、エディプスコンプレックスが解決される頃、とされており、認知発達説では、五歳から七歳ごろとしているが、じつはもっと年少の乳児期においても、その原初的な現われとして、共感性が認められるというのである。

たとえば新生児は、自分と同年代の赤ん坊の泣き声にたいして、年長の子どもやチンパンジーの泣き声にたいするのとは違った反応を示す。つまり他の新生児の泣き声をきくと、自分も泣き出す(セージおよびホフマンの一九七六年の研究)が、録音された自分の泣き声を聞かされても泣き出すことはない(マーティンおよびクラークの一九八二年の研究)から、助け合うことの基盤となる共感性は、すでにこの頃から芽生えている、と解釈している。二〜三歳の子どもでも、兄弟や仲間が泣いていると、抱きしめたり、なでたり、不安に動揺している仲間に食べ物やおもちゃを与えたりする。これらの援助的行動や共感性は、逆に小学校の六年生くらいになると減少するけれども、その原因は援助したいという気持ちがなくなるのではなく「指示されないことをして、失敗したら大人に叱られる」というような、外的な原因によって抑制されるからだという。青年期になると、認知能力がもっと発達するから、対人的要因や状況的要因によって、助けようとする行為は、大きく影響を受けることになる。

上記の説にたいして、私のような素人は、正誤を判断できないが、経験的にはあたっているような気がする。

ふり返って見ると、子ども達はそれらの自然な感情を生まれながらに持っているように思う。「早くしなさい」「テストの点は?」「また失敗した。しっかりして」などと、しょっちゅう大人に追い立てられていくうちに、助け合いたい気持ちは後退し、競争社会の中では罪悪視さえされて、助け合う気持ちを無意識の中に閉じ込めてしまうのではないだろうか。

子どもが小さかった頃、私が長男を叱ると、次男が横で泣き出し、あわてて叱るのを止めたこともある。逆に次男を叱っていると、横から長男が「ママ、そんなこと言ってはいけない。言われなくても、悲しい気持ちでいるんだから」と私をたしなめることもあった。よそからいただいたクッキーの缶を開けたとき、上の方のクッキーが二、三枚割れていて、それをみた次男が泣き出すので、びっくりした私が「どうしたの？」ときくと「だってクッキーが割れてるんだもん」と泣く。たぶんそれは次男にとって、命が傷ついたり、こわれるのと同じ哀しみだったのだろう。私は何と言って慰めていいかわからず、「それでは、あなたが悲しくなくなるまで、このクッキーは食べないで、このままにしておきましょう。悲しくなくなったら言ってね」と言って、そのまま蓋をしめておいた。二、三日あとで、彼は「ママ、ぼく、もう悲しくなくなった」と言って、おやつのクッキーを口の周りを粉だらけにして食べた。

共感能力は人間に対してだけでなく、動物にたいしても、子どもの方が大人よりずっと優れていると思う。いつか、庭の木蓮《もくれん》の木に尾長が巣をかけて、数羽のヒナ鳥が生まれたことがあった。そのうちの一羽がときどき、なぜか、つんざくような鳴き声をあげて巣から落ちる。夜に巣から落ちると、猫に食べられるので、家の中で保護することにした。朝になって、餌をやりたいが、口のそばに餌をもっていっても、口を開けようとしない。そのとき次男が親鳥そっくりの声で「アア」という鳴き声をあげると、ひなどりは真っ赤な口をカッと開けたではないか。私がまねをして何度試みてもだめで、何ヘルツかの共振する声でなければダメらしい。

鳥に限らず、動物が不思議な行動をとると、私はいつも子どもたちにその理由を説明してもらった。子どもの解釈はそのつど当たっていて、子ども時代というものは、人間に対しても他の動物に対しても、大人よりも共感できるコミュニケーション能力を持っているのだと感嘆する。日本では、基礎学力というと、数学や英語や、漢字の書き取りになるけれど、ドイツの先生は基礎学力のひとつに「共感する能力」をあげていた。

助け合う話の本が好きな子ども達

思い出せば出すほどに、子ども達は助け合う話の本が自然のこととして好きだったと思う。これは大人から教え込まれたからではない。

子どもには、それぞれに個性があるから、きっと闘争的な、あるいはホラー好きな子どももいるだろう。どれがよくてどれが悪いということはできない。

しかし、私の二人の子どもは、ごく自然に、助け合う話の本が好きだったのだ。

幼稚園時代のある日、長男が、幼稚園からもらった月刊誌『こどものとも』を、いつもならよろこんで私に見せてくれるのに、その日に限って、こっそりと、本棚の奥にかくしてしまった。「本はどうしたの？」ときくと「ママ、今日の本は見てはいけない。とてもかわいそうなお話だから」という。子どもが眠ってしまってから、本棚から本を取り出してみると、それは、継母にいじめられる少女のお話だった。

その反対に子ども達が病気のときも手放さなかった本もある。

たとえば、ルース・ガネット『エルマーと16匹のりゅう』(福音館書店)。珍獣だというので、人間に拿捕《だほ》されそうになった竜の家族を、エルマーは助けに行く。だけど、人間と戦うわけではないし、誰も傷つけない。

チエをしぼって作戦をたて、武器ではないオモチャの笛とラッパを吹き鳴らして見張りの人間を驚かせたスキに、みんなで穴から逃げ出すのだ。

「この本のどこが好きなの?」とたずねると、エルマーが竜を無事に助け出して、最後に記念塔の上で別れるとき、竜がなきベソをかきながら「きみに、なんとおれいをいったらいいかわからないよ！」と言うと、エルマーが「おれいなんかいわなくっていいんだ」と言ってモゾモゾと抱き合うところが一番好きなのだと言う。

　トルストイ再話『おおきなかぶ』（福音館書店）。おおきなかぶを、おじいさん、おばあさん、まご、いぬ、ねこ、ねずみ、が力を合わせて「うんとこしょ　どっこいしょ　やっと、かぶは　ぬけました」で終わる、佐藤忠良さんのすばらしい絵の本だ。ふつう、仲が悪いといわれている犬と猫、猫とねずみまでが力を合わせて、いっしょに蕪《かぶ》を抜くところがおもしろい。

　エドアルド・ペチシカ『もぐらとずぼん』（福音館書店）。この話も子どもたちが好きだった。ポケットのついたズボンをほしがっているもぐらのために、草や鳥や虫たちがみんなそれぞれの特技で、材料を提供し、布をつむぎ、裁断し、染めて、ズボンに縫い上げる話である。それをみていると、自然がどんなに相互依存の関係にあるかが

わかる。

こうやすすむ『どんぐり』(福音館書店)。みずならの木から地面に落ちたどんぐりは、えぞりす、しまりす、みやまかけす、えぞあかねずみなどによって、冬の間の食料として土の中に貯蔵される。それらのどんぐりのうち、浅く埋められて、食べ忘れられたものの中からだけ、芽が出て、若木が育っていく。

「どうぶつたちは　じぶんでは　しらずに　きを　うえているのです。もりを　そだてているのです」

なんという自然のたくみな相互依存と生命の循環だろうか。自然は助け合って調和を保ち、生き続けているのだ。

アンデルセン『雪の女王』。幼友達カイを雪の女王にさらわれたゲルダは、カイを探す旅にでる。途中、魔法使いのおばあさんに囚われたり、カラスの言うままに、カイがいると信じて王子と王女のいる宮殿にしのびこみ、みつかったり、道中で山賊におそわれて殺されそうにもなる。だけど助かるのだ。さまざまな苦労をするゲルダをのせたトナカイは、フィン人のおばさんのところに行って、おばさんに言う。

「あなたがゲルダちゃんになにかをしてやって、そういうすべてに勝つ力を、あの子につけてやるわけにいきませんか?」

それにたいして、フィン人のおばさんはこう答える。

「わたしには、ゲルダが今もっているより大きな力を、あの子につけてやることはできないよ！　あの子の力がどんなに大きいか、おまえはわからないかい？　ほら、人間でも動物でも、あの子になにかしてやらずにはいられないだろ？　そこで、あの子は、はだしのまんまで、こんな世界の果てまで、ぶじにやってきている、……それが、わからないかい？」その通りゲルダは、ついに雪の女王の宮殿から、カイを助け出す。

やや大きくなった子ども達と読んだリュートゲンの『オオカミに冬なし』(岩波書店)という本は、私達に大きな課題を提供した。北極圏で氷にとじこめられた七隻の捕鯨船二七五人の乗組員を助けにいく船員と医者、たった二人の救助隊員の話である。救援の途上で、彼らもまた人びとから助けられる。彼らはエスキモー(原文のママ)が古くから蓄積した生活経験と技術に助けられ、彼らがもつ文明の力もより合わせて、常識では考えられないような方法で、ついにこの船団の二七五人を救うのだ。その途中で、相手の人間に対する疑いが出てくることもあり、意見の相違からケンカも起こる。途中でエスキモーの飢えた人びとの村落に出あう。彼らを助ければ、氷に閉じ込められた船を助けに行く本来の目的が危うくなる。見捨てれば自分たちのヒューマニズムを自分で疑わねばならない。船を助けるという本来の目的が大事か、目的達成という名誉が欲しいのか、救助の仕事に成功した報酬としての昇進が目的か、出会った人を見捨てないことが良心に忠実であることか、エスキモーの命も捕鯨船の乗組員の命も同じではないか、――彼ら二人は論争した。その後、別の部落で飢えや病いで死を前にした子どもに出会った彼らは、自分たちのためにギリギリの食料を残し、残りをエスキモーの人びとに分け与えることで、良心に妥協させて本来の目的の救援に向かう。

理想にもえる若い医者マッカレンは、初老の船員ジャーヴィスに言う。「この計画にあんたは、ただただ人を助けようってんで、乗りだしたんですか、それとも、そこから何か、じぶんの利益がひきだせそうだということもあって、乗りだしたんですか？」ジャーヴィスは答える。「あんたは、あんたのその問いで、わたしの生涯にたった一つの美しいはたらきを、汚してるんですよ。……この仕事では、わたしは、じぶんのためには、何一つもほしくはなかったのです。それは、たったこれだけのことだったんですよ――じぶんにもひとにも、おれという男も、まだ何かには役に立つってことを証拠だてる。……あんたはまだ、若すぎます。ひとりの男にとって、義務も不満足にしか果せず、何ごとにも全身でかかっていけなくて、中途半端に終わってしまうといったやり方で、一生うつろにすごすってことが、どんなことだかってことは、まだわかりませんよ」

子どもは子どもなりに助け合う自然の感情をもって生まれる。そして人生の晩年に、再び人は、人間の本当の満足とは人のために役立つことにあることを悟るのではないだろうか。

助けるということには難しさや矛盾がある。大人になればなるほど、私たちは難しい課題に直面する。私は、ＮＧＯの活動をしながらこの本のことを思い出すことがあった。それは私たちの援助活動が焼け石に水だ、という虚無感におそわれるときである。そんな時、私はジャーヴィスの次の言葉を思い出したのだ。

「看護人として疫病地区へはいってゆくにしろですよ。彼は、どこかしらから、手をつけなけりゃなりません。八方から、助けを求めてさしのばされた手のまっただなかへ、そのどれかを、めくらめっぽうにつかみ出す握りこぶしでもって飛びこんでゆかないじゃ、実地の救助ってことはありはせぬのです。このたくさんの手のなかの、どれか一つをひっつかまえる、そしてそこから、救助をはじめなけりゃならぬのです。そうでなけりゃ、行動のない、ただの同情に流れっちまいます」

それに対してマッカレンはしずかにいう。

「あんたのいうとおりです。ジャーヴィス——わたしも、頭ではよくわかります。

心もちとしては、まだまだ納得できないですけれど。……わたしは森を見て、樹々を見なかったんです。人類という観念を見て、人間を見なかったんです。あんたが、ジャーヴィス、人間を見ることを教えてくれたことに、お礼をいいます」

人間は誰でも自分の幼少年期にかわいそうな人を助けようとした記憶をもっているのではないか。そこに潜む矛盾と出会ったこともあるのではないか。私が子どものころ、物乞いの人がけっこういて、母はお財布からいくらかのお金を渡していた。そのたびに、私は母のお財布をのぞきこんで、「ねえ、まだたくさんお金があるじゃない。どうしてもっとあげないの」と言い、母もそのたびに「そんなことしたら、あなたたちの食べるものがなくなる」と言っていた。

裁判傍聴の感想――一五歳の思い出

もう少しあとのことになるが、一五歳(女学校の三年生)の時、公民科の時間に、先生に引率されて、裁判所を見学したことがある。事件は、ある家に強盗で押し入った男性が、その家の人を殺してしまい、逮捕されて、裁判を受ける、その法廷だった。弁論のあと、死刑の判決があり、被告が退廷したあと、裁判官は私たちに裁判を傍聴した感想を求めた。そんなことを聞かれるとは思っていなかったし、なにしろ死刑の判決後である。いかめしい法廷の空気もあって、みなシュンとして押し黙っていた。裁判官はたまたま前列の一番はしっこの席にいた私を指名した。私は立って次のような感想をのべたという（というのは裁判所でのこの話は、私の記憶から消えていて、卒業後五〇年の同窓会のとき、あるクラスメートが私にかんする思い出話として、話してくれたので、私も鮮やかな事件として、思い出したのだ）。

私はそのとき、正直な気持ちをのべたと思う。「死刑の判決を宣告された時、被告が声を出してよろめいたので、左側の判事さんが少し笑いました。死刑の判決なのに笑ってはいけないと思います。それから国選弁護人の弁護の仕方が、とても簡単で、熱心ではありませんでした。この被告は貧乏で不幸な人生を送ってきた人なのだから、もっと熱心にその生い立ちから犯罪に走った理由を話して弁護したらよかったと思います。いまは戦争中で、男の人は兵隊にとられて働く人手が足りません。死刑などにせず、働いてもらった方が社会のためにもいいと思います」と。

それに対して裁判官は「国選弁護人が熱心でないと言われると、弁護人の方に対して、失礼になりますから」と言い、傍聴席の私たち全員に「この中で死刑の判決に反対の人がいますか？」ときいて、挙手を求めた。ひとりを除いて、全員が死刑反対、と手をあげたのだ。

いま、死刑反対の世論が強くなりつつある時、一五歳の春に経験したあの法廷のことを思い出す。みんなが、まだ素直な人間性を持っていた一五歳だった。

その頃、私が『ああ無情』(レ・ミゼラブル)を読んでいたかどうかは覚えていない。ただひとつ言えることは、どんな戦争中でも、学校の図書室には、戦争賛美とはちがった本がいっぱいあったことだ。私が本の虫であったために、政府や軍部の宣伝や軍事教育にもかかわらず、最低限、人間として物事を考え、まわりを見ることができたのは、ただただ本のおかげだったと感謝している。

本は人間にとって最高の栄養

子ども時代から青少年期に読んだ本について、ほかにも考えさせられることがある。私が小学校のとき、師範学校の付属にいたために、教育実習生がしばしば授業をした。国語の授業で、詩を習ったときに、実習生が詩の感想をひとりずつに言わせた。そのとき私は本当にそう思っていたので、「先生が詩の内容を説明すると、詩がつまらなくなる。はじめにひとりで読んでいたときは、もっといい詩だったのに」と言った。詩に限らず、国語の文章は、説明されると、いつも色あせてしまったことを思い出す。実習生の先生は困った顔をして、しばらく黙っていた。それはその先生が文学的に能力がなかったからではないと思う。子どもの想像力は大人がどんなに努力しても追いつかないほどに、豊かで創造的なのだ。だから私は子どものとき、青少年のときに、受験勉強だけでなく、さまざまな本を読むべきだと確信する。それは、その人の一生に大きな影響を与えるからだ。少年老いやすく、想像力と感受性は衰えやすい。もともと言葉の獲得と感受性は反比例関係にある、という精神医学者さえいる。

言葉を持たない時代には、子どもは感受性だけを頼りにして生きているので、感覚的にもっとも鋭いものを持っているという。ところが、言葉で説明できるようになると、論理的な力が発達して、それとともに感覚的な能力は背後にひっこむようになるという説である。それが定説になっているのかどうか知らないが、『サンタクロースってほんとにいるの？』という本を書いたときに、私はそのことを思い出した。言葉が子どものイメージを殺してしまわないように、どこまで禁欲的であったほうがいいのか。

かつて斎藤茂吉は、計らいを去って、いのち、すなわち「なくては叶わぬもの」を写すのが短歌だと言った。短歌にも、児童文学にも素人の私ながら、子ども時代に読む本の世界は、この茂吉の言葉に通じるものがあるような気がする。

しかし、子どもは成長にしたがって、周囲から、さまざまな言葉を投げかけられ、言葉によって自分を表現するようになる。もちろんコミュニケーションの手段は言葉だけでなく、言葉に付随する表情や身振り、芸術的な音楽や美術や踊りなどによっても行われるけれども、何といっても多くの人との間にひろく行われる相互理解や情報の伝達は、言語によっている。そしてもし子どもが新たに獲得していく言葉に席を譲るように、幼児のときの鋭い感性を背後に後退させていくとすれば、私たちは自然が与えた、「生きるためになくては叶わぬ感性」に匹敵するだけの言葉を獲得していかなければならないのではないか。繊細な感覚や、説得力のある論理を、言葉で表現するために、私たちは本から学び、文章表現の修練を積まねばならない。

言葉はコミュニケーションの手段であるだけではない。私たちはそれぞれが持っている言葉で考え、感情を表現している。持っている言葉が貧しければ、その範囲でしか物事を考えられない。これは私だけの体験ではないと思うが、外国で暮らしていると、日本語ほどその国の言葉に習熟していないために、言葉の貧しさから、考えることも表現することも単純になり、人格がやせ細っていく怖れを感じる。

言葉だけでなく、言葉を超える豊かなイメージを描くことができる幼年期。多感で批判力旺盛な青年期。それぞれの人生の成長期に読まれた本は、経験とより合わされて、人格をつくりあげていく。本は人間が人間社会に残した最高の栄養であり財宝だと、私には思えるのである。

ＯＥＣＤは二〇〇〇年に、三二カ国、一五歳の子ども達、約二六万五〇〇〇人が参加する学習到達度調査を行った。その結果、ＰＩＳＡ（プログラム・フォー・インタナショナル・スタディ・アセスメント）の分析結果が示すように、数学の成績はよくても、各国の中で最も本を読まない日本の一五歳の少年少女たちの、読解力や思考力が劣位にあることがあきらかになった。日本の少年少女たちは、他の国に比べて最も読書をしない子ども達である。「本を最後まで読み終えるのが困難な」子のパーセンテージも各国の中で最も高い。

年齢とともに感性は後ろに退き、それに代わる言葉の獲得も貧しくて、ただ表面的で刺激的なマスコミ言語に安易に接触しているだけでは、深い思想も、豊かな感性も、人格の成長も、そしてそこから生まれる判断力も、のぞめない。個々の人間の判断力が社会の暴走を抑え、よりよき社会の実現を可能にする唯一の要素であることを考えると、このままでいいのか、という思いが募る。今は、社会や人生について深く考えなくても、目先の経済成長に資すればよい、という方向に、教育の世界がひっぱられている時代である。だからこそ私は、よりいっそう読書が呼び起こす人間的な力に希望を託したい。

終章　サンタクロースは、やっぱりいた

NGOで活動する人びと

私は、ふとしたことから、もう一〇年あまり学生やボランティアの人達とともにNGOの活動をつづけている。そのきっかけは、ウィーン大学での私のゼミに、当時のユーゴからきた学生が、偶然にいたことにあった。NGO活動を始めたいきさつや、救援活動の内容については『豊かさの条件』(岩波新書)にくわしくのべているので、拙著を参照していただければ、このあとにのべることも、よりいっそう理解していただけるのではないかと思う。

当時ユーゴスラビア内戦の中で、経済制裁を課され、そのうえに五〇万余りの難民を抱えたキャンプの中では、難民や子ども達、病人や孤児があふれ、市中では年金がストップしたままで、無料食堂しかたよれない飢えた老人たちや失業者がいた。

それらの人達のために食料や医薬品、衣類や文房具、衛生用品などの物的支援だけ

でなく、難民が将来に希望を失わないように、自立のための職業訓練をおこなったり、身につけた技術で収入を得るための工房をつくったりもした。カネやモノだけでなく、日本の子ども達と相互にホームステイをしたり、音楽や絵やスポーツをとおして交流をしたことで、予想以上に子ども達が親しくなり、心を慰めあえたこともあった。現在も孤児達には、毎月、奨学金を贈って、学校を卒業することができるように見守っている。なぜなら孤児たちにとって、教育は自立のための不可欠の条件だからである。

救援の中では、貧困のための盗みにも争いにも詐欺にも出会ったが、一方では多くの現代のサンタクロースにも出会った。私たちの救援活動を助け続けてくれる多くの無名の市民たち。寄付金にそえられた手紙や励ましに、どんなに私たちは助けられたことだろう。荷造りや宛名かきの仕事など、無償で労力を提供してくれる人たちも数えきれない。ユーゴスラビアまで出向き、職業訓練の指導をしてくれたベテランの教師もいる。誰も何も見返りを考えずに――。

難民救援の仕事の中で、顔を合わせる各国のNGOの人たちも、それぞれに助け合う行為を当然のことと考え、労力や私財を提供して働いている。たまたま知り合ったオランダ人のひとりは、自分の子どもが三人いるのに、難民の孤児をひきとって育てていた。

「国境なき医師団」の人たちも、本国で開業すれば大きな収入が得られる医師たちなのに、助けを求める人びとがいるところには、国境をこえて救援に赴き、献身的に働いている。彼らの背後には、これまた国境をこえて無数のサンタクロースが彼らの援助活動を支援している。国境なき医師団は一九七一年、フランス人医師によって設立された民間の援助団体である。人種、宗教、思想の違いをこえて国内外をとわず、中立的人道的立場に立って、八〇カ国以上の国に多くの医師、看護師、助産師、物資援助員を派遣してきた。ヨーロッパ人権賞、ノーベル賞、UNHCR(国連難民高等弁務官事務所)からナンセン難民賞を贈られてもいる(国境なき医師団については『国境なき医師団は見た――国際紛争の内実』日本経済新聞社や、国境なき医師団の年次報告書、ノーベル平和賞受賞記念スピーチがある)。

二〇〇一年、「国境なき医師団」の主催するシンポジウムに招かれてパリで講演をしたとき、何日も彼らと膝をつきあわせて話し合うチャンスに恵まれた。「なぜ、こんな活動を?」とたずねると、「別に理由なんかない、当たり前のことだから」と笑った。

国境なき医師団の活動の原則は、政治活動や軍事活動(PKOであっても)と明確な一線を画すことにある。ときに危険にさらされることがあっても、軍事的保護を求めない。ゲリラからの攻撃を、武力によって撃退するのでなく、援助物資を場合によってはゲリラに分けたり、対立する紛争当事者に分けへだてなく援助をおこなうことで、危険から守られているという。

軍隊はたとえそれがＰＫＯや、人道援助を保護し遂行するため、という名目をかかげていても、公表できない政治的軍事的意図が隠されていることが多い。

人道的軍事介入といっても、彼らが保護するのは人道援助要員であり、自分達の身の安全であって、市民の命そのものではない。だから、敵を倒すためには、市民を巻き添えにして、犠牲者を出すこともいとわない。ＰＫＯと連携することによって「自称平和維持軍」の無計画な活動にひきずりこまれてはならない。問題解決を弱者の犠牲のうえに行ってはならない。援助活動を軍事行動でするというのは、人道援助の死を招く罠である。この方法にしたがうと人道援助のあらゆる行為は軍事戦略の論理にからめとられ、死にいたることになる。イラク人は援助機関の職員を軍と同類とみなし、容赦なく攻撃した。国境なき医師団の医師は言う。

「国際社会での説得力は、軍事力ではなく、介入がどれだけ真摯な人道主義の精神に貫かれているかによって決まるのです」「正義の側に立つ戦争こそが、不正な戦争のひきおこす災禍を食い止める最良の方法だというのでしょうか。私たちの人道援助活動は民主主義的な制度をつくるというような政治目的を達成したり、戦争に勝つことを目的にせず、暴力の世界にいささかでも人間性を回復させることを目的にする活動なのです。人道的行為は命を救うことであって、決して命を奪うことではありません。そしてこのような活動が平和をもたらすのは、心と心のふれあいが拡大していくことによってだけなのです」

モノを贈ることは心を贈ることだ、というサンタクロースのメッセージを、私はここでもきいた気がした。

いま、いくつの非政府組織が世界で動いていることだろう。国際平和部隊のように、丸腰の非武装で戦争の渦中にはいり、双方の信頼を得て、武力の暴力から人びとを守っている人たちがいる。地雷廃絶運動に献身している人たちもいる。グリーンピースのように環境保護に献身している人びともいる。アタック（ＡＴＴＡＣ——一九九八年フランスで設立された反グローバリゼーションの国際組織）のように最貧国の人びとに対する公的債務免除を働きかけ、金融取引に課税するトービン税を導入して、貧しい国々の経済自立を助けようと献身している人たちもいる。アラファトやイラクのやりかたに必ずしも賛成でなくても、人間の盾となって現地にはいり、空爆や武力攻撃から人びとを守ろうとした人たちもいる。

私がユーゴで救援活動をしていたとき、ドナウにかかる橋がいくつも爆撃され、水中に陥没した。そのため、その橋を渡って市内の病院に行かなければならない人たちの、人命問題になった。そのとき、残る橋を守ろうと、人びとが橋の上に集まり、空爆の最中でも、人間の盾となって橋の上にとどまりつづけたのだ。彼らに悲壮感は見受けられず、スローガンも演説もなく、歌をうたったり、踊ったりして、お互いに元気づけあい夜を徹して橋を守っていた。

シモーヌ・ヴェーユのこと

私はユーゴ救援活動の中で、若い頃にドイツに留学していたというセルビアの女性経済学者と知り合った。私の援助活動をいつも親身に手伝ってくれ、彼女とはいまも家族のようなつきあいをしている。空爆のたえないある夜、停電の中でなぜかシモーヌ・ヴェーユのことを、二人で話しあった。自国の権力者に民族主義をあおられ内戦に翻弄《ほんろう》されたユーゴ国民の一人として、彼女はヴェーユの生き方を支えにしているように思われた。私にとってはもうずいぶん前に読んだ本(『シモーヌ・ヴェーユ著作集』春秋社)である。

シモーヌ・ヴェーユはパリの知的家庭に育ち、医学者の父と国際的に有名な数学者の兄をもち、彼女自身も一六歳で大学入学資格試験に合格している。二二歳で名門の高等師範学校を卒業。同年、大学教授資格試験に七番で合格した。

彼女はフランス人であり、ユダヤ人であり、キリスト者であると同時に、労働者の境遇に深い共感を持つ左派の平和主義者でもあった。

労働者の生活を知るために女工となり、電機会社や鉄工所、自動車工場で働き、過労のため肋膜炎を患って療養を余儀なくされた。

彼女が経験した労働者の生活はマルクスの主張とは違って、考えることを完全に放棄することで苦しむことを避け、命令にしたがうことを疑わない奴隷的存在になることであった。彼女はバラ色の革命を信じなかったが、抑圧された人びとと共にいることを願った。

農業労働にも従事して、一日中、葡萄《ぶどう》つみの仕事をし、あまりの辛さに「ある日、私は気がつかないうちに死んでしまって、地獄に堕ちているのではないかしら、そして地獄とは、いつまでもいつまでも葡萄を摘んでいなければならないところではないかしら、と自分の心に問うてみました」と言っている。それなのにその辛さの中で、桑の実を口にすることで飢えをしのぎ、戦時中の食料配給券の半分を、とらわれた政治犯に送った。

彼女は「知ること」と「全精神をうちこんで(身をもって)知ること」との間に横たわる、はるかな隔たりを知っており、その隔たりを埋めるために、一生を捧げた。ナチスがパリを征服する前夜、パリを脱出してニューヨークに亡命。ただちにロンドンのフランス亡命政府に参加し、終戦後のフランスのための政策づくりの仕事をする。

そのために書かれた彼女の唯一の体系的著作が「根をもつこと」(著作集第五巻)である。彼女はフランスの敗北の原因がフランスの中にあり、根腐れを起こした大木のように、ファシズムの外的一撃で、あえなく倒れたと分析する。具体的には、労働組合が働く喜びを感じるような労働環境づくりを放棄し、働く者の文化を創り出すことを捨てて、ただ賃金のみを求める運動になりさがったこと、農業が国民の生命や健康にかかわる産業であることを忘れて、金儲けを追う農業になってしまったこと、教育が子どもの人格とその世界を育てることを忘れて、立身出世の手段になってしまったことをあげている。現在の日本にそのままあてはまる状況ではないか。

じつを言うと、私が理解できるヴェーユの唯一の著述がこの「根をもつこと」なのである。にもかかわらず、私が『シモーヌ・ヴェーユ著作集』を忘れないのは、彼女の死を悼んで書かれたギュスターヴ・チボンのあまりに美しく、また彼女の特質を明晰に浮かび上がらせた追悼文のせいだと思う。チボンによれば、ヴェーユは民衆を愛し抑圧を憎んだが、共産党には加入せず、早くからスターリンを批判した。イエス・キリストを愛したが洗礼をうけることを拒否し、教会の権威をみとめなかった。ロンドンに亡命中も、パリの同胞を思い、配給券で支給される食料以外は口にせず、病院でも特別待遇を受けることを拒んだ。パリ解放の直前に、亡命先のロンドンで、結核のため三四歳の若さで死ぬ。

そんな彼女を追想してチボンは書いている。

《一九四四年十一月、私は彼女がフランスに帰ってくるのを待ち受けていたのに、共通の友人たちから彼女がその一年まえにロンドンで亡くなったことを知らされた。……その臨終の一部始終について私はなにも知らない。……彼女の生涯は苦渋にみちみちていたから、むしろおだやかな死を迎えるという恩寵がさずけられたものと考えたい》

そして彼女がアメリカに亡命する最後の時のことをこう振り返る。

《私は彼女が通りを遠ざかって行くのをしばらくみつめた。私たちはそのご二度と会えないことになる。時間という枠のなかでの永遠との触れ合いは、おそろしいほど束の間のものなのだ》

そのとき、ヴェーユがチボンに預けた、カバンの中の原稿が、その死後ヴェーユの著作集として、世に出された。チボンによれば、彼女はあまりに純粋だったので、自分のありあまるような才能のことなど意に介さず、真の偉大さとは「何者でもなくなること」であるのを、知りすぎるほど知っていた。それは他者を助けようとし、他者のために活動する人の辿りつく最後の境地ではないだろうか。そしてそれは利益を目的とする競争社会とは対極の、しかし、魂の根源から、人びとが求めてやまないある世界なのではないかと思う。サンタクロースもまた、人びとに知られないように真夜中に贈りものをして歩いたのだった。

二つの世界に橋を架ける

一方に戦争があり、市場競争の争奪戦があり、社会ダーウィニズムの弱肉強食がある。いじめもあれば、不登校もある。

けれど、他方には無数の無名のニコラウスも健在なのだ。日本のあちこちに障害者や老人たちを手づくりで支援しているボランティアの人たちがいるし、小児病院に長期入院している親子を援助するボランティアもいる。環境問題に献身しているひとたちも、ホームレスを助けている人たちもいて、この社会を支えている。協同組合やNGO、NPOなどの非営利セクターも経済の一分野で活動している。

西川潤『人間のための経済学』(岩波書店)によれば、国際社会の、経済成長に対する考え方も、この二つの世界に橋を架ける方向に大きく変わってきているという。国連開発計画は一九九〇年度から「人間開発計画」を発表しているが、この「人間開発」とはGNP成長や所得や富の蓄積だけを意味するのではなく、個々の人間が自分のもっている資質を完全に発揮し、創造的生活を営むことができるような社会環境を意味している。経済学における「豊かさ・貧しさ」にかんするパラダイムの転換が起こりつつあるのだ。その一つがアマルティア・センの経済理論だろう。

アマルティア・センの著作『不平等の再検討』『経済学の再生』『不平等の経済学』『福祉の経済学』を読むと、「市場競争によってこそ資本と労働の適切な配分を行うことができる」と考えている古典派、新古典派の経済成長論と、人間にとっての真の豊かさを実現しようとする、人間の全体性からみた人開発展論に、彼は橋を架けようとしていると感じた。そして、これまでほとんど往き来することがなかった数量経済学と社会経済の哲学的な理論にも、不十分ではあれ、これから多くの橋が架けられるのではないかと感じる。

現実の世界では、貧富の差というこれまでの分類より、もっと深く多様に、人間社会のありかたを模索する活動が、心をふれあわせながらひろがりつつある。

そこでは抽象的な美辞麗句ではない、他者を思う思想があたらしく胚胎しつつあると感じるのだ。それは西川潤が言うように、ガンジーやマザー・テレサが示したアヒンサー(真理、愛、非暴力、人間間の信頼)という言葉で表わされるのかもしれない。サンタクロースを求める流れは、今後もずっと続いていくことだろう。

参考文献

（不明なもの、雑誌を除く。ここに掲げたのは必ずしも著者の読んだ版とは限らない。初版や現在入手可能なものをあげてある場合もある。一部割愛したものもある）

第一章　サンタクロースとの出会い

『有田川』有吉佐和子、講談社、一九六三年。角川文庫、一九六七年。新潮社（有吉佐和子選集第七巻）、一九七〇年。講談社文芸文庫、二〇一四年

『君たちはどう生きるか』吉野源三郎、新潮社（日本少国民文庫）、一九三七年。岩波文庫、一九八二年

『銀の匙』中勘助、岩波書店、一九二一年。岩波文庫、一九三五年（改版一九四八年、一九六二年、一九九九年）

第二章　子どもと本と私と

『どうぶつのこどもたち』サムイル・マルシャーク著、石井桃子訳編、岩波書店、一九五四年

『うさこちゃん』シリーズ、ディック・ブルーナぶん・え、まつおかきょうこやく／いしいももこやく、福音館書店、一九六四―二〇一一年

『どろんこハリー』ジーン・ジオンぶん、マーガレット・ブロイ・グレアムえ、わたなべしげおやく、福音館書店、一九六四年
『わたしとあそんで』マリー・ホール・エッツぶん・え、よだじゅんいちやく、福音館書店、一九六八年
『クマのプーさん』A・A・ミルン作、E・H・シェパード絵、石井桃子訳、岩波書店、一九六八年。岩波少年文庫、一九五六年(改版一九八五年、新版二〇〇〇年)
『ピーターうさぎのぼうけん』ポッターさく、きしだえりこぶん、みよしせきやえ、偕成社、一九六八年(『ピーターラビットのおはなし』ビアトリクス・ポターさく・え、いしいももこやく、福音館書店、一九七一年、新装版改版二〇一九年)
『ドリトル先生』シリーズ、ロフティング作、井伏鱒二訳、岩波書店、一九五一―六〇年(改版一九七八―七九年、新版二〇〇〇年)
『大どろぼうホッツェンプロッツ』オトフリート・プロイスラー作、F・J・トリップ絵、中村浩三訳、偕成社、一九六六年(改訂版一九九〇年、二〇一〇年)。偕成社文庫、一九七五年(改訂版一九八四年)
『はだしのゲン』(全一〇巻)中沢啓治、汐文社、一九七五―九三年
『せいめいのれきし』バージニア・リー・バートン文・絵、いしいももこ訳、岩波書店、一九六四年
『いたずらきかんしゃ ちゅうちゅう』バージニア・リー・バートンぶん/え、むらおかはなこ

やく、福音館書店、一九六一年
『ひとまねこざる』エッチ・エイ・レイ文・絵、光吉夏弥訳、岩波書店、一九五四年(『おさるのジョージ』シリーズ、M・レイ&H・A・レイ原作、渡辺茂男・福本友美子訳、岩波書店、一九九九―二〇二二年)
『しずかなおはなし』サムイル・マルシャークぶん、ウラジミル・レーベデフえ、うちだりさこやく、福音館書店、一九六三年
『龍の子太郎』松谷みよ子著、久米宏一絵、講談社、一九六四年
『てぶくろを買いに』新美南吉著、大日本図書、一九六八年(新版一九九三年、二〇〇五年)
『おやすみなさいフランシス』ラッセル・ホーバンぶん、ガース・ウィリアムズえ、まつおかきょうこやく、福音館書店、一九六六年
『だんめんず』加古里子ぶん・え(福音館かがくのとも四八号)、一九七三年(復刻版二〇一〇年、再版二〇一八年)
『きかんしゃやえもん』阿川弘之文、岡部冬彦絵、岩波書店、一九五九年
『なつのあさ』谷内こうた文/画、至光社、一九七〇年
『地球はまるい』アンソニー・ラビエリぶん・え、佐野健治やく、福音館書店、一九六七年(改訂版一九八三年)
『野尻湖のぞう』井尻正二ぶん、金子三蔵え、福音館書店、一九六九年(新版一九七六年)
『あげは』(かがくのとも傑作集)、小林勇ぶん・え、福音館書店、一九七二年

第三章　サンタクロースの本を書く

『サンタクロースってほんとにいるの？』てるおかいつこ文、すぎうらはんも絵、福音館書店、一九八二年
『はなのすきなうし』マンロー・リーフ文、ロバート・ローソン絵、光吉夏弥訳、岩波書店、一九五四年
『サンタクロースの部屋――子どもと本をめぐって』松岡享子著、こぐま社、一九七八年（改訂新版二〇一五年）
『サンタクロースっているんでしょうか？』中村妙子訳、東逸子絵、偕成社、一九七七年
『星の王子さま』サン＝テグジュペリ作、内藤濯訳、岩波書店、一九六二年（改版一九七二年、新版二〇〇〇年）。岩波少年文庫、一九五三年（改版一九六六年、一九七六年、新版二〇〇〇年）。岩波文庫、二〇一七年
『サンタのなつやすみ』レイモンド・ブリッグズさく、さくまゆみこやく、あすなろ書房、一九九八年

第四章　聖ニコラウスを訪ねる旅

『黄金伝説』（全四巻）、ヤコブス・デ・ウォラギネ著、前田敬作・今村孝・山口裕・西井武・山中知子訳、人文書院、一九七九―八七年。平凡社ライブラリー、二〇〇六年

『キリスト教大事典』日本基督教協議会文書事業部キリスト教大事典編集委員会編、教文館、一九六三年(改訂新版一九六八年、改訂新版(訂正版)第一二版二〇〇〇年)
『サンタクロース伝説の誕生』コレット・メシャン著、樋口淳・諸岡保江編訳、原書房、一九九一年
『サンタクロースとクリスマス』カトリーヌ・ルパニョール著、渡辺義愛監修・今井裕美子、加藤行男訳、東京書籍、一九八三年
『ヨーロッパの祭と伝承』植田重雄、早稲田大学出版部、一九八五年。講談社学術文庫、一九九九年
『図説・ドイツ民俗学小辞典』谷口幸男ほか、同学社、一九八五年
『サンタクロースの大旅行』葛野浩昭、岩波新書、一九九八年
『サンタクロースっているんでしょうか?』前掲書
In Search of Santa Claus, Rex Miller, The Turkish Press, 1955
Lykien, Dr. Ülgür Önen, Net Akademie, 1993

第五章　サンタクロースと大人達の世界

『サンタクロースとクリスマス』前掲書
『談合と贈与』宮田登編、小学館、一九九七年
『忠臣蔵――その成立と展開』松島栄一、岩波新書、一九六四年

『点と線』松本清張、光文社、一九五八年。新潮文庫、一九七一年。文藝春秋社、二〇〇二年
『けものみち』松本清張、新潮社、一九六四年。新潮文庫、一九六八年(改版一九九五年、二〇〇五年)。光文社、一九七〇年
『田中角栄研究――全記録』立花隆、講談社、一九七六年。講談社文庫、一九八二年
『田中角栄いまだ釈明せず――田中新金脈追及』立花隆、朝日新聞社、一九八二年
『リヴァイアサン』ホッブズ著、水田洋訳、岩波文庫、一九五四年(改訳、一九九二年)
『豊かさの条件』暉峻淑子、岩波新書、二〇〇三年
『荷車の歌』山代巴、筑摩書房、一九五六年(新装版一九七六年)
『四国遍路』辰濃和男、岩波新書、二〇〇一年
『流転――その罪だれが償うか』高知新聞社編集局社会部編、高知新聞社、一九九八年
『人を助ける心――援助行動の社会心理学』高木修、サイエンス社、一九九八年
『エルマーと16ぴきのりゅう』ルース・スタイルス・ガネットさく、ルース・クリスマン・ガネットえ、わたなべしげおやく、福音館書店、一九六五年
『おおきなかぶ』A・トルストイ再話、内田莉莎子訳、佐藤忠良画、福音館書店、一九六六年
『もぐらとずぼん』エドアルド・ペチシカぶん、ズデネック・ミレルえ、うちだりさこやく、福音館書店、一九六七年
『どんぐり』こうやすすむさく、福音館書店、一九八八年
『雪の女王』アンデルセン作、ラース・ボー画、大塚勇三訳、福音館書店、一九七九年

『オオカミに冬なし』リュートゲン作、K・J・ブリッシュ絵、中野重治訳、岩波書店、一九六四年

終章　サンタクロースは、やっぱりいた

『国境なき医師団は見た――国際紛争の内実』国境なき医師団編、鈴木主税訳、日本経済新聞社、一九九四年
『シモーヌ・ヴェーユ著作集』(全五巻)橋本一明・伊藤晃・花輪莞爾・渡辺義愛・渡辺秀・大木健・山崎庸一郎・渡辺一民訳、春秋社、一九六七―六八年(新装版一九九八年)
「根をもつこと」『シモーヌ・ヴェーユ著作集』第五巻所収、山崎庸一郎訳、春秋社、一九六七年(新装版二〇二〇年)。冨原眞弓訳、岩波文庫、二〇一〇年
「重力と恩寵」の序文(G・ティボン)『シモーヌ・ヴェーユ著作集』第三巻所収、渡辺義愛訳、春秋社、一九六八年(新装版二〇二〇年)
『人間のための経済学――開発と貧困を考える』西川潤、岩波書店、二〇〇〇年
『不平等の再検討――潜在能力と自由』アマルティア・セン著、池本幸生・野上裕生・佐藤仁訳、岩波書店、一九九九年。岩波現代文庫、二〇一八年
『経済学の再生――道徳哲学への回帰』アマルティア・セン著、徳永澄憲・松本保美・青山治城訳、麗澤大学出版会、二〇〇二年
『不平等の経済学』アマルティア・セン(ジェームズ・フォスター)著、鈴村興太郎・須賀晃一

訳、東洋経済新報社、二〇〇〇年
『福祉の経済学――財と潜在能力』アマルティア・セン著、鈴村興太郎訳、岩波書店、一九八八年

あとがき

はじめ、この本は、私がこれまでの人生の中で出会った本について書くことになっていた。

ところが編集部の宮部さんから、『サンタクロースってほんとにいるの？』(福音館書店)という絵本を、私がなぜ書いたのか、そのいきさつを知りたい人がいるのではないか、と言われて、こんな本を書いてしまった。宮部さんとは、一四年前に『豊かさとは何か』(岩波新書)をいっしょにつくった間柄である。だから、私の書くものを見通しての示唆であったにちがいない。

人生、何が起こるかわからない、というけれど、たしかに私が、まったく畑違いの絵本を書くなんて、いまもって信じられないことのひとつである(この『サンタクロースを探し求めて』も、また、そのひとつだが)。

だから、たびたび「あの本の作者、てるおか、というのはあなたのことですか」ときかれるし、わざわざ出版社に電話して、この絵本の作者はあの(どういう意味の、「あの」なのかわからないが)てるおかさんかと聞く人もいるという。

しかし、この本を書き終わった今、青天の霹靂のようだったその絵本づくりも、私にとっては、ひとつの必然があったことに、気がつく。

この本を書きながら、私自身、なぜ『サンタクロースってほんとにいるの?』を書いたのか、自分探しの旅をした。そしていま、このように考えている。『サンタクロースってほんとにいるの?』は子どもに対して書いた「豊かさとは何か」および「豊かさの条件」であり、『豊かさとは何か』『豊かさの条件』は大人に対して書いた、「サンタクロースってほんとにいるの?」だったのだと。

二〇〇三年一一月

暉峻淑子

岩波現代文庫版あとがき

サンタクロースはなぜ世界中の子どもに熱愛され、大人になってからも善き思い出として記憶の中に大事にしまわれているのでしょう。贈り物をもらった、というだけの理由なら、他の人からの贈り物もたくさんあったはず。その謎を追って私は、子どもの絵本『サンタクロースってほんとにいるの?』(福音館書店)を書きました。本書ではその絵本の主人公、サンタクロースことニコラウスが私たちに遺そうとしたものが何であったか、その謎と真実をさらに深く探し求めています。

ウクライナ戦争やガザ虐殺のニュースを見るたびに、「戦争」という、理で考えても情で感じても何一つプラスをもたらさない愚かな行為を、人間はなぜ止めることができないのか、その現実に私たちは絶望しています。国同士の戦争だけでなく内戦もあります。罪もない子どもや弱者が真っ先に犠牲になって殺され、それぞれの家族が営々と築いたであろう住宅も家庭も一瞬のうちに灰燼に帰しました。日常生活の中にあって人々の生活を支えてきた学校も、病院も、日用品を供給していた市場も、水道も電気も、全てが破壊されたのです。人々は言います。愚かなことと知っていながら止められないのが人間の原罪だ。人間は原罪をなくすことが出来ない動物なのだ、と。

戦争だけではありません。何万年も危険な放射線を出し続ける原発の核廃棄物の後始末を子孫に押し付け、多くの危険をはらむ原発のエネルギーを消費し続けている私たち。広島・長崎を忘れ、世界で今年新たに核弾頭六〇発が実戦配備された。世界の富の四三%をわずか一%の富裕者が所有し、貧困にあえぐ人々を見殺しにしている社会。そして、それらを人間の原罪だとあきらめている私たち。

サンタクロースという実在の人、ニコラウスは、「人間の原罪」に挑戦し、原罪のさらにもう一つ奥深くにある、人間の真情を呼び覚まそうとしました。大人たちでなく、純粋な子どもの魂に呼びかけました。だからこそ、サンタクロースがやってくるクリスマスを人々は待ち望み、大人たちも純粋な子どもの魂に還ることを願うのです。

私は偶然のことから、バルカン半島で発生した難民とその孤児たちを、微力ながら二〇年にわたって援助し、その人道援助に学生たちも同行しました。国内でも災害や原発事故の被災者や、日常の孤独と貧困にあえぐ人たちと共に、その悲しみを分かちあい、助けあう人々の中に私はニコラウスの遺した言葉を読み取ろうとしています。

二〇二四年九月

暉峻淑子

解説　サンタクロースはいる

平田オリザ

十五年ほど前になるが、私にとって初めてとなる子ども向けの演劇『サンタクロース会議』を書き下ろした。「子ども参加型」と銘打って、俳優と子どもたちがサンタクロースについて様々に語り合う対話形式のお芝居だ。

大人たちは毎年、クリスマスが近づくと、サンタクロースについて会議を行っている。そこに子どもたちにも参加してもらうという趣向になっている。議題は「今年はサンタさんに何をお願いするか？」「サンタさんにはどうすれば会えるか？」「煙突のない家はどうするのか？」などなど。そこから派生して、「いい子しかプレゼントはもらえないのか？」「悪い子だったらどうなるのか？」といった、いわゆる「サンタ問題」の本質へと迫っていく。

幸いにしてこの芝居は好評で、ほぼ毎年のロングランが続いている。私が暮らす兵庫県豊岡市ではここ五、六年、すべての小学校二年生が、この演劇を観劇することになっている。

劇の構想はもっと以前からあって、様々な書籍や文献をあたっていたのだが、そんなとき、てるおかいつこさんの絵本『サンタクロースってほんとにいるの?』に出会ったのだった。

サンタクロースは本当にいるのかという素朴な、そして誰もが通る疑問に、お父さんがいろいろな知恵を絞って答えていく。たとえば「どうして (サンタさんは)ぼくのほしいものが わかるの?」という問いに対しては、「こどもの ほしがっているものが わかるひとだけが サンタになれるんだよ」と答える。

「こないうちもあるのは なぜ?」という質問には「びょうきの この そばであさまで はなしこんでしまって まわりきれなくなったのかなあ」という答え。てるおかさんは、この答えにたどり着くまでに二年かかったと書かれている。

この本を読んだ瞬間、あぁこのスタイルならば演劇になるのではないかと感じた。サンタクロースがいるかどうかは、人の親なら誰もが一度は聞かれた質問であり、また誰もが答えに苦慮した問いかけでもある。その共通体験自体が、芝居としては得がたい題材だと思えたのだ。

前述した豊岡市では、市内三一のすべての小中学校で「演劇的手法を使ったコミュニケーション教育」を導入している。余談だが、多くの先進国には、何らかの形で「演劇」という授業がある。日本では高校の芸術の選択必修は「音楽」「美術」「書道」そして学習指導要領では「工芸」になる。しかし、多くの国は「音楽」「美術」「演劇」がスタンダードで、音楽の先生や美術の先生がいるように、演劇の先生もいる。演劇の先生がいるから国立大学にも演劇学部があるという流れが各国にはある。

現在、OECD加盟国で演劇という科目がないのは日本を含めて三カ国だけだ。台湾、韓国は、ほぼすべての高校の選択必修に演劇があるし、シンガポールも多くの高校に演劇の授業がある。日本はアジアの先進国の中でもおくれをとってしまっている。しかし日本では、演劇を授業に取り入れると言うといまだに、「子どもたちに嘘をつけと教えるのか」と、言いがかりのような非難を浴びることさえある。そこまでのことはなくても、講演会などで、もう少しマイルドに「そんなことより基礎学力の方が大切なのでは？」と聞かれることもある。

私はそんなときよく、財布から一枚の紙幣を取り出し「これは何ですか？」と逆に問いかける。質問者は怪訝な顔で「お札です」と言う。私は続けて「でも本当は何ですか？」と問いかける。答えは必ず「……紙です」となる。

「これをお札と呼び、このただの紙切れに価値を与えるのは嘘ではないんですか？嘘と言って失礼なら虚構と呼んでもいいのですが」

「虚構を共有する」この能力のことを、『サピエンス全史』の著者ユヴァル・ノア・ハラリは「認知革命」と呼んだ。数万年前、ホモ・サピエンスは自分の主観だけではなく、他人も同じものを認識していると感じる能力を持つに至った。この「虚構を共有する力」によって、私たちは形のないものを信じることが出来るようになった。貨幣も、企業も、国家も、そして神も。

経済学者である暉峻淑子さんが、児童書を書こうとなったときに、編集者からの提案もあって、はじめにお金についての本を検討したが、最終的にサンタクロースについて書くことになったというエピソードは、きわめて象徴的だ。

まっとうな経済学はみな、貨幣の虚構性と正しく向き合う。アダム・スミスは「共感」という言葉を繰り返し使っているし、マルクスは、貨幣とは人間的労働の社会的「化身」としての価値尺度だと述べている。ケインズは金融市場や株式市場を、（いまではコンプライアンス的に問題かもしれないが）「美人投票」に喩《たと》えた。

もちろん貨幣には「国家の保証」というシステムが伴う。サンタクロースには、そんな保証はなにもないのに、子どもたちはそれを信じる。いや、しかしそこにこそ、

「虚構を共有する」という人間の根源的な営みの萌芽がある。大多数の子どもはサンタクロースを信じ、それを疑い、やがてその虚構を正しく静かに受け入れていく。ゴリラやチンパンジーは、何かが欲しいと願うことは出来るかもしれないが、サンタクロースを信じることは出来ないし、それ故《ゆえ》、これを虚構だと受け入れることもない。

そう考えると、この半世紀で台頭してきた新自由主義あるいはカジノ資本主義の信奉者たちは、厳しい見方をすれば、子どもの頃に、そのような「虚構を正しく共有する」プロセスを経なかった可哀想な人々なのではないかと思えてくる。子どもがお母さん、お父さんに、「今日、学校でツリーを作ったよ。今年はサンタさんに何をお願いしようかな」と言ったとき、「サンタなんているわけないでしょ。それより宿題したの？　ピアノの練習は？　もう塾の時間じゃない。早くしなさい」と言われ続けたような子どもたちが目に浮かぶ。

先に私は、チンパンジーやゴリラのような高等な霊長類なら願うことは出来ると書いた。実際に、彼らはものをねだるような行動を見せるときがある。媚びるような態度もとる。しかし人類以外の霊長類は、祈ることは出来ない。

サンタクロースという物語がすぐれているのは、子どもが一定期間「祈る」という点にある。暉峻さんもお書きになっているように、子どもがプレゼントをもらう機会は他にもあるはずだ。しかしクリスマスが特別なのは、ツリーを飾り、くつしたを用意し、何をもらいたいかを一生懸命に考え、時にはそのためにサンタさんに手紙を書く。これは単なるおねだりとは違う。

太古の昔、人々は、この「祈り」も発見した。祈りの中心は、もちろん災害などの厄災から逃れることだったろう。しかし時に思わぬ僥倖《ぎょうこう》もあったはずだ。それは、勝手に穴に落ちた大きなマンモスかもしれないし、浜に打ち上げられたクジラだったかもしれない。あるいはかつてないほどの豊作。やがて人々はその僥倖の訪れを願うだけではなく、「祈る」ようになる。そのために様々な儀式や祭礼が生まれた。

サンタクロースなんてアメリカの商業資本が作り出した戦略にすぎないという批判もあるだろう。だが、たとえそうだとしても、この制度はやはりうまくできている。クリスマスイヴの夜、世界中のいい子のところにプレゼントを配りにやってくる赤い服の男。その男はトナカイの引くそりに乗って空を飛び、煙突から入って来る。プレゼントをもらうためには、枕元にくつしたを用意しておかなければならない。いずれも、国境や民族を超えて、子どもたちがイメージをしやすい物語になっているのだ。これは誰かが決めた「設定」にしてはできすぎている。

おそらく話は逆なのだ。

太古の昔から、あらゆる民族、あらゆる部族がサンタクロースのような制度を持っていた。「祈る」という行為を子どもたちに具現化させる、何かの通過儀礼を持っていた。強く祈れば、誰かがこっそりとプレゼントを持ってきてくれるといった神話を持っていた。

それが混合し、淘汰され、また生成されてサンタクロースは生まれた。商業資本の関わりも、その生成の過程の一要素にすぎない。

拙作『サンタクロース会議』を作る段階で、いろいろな方に取材もした。その過程で、どうも近年、サンタクロースの存在を信じている年齢層が上がってきていることが分かってきた。少子化で兄弟の数が減り、また近所づきあいも少なくなってしまったので、お兄さんお姉さんから「本当はサンタなんていないんだぜ」と耳打ちされる機会が減ってしまったのだろう。小学校の高学年くらいまではサンタの存在を信じる我が子をかわいいと思っていたのだが、中学に入ってもまだ信じているのでいよいよ心配になり、また今更どのタイミングで真相を伝えたらいいのか困っている、という親もいた。

サンタクロースというシステムは、従来からの家族制度や地域社会のきずなを前提としている。少子化は、意外なところでも社会のシステムを壊そうとしているのだ。

暉峻さんは一九二八年生まれ。私の父は二九年、母は三一年の生まれだから、ほぼ同世代だ。本書にある暉峻さんの戦前の生活の思い出は、おおよそ私の母の思い出話につながる。昭和初期、政治の世界には暗雲が立ちこめてくるが、子どもたちはまだ無邪気に都会の少しハイカラな暮らしを謳歌していた。

ここに、暉峻さんの思想の原点がある。

（劇作家）

本書は二〇〇三年一一月、シリーズ〈グーテンベルクの森〉の一冊として岩波書店より刊行された。

サンタクロースを探し求めて

2024年11月15日　第1刷発行

著　者　暉峻淑子《てるおかいつこ》

発行者　坂本政謙

発行所　株式会社　岩波書店
〒101-8002 東京都千代田区一ツ橋 2-5-5

案内 03-5210-4000　営業部 03-5210-4111
https://www.iwanami.co.jp/

印刷・精興社　製本・中永製本

ISBN 978-4-00-603349-1　　Printed in Japan

岩波現代文庫創刊二〇年に際して

二一世紀が始まってからすでに二〇年が経とうとしています。この間のグローバル化の急激な進行は世界のあり方を大きく変えました。世界規模で経済や情報の結びつきが強まるとともに、国境を越えた人の移動は日常の光景となり、今やどこに住んでいても、私たちの暮らしは世界中の様々な出来事と無関係ではいられません。しかし、グローバル化の中で否応なくもたらされる「他者」との出会いや交流は、新たな文化や価値観だけではなく、摩擦や衝突、そしてしばしば憎悪までをも生み出しています。グローバル化にともなう副作用は、その恩恵を遥かにこえていると言わざるを得ません。

今私たちに求められているのは、国内、国外にかかわらず、異なる歴史や経験、文化を持つ「他者」と向き合い、よりよい関係を結び直してゆくための想像力、構想力ではないでしょうか。

新世紀の到来を目前にした二〇〇〇年一月に創刊された岩波現代文庫は、この二〇年を通して、哲学や歴史、経済、自然科学から、小説やエッセイ、ルポルタージュにいたるまで幅広いジャンルの書目を刊行してきました。一〇〇〇点を超える書目には、人類が直面してきた様々な課題と、試行錯誤の営みが刻まれています。読書を通した過去の「他者」との出会いから得られる知識や経験は、私たちがよりよい社会を作り上げてゆくために大きな示唆を与えてくれるはずです。

一冊の本が世界を変える大きな力を持つことを信じ、岩波現代文庫はこれからもさらなるラインナップの充実をめざしてゆきます。

（二〇二〇年一月）

本書は二〇〇三年一一月、シリーズ〈グーテンベルクの森〉の一冊として岩波書店より刊行された。

サンタクロースを探し求めて

2024年11月15日　第1刷発行

著　者　暉峻淑《てるおかいつ》子《こ》

発行者　坂本政謙

発行所　株式会社 岩波書店
〒101-8002 東京都千代田区一ツ橋 2-5-5
案内 03-5210-4000　営業部 03-5210-4111
https://www.iwanami.co.jp/

印刷・精興社　製本・中永製本

ISBN 978-4-00-603349-1　　Printed in Japan

岩波現代文庫創刊二〇年に際して

二一世紀が始まってからすでに二〇年が経とうとしています。この間のグローバル化の急激な進行は世界のあり方を大きく変えました。世界規模で経済や情報の結びつきが強まるとともに、国境を越えた人の移動は日常の光景となり、今やどこに住んでいても、私たちの暮らしは世界中の様々な出来事と無関係ではいられません。しかし、グローバル化の中で否応なくもたらされる「他者」との出会いや交流は、新たな文化や価値観だけではなく、摩擦や衝突、そしてしばしば憎悪までをも生み出しています。グローバル化にともなう副作用は、その恩恵を遥かにこえていると言わざるを得ません。

今私たちに求められているのは、国内、国外にかかわらず、異なる歴史や経験、文化を持つ「他者」と向き合い、よりよい関係を結び直してゆくための想像力、構想力ではないでしょうか。

新世紀の到来を目前にした二〇〇〇年一月に創刊された岩波現代文庫は、この二〇年を通して、哲学や歴史、経済、自然科学から、小説やエッセイ、ルポルタージュにいたるまで幅広いジャンルの書目を刊行してきました。一〇〇〇点を超える書目には、人類が直面してきた様々な課題と、試行錯誤の営みが刻まれています。読書を通した過去の「他者」との出会いから得られる知識や経験は、私たちがよりよい社会を作り上げてゆくために大きな示唆を与えてくれるはずです。

一冊の本が世界を変える大きな力を持つことを信じ、岩波現代文庫はこれからもさらなるラインナップの充実をめざしてゆきます。

（二〇二〇年一月）

目次

I …………………………………………………… 7
詩が死んでいく瞬間　11
詩の社会的な生き死に　14
言語以前の〈詩〉　20
詩的原体験——谷川俊太郎の〈朝〉　24
詩的原体験——大岡信の〈夜〉　27
詩意識——世界の奥行の深まり　30
詩における言葉と現実　40
和歌——和する歌　48
言語化された詩の出発　51
詩人の発生——普通人以上と以下と　56

現代世界の詩人の位置について　61
日本語の世界の豊かさ　67
散文脈を根にして——日本語の散文性評価　71
散文脈を対立物として——日本語の多様性発掘　76

Ⅱ …………………………………… 81

言葉に自分がひっかけられてくる　85
言葉の富をアノニムに自分のものにする　91
さくらより桃にしたしき小家かな　100
マザー・グースの唄　104
七五調的なものにやっぱり深く縛られている　109
「コップへの不可能な接近」(谷川)／「壜とコップのある」(大岡)　115
一つの「有」もなく一つの「非有」もなかった　128
妖精のように跳びまわっていたいのだよ　138

Ⅲ …………………………… 149
一人・相手・読者　154
古今集・歌合・連句　160
結社・同人雑誌・添削　166
言葉・現実認識・一対一　173
芭蕉・後白河院・スナイダー　178
日本的感受性・個性・想像力　184
連詩・同世代読者・戦後教育　193
挨拶・暗誦・現実感覚・言葉　203
あとがき(高田宏)　213

I

詩が死んでいく瞬間
詩の社会的な生き死に
言語以前の〈詩〉
詩的原体験――谷川俊太郎の〈朝〉
詩的原体験――大岡信の〈夜〉
詩意識――世界の奥行の深まり
詩における言葉と現実
和歌――和する歌
言語化された詩の出発
詩人の発生――普通人以上と以下と
現代世界の詩人の位置について
日本語の世界の豊かさ
散文脈を根にして――日本語の散文性評価
散文脈を対立物として――日本語の多様性発掘

谷川　ふつう「詩の誕生」と聞くと、古代とか原始のころを漠然と想像して、そこでの呪術とか叫び声とか、いまいわれている文学の一ジャンルとしての詩の前身みたいなものが生まれたときの、そんな話に感じるわけよね。もちろんそういうふうに「詩の誕生」を考えなきゃいけない一面は当然あるわけだし、折口信夫さんにしろ西郷信綱さんにしろ、そういう観点から考えていらっしゃるわけだけれども、実作者として「詩の誕生」を考えると、詩がそういうものであるかどうか、ちょっと疑問がある。僕の実感としては、いま現在この瞬間も詩というものは誕生しているものだ。大昔にももちろん誕生したし、その後もずっと日々誕生して日々消滅してきたものだ、という意識が非常に強いのね。

だから「詩の誕生」といっても、赤ん坊が誕生して育っていくというイメージではなくて、たとえば瞬間的に誕生して瞬間的に死滅するようなある種の原子の一種の運動に似た感じがするわけよね。そういう感じ方でいうと、個々の詩作品――いまは印刷された一篇の詩という印象になっちゃうけれども、――そういう詩作品を対象化して考える面を含むと同時に、詩というものを人間がどのように受取るかという意味での詩、いわば詩意識をもっと問題にしていいのじゃないか。刻々の詩を感じる人間の瞬間の意識みたいなものも、詩作品を問題にすると同時に、話題にできるといいなという感じがするわけ。

そう考えると、たとえば僕なら僕という一人の人間の幼児時代にさかのぼって、自分の人生のどの時点で詩を感じる感受性が生まれてきたかというところにも「詩の誕生」があるわけだし、いま詩人として詩を書いている自分のなかで一篇の詩が生まれるときも「詩の誕生」だろうし、また、一つの民族のなかに詩がどういう時期に自覚されたかとか、呪術師とか巫女がいつ詩人として自立したかとか、それぞれ「詩の誕生」にかかわりがあり、これは重層的なテーマだっていう感じがするね。

大岡　詩てのは瞬間的に生まれて消えてしまうある種の原子のようなものだというのは、まったくそうだと思う。ただわれわれの詩に関するかぎりは、死ぬ瞬間てのはよくわからないんだよね。文字に定着されてしまうから、ほんとうは死んでるかもしれないのに仮死状態で生き残っているのかもしれない。詩が生まれる瞬間は僕も非常におもしろいけれども、詩が死ぬ瞬間もおもしろいね。

客観的に文字として定着されている詩がいつ死んだかは、これはわからない。しかし、ある人のなかである詩が生きはじめて、ある時間生きて、やがて知らない間にすっと消えて、死んでしまっていたということはあるね。その死んでいく瞬間の詩の姿をとらえられたら、とてもおもしろいという気がする。

谷川　うんうん、そうね。

詩が死んでいく瞬間

大岡　詩が生まれる瞬間は感じとしてわかるだろう。自分が詩を書きはじめた時期のことを考えても、なにか言葉がムズムズ生まれてくるというか、むしろどこかがひっかかってるような気がして、その言葉を紙に書きつけてみたら、それから一連の形をもった言葉が生じてきたというようなことがある。個人のなかでの自覚的な詩の誕生としては、そういうのがわりあい普遍的な形としてあると思うんだけれども、詩の死滅については、それぞれの詩がどこかで死んでいるはずなのに、それがわからない。

詩てのは現実にいつまでも存在しているものじゃなくて、どこかに向って消滅していくものだと思う。消滅していくところに詩の本質があり、死んでいく瞬間がすなわち詩じゃないかということがある。あるものが生まれてくることはわりあい自然であって、むしろそれが消えていく瞬間をどうとらえるかが、実はその次の新たな「詩の誕生」につながるのじゃないかな。

活字になった詩は永久に残ってしまうみたいな迷信がわれわれにあるけれども、実はとっくの昔に生命を終えているのかもしれないということは考えたほうがいいのじゃないか。そう考えたとき、本なら本のなかに詩という形で印刷されてるものをもう一回生きさせる契機も、またそこから出てくるのじゃないか。これは死んでるから、おれはもう一回生きさせてやるぞ、ということが出てくると思う。

谷川　詩が死ぬ死に方だけれども、それが社会のなかでの死であるのか、それともその詩を受取る個人のなかでの死であるのか、二つあるよね。個人のなかで詩が死ぬというのは、たとえば三年前にすごく感動した詩が、いま読んでみたらどこに感動したのかぜんぜんわからないということがあるでしょう。

大岡　あるある。すごくある。

谷川　僕もその経験が、詩にもあるし音楽にもあるのね。非常に感動した音楽にまったく感動しなくなっている。それを単純に、自分が大人になったから、あるいは自分がすれてきたから感動しなくなったんだみたいな言い方もあるけれども、それはちょっと信用できない。そういうものとぜんぜん違う何かがあって、詩が死に、音楽が死ぬ。個人的な経験から言ってそうだね。それがなぜなのか、とっても気になるんだけれどもね。

また、もっと微視的に見ると、ある一つの詩を読むにしろ聞くにしろ、その詩に感動したらその詩が受取り手のなかで生まれたと考えられるけれども、その感動は生理的にどうしても長続きはしないよね。電話がかかってきたとか何かほかの仕事しなきゃいけないとか、すぐ日常的なことにまぎれちゃう。そのときには、その詩は死んでいるとも言える。もちろんそういうふうにあまりにも微視的に見ると、詩は単に人間の生理にかかわるものだけになりかねないから、そういう考えは危いけれども、われわれは従来あんまりそういうふうに考えてこなかったでしょう。たとえば万葉集という詩集が千数百年をずっと生きつづけてきたというふうに、どうしても意識しがちだよね。僕はこのごろその考えにやや疑問があるわけ。詩てのはそんなふうに確固としたものであってはいけないのじゃないかな。

詩の社会的な生き死に

大岡　たしかに個人のなかでの詩の生き死にと社会化された詩の生き死にとあると思うね。即物的な言い方をすると、一人の人間の脳髄から生まれた言葉が文字になった瞬間に詩が社会化されているんだと思う。もちろん、音声だけで詩がうたわれ、語られていた時代のことを考えれば、それこそ詩が最も幸福な形で社会化されていた時代だといえるかもしれないけれども、現在のわれわれの表現手段からいうと、文字にいったん書くということが基本的にあると思うね。文字になった瞬間にその詩が、少なくとも潜在的には社会化されているということなんだ。

つまり人類が文字をもった瞬間から、詩の社会的な生き死にと個人のなかでの生き死にと、二つがはっきり存在するようになったんじゃないかしら。そして文明が進めば進むほど、文字＝本という形で存在する詩の社会的な存在の仕方というのは無視することができなくて、そういうものは簡単に生きたり死んだりするものじゃないということになる。で、そうなってくると、詩というものをある「全体」のなかでとらえるということがどうしても問題になってくる。ある文明のなかでその詩がどれだけ、人びとのなかに無意識に蓄えられてきた言語構造体のなかに、いわば雨水が土に浸透するようにジワッと浸透したか、そういうところで、ある詩の価値が測られるようなことも出てくるわけだね。

うろおぼえだけれども、T・S・エリオットが「伝統論」のなかでたしかこういうことを言っていた。——ある新しい時代に新しいものがつくられるが、それは新しいものとして単独に存在するのではなくて、そういうものが付け加えられると過去に蓄積されたものの全体もジワッと変る。その総体が伝統というものだ。だから伝統は毎日毎日変っているのだ、とね。

その意味でいうと、詩てのは死ぬことによって実は伝統を変えていくのだと言えるのかもしれないね。一篇の詩は、個人のなかで生きたり死んだりするけれども、その同じ詩が社会的性格を持っている。その側面でいえば、一篇の詩が社会的にある新しい衝撃力を持った時代から、やがてその詩はみんなが読んでみて「もうちっともショックじゃない」というものになっていく。それはその詩の社会的な死だけれども、実は全体が変ったからその詩が死んだのであって、全体が変ったってことは新しい事件なんだよね。逆に言うと死ぬことが新しさをつくっていく。そういう考え方が、ヨーロッパの文学伝統についての考え方をある意味で代表していると思う。

学生時代にはそういう考えが頭のなかで理屈としてわかったような気がしていたんだけれども、その実感はなかった。ところがその後、たとえば紀貫之を読むことで古今和歌集なんてのをあらためて知ったりして、古い時代のものを読み直してみると、伝統のなかでの古今集の意味などが実感としてわかってきた。T・S・エリオットの言ったことも、自分なりに理解できるように思えてきたんだ。

つまり紀貫之がつくったものが、彼より以前の時代の伝統全体に対して、非常に新しい意味で働きかけている。貫之の仕事が付け加わったことによって、それ以前の古代の詩歌全体の構造が、わっと変ったところがあるはずだ。そういうところが見えてきたわけね。それを考えていくと、われわれがいまあらためて紀貫之について考えるということは、どうやらそのことを通じて全体をかきまわし、もう一回新しい一つの構造体をつくるということになるらしい。詩が死ぬってことはとてもいいことなんじゃないか。死んでると認められる詩は、実は甦らす可能性のあるものとして横たわっているのだということを思うんだ。ただ、横たわっている状態があまりにきちんとした死体に見えるときは、こちらを刺戟するどころか、はじめから一種の圧迫感になって、貝殻のかたい殻みたいにのしかかってくるから、そうなると揺り動かしたり叩いたり、やり方がいろいろむずかしいと思うけれどもね。

結局、詩が一人の人間のなかで生きたり死んだりする動きと、その詩が社会的に生きたり死んだりする動きと、両者はあるところで重なるけれども、あるところでぜんぜん別なんだ。僕は、ぜんぜん別であるところに実はおもしろい要素があるような気がするね。

谷川　詩が社会的に死ぬってことは、その時代の大多数の人間がそういう詩を感ずる能力を失っているということかね。

大岡　一つはそうだと思う。もう一つは、逆にそれがあまりにも深く人びとの生活習慣のなかに入り込んでしまって、そのなかで生きているのに自覚されなくなった状態というのがあるだろうね。

谷川　詩が日常生活のなかに完全に入りこんじゃっていて、詩として意識されないみたいなね。

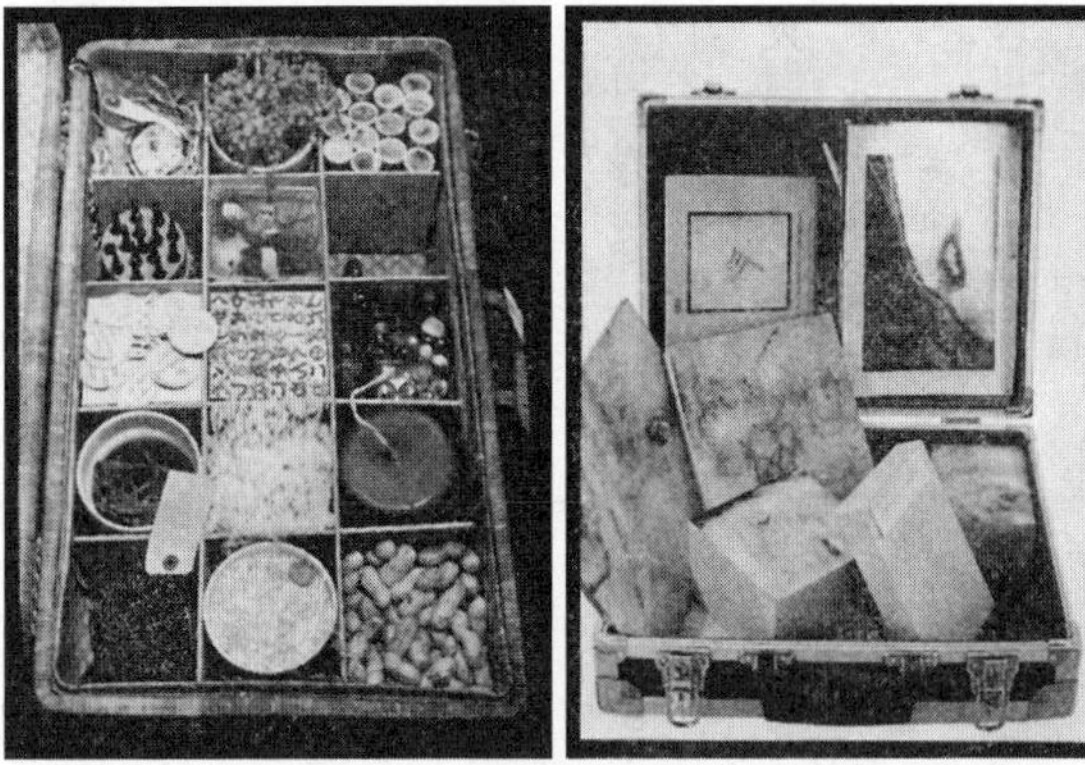

「本・オブジェ(Book as Object)展」1975年2月12日〜25日，西村画廊——加納光於など七人の造形作家のほかに，大岡信・瀧口修造・谷川俊太郎・吉増剛造の四人の詩人が出品した．右は大岡信の作品，左は谷川俊太郎の作品．

大岡　古今和歌集の伝統というのはどうもそれじゃないかと思う。万葉集というのはわれわれのなかにほんとはあんまりないんだよね。だから逆に新鮮に見える。われわれの生活習慣のなかでは、古今和歌集的なものの見方のほうが実は近いわけよ。たとえば谷川俊太郎がこのあいだ一つのポエム・オブジェをつくった。古風な柳行李型の旅行鞄のなかにいくつかの仕切りをつくって、そこに谷川が選んださまざまの品物をいわば植えこんであったわけだけれども、君が選んでくるものを見ると、やはり古今和歌集的なものがあると思ったね。とてもいいお人形さんが二人入っていた。あれはとても古今和歌集的な感じがしたんだ。

谷川　おもしろいね。

大岡　一方では、プラスチックの透明な卵のなかに、金属片が溶け込まされている状態をそのままパックしたような現代的なオブジェがあったりもして、両方共存しているわけだ。プラスチックの卵は卵で一つのポエジーだが、谷川俊太郎が自分のいわばポートレート集を作ったといっていいあの作品で、たぶん最も自然に持ち出してきたんじゃないかと思うお人形さんは、君のなかの、いわばあまり明確には自覚されてない領域にある強いポエジーを意味してたんじゃないかなという気がする。

僕はあのお人形さんを見て、すごくいいなと思ったんだけれど、実は不思議な怖さを持った人形だよね。君もそういう感じを持っていたから出したのだろうということが、僕にもわかるようなものなんだ。その怖さというのは、言葉では説明できないけれども伝わってくる、時間の持っている怖さみたいなものであって、われわれの風俗習慣のなかに沈澱している一つの強い詩の磁力があそこから放散しているのじゃないか。

言語以前の〈詩〉

谷川　そういうことは、どうなのかな、つまり大岡が言葉じゃなく物によっても古今和歌集的なものを感じたということは、まずはじめに言葉があって、言葉によってそういうものを感受する能力が培われたということなのか、それとも感受する能力が先に潜在していて、その能力と言葉が出会ったということなのかな。それは、詩というものをもっぱら言語によってつくりあげられるものだと考えるか、それとも言語を超えたものだと考えるかという、その問題にぶつかるわけだけれども、そこのところが単純に割り切れないという気がすごくするんだ。

大岡　割り切れないね。

谷川　僕の感じでは、人間だったらだれでも詩をつねに待ち受けているという気がちょっとするわけね。意識するとしないにかかわらず、なぜか人間というものはつねに詩というものを待ち受けていて、その待ち受けた状態にぴったりしたとき、それが言葉であれ風景であれ、あるいは絵画であれ音楽であれ、なんか詩というものを漠然と感ずる。

たとえば中原中也が「名辞以前」といったように、それは言語以前にある人間の心理的な状態なのか、それとも言語以前と見えるものすら言語にむしろ内在しているものなのか。つまり人間は言語経験なしで育つことはほとんど不可能なわけだから、われわれが言語以前と感ずることすら、言語にもともとビルトインされている何らかの性格によって導き出されたものと考えたらいいのか。そこのところがよくわからないのだけれども、僕はどっちかというと、言語というものにはつねに言語以前を思い出させるようなものがあるのだという気がする。だからそれは言語以後とも言えるわけよね。つまり言語は、言語を超えていくものも内在させているし、言語以前にさかのぼるものも内在させている。それが言語の特質だという感じがするんだ。

このあいだのポエム・オブジェだけれども、あんなことははじめてやってみて、すごく楽しかったね。言語を使わない楽しさだ。脳のいつも使っている部分じゃない部分を使う楽しさがあった。それでいっぱし造形作品をつくってるつもりで、一生懸命造形的につくってるわけよ。ところがいざ会場で造形作家の作品と並べてみたときに、自分のはいかに造形ではないか、いかに言語的な発想でつくられているかということが、ほんとうに一目瞭然わかっちゃったわけ。自分では言語以前であると思っていても、それが非常に言語的だったってことは、僕にとっては一つの啓示だった。だから徹頭徹尾われわれは言語のなかにいるという感じね。

大岡　僕の場合にも、没頭してものをつくる喜びというのはすごくあった。それは言葉を書いているときの、喜びとか苦しさとは、どうも違うものじゃないかって気が非常にした。僕のは、自分の詩作品を骨組にしてはいたんだね。ただそれを造形の要素でやろうとすると、言葉からは離れてしまうのは当り前だ。そのくせ実際には非常にはっきりと言語的脈絡を追っていることを痛感させられた。美術家というのはどうも違う能力がある人たちだなとあらためて感じたんだけれども、翻って考えてみると、たとえば加納光於《みつお》という一人の造形作家は、僕らとまるで別の考え方をしているように見えながら、しかしその作品から感じられるものは、詩というほかないもののように思うんだ。あの人はほとんど詩人といっていいと感じるね。

谷川　そうね。

大岡　しかし、加納さんの作品を見て、これは詩じゃないかなという考えが浮かんでくるところが変なんだよ。つまり〈詩〉という言葉がとても変な言葉だということを感じるね。

言葉では解明できないような不思議な魅力を持ったものを見ると、これは詩だって思うでしょう。ということは、〈詩〉という言葉は言語の世界に深く潜んでるけれども、同時に言葉で解明できないようなものを指す最も有力な一つの記号でもあるわけだね。

音楽家とか美術家には、詩に対して一種独特の接近のしかたがあるでしょう。たとえば武満徹は、詩人というものは本来たいへんにえらいものだと考えていて、しかるがゆえにいまの詩人はぜんぜん詩人じゃないと思っているところがある。つまり詩てものはあり得べからざるほどのものだってことがあるわけでしょう。加納光於にもそういうところがあって、彼は言葉で自分の造形作品を説明されることを、とても嫌うんだ。言葉を超えた世界にある〈詩〉には非常に強い関心を持っていて、しかしそれをパラフレーズしてしまう言葉に対しては反発するということだと思うんだよね。美術家とか音楽家のなかには、詩に対する実に純粋な信仰があると僕は感じるんだ。そういう〈詩〉を薄めているのがわれわれ詩人だというふうに、彼らは思っているのじゃないかなと、ときどき思うことがある。

谷川　彼らは言葉を使わないからこそ、逆に詩の最もオリジナルな形をよくつかんでいる。われわれは言葉を使うがゆえに、その時代とかその社会とかにつきまとう、あらゆる言語的な状況に支配されていて、意外に詩のいちばんオリジナルなものを見落しがちだということはあるよね。

詩的原体験――谷川俊太郎の〈朝〉

谷川　僕の場合わりと自分で意識していることなんだけれども、あれが僕のなかの一種のポエジーの誕生の瞬間だろうと思うことがあるんだ。たぶん小学校一年生か二年生ぐらいのとき、ある日わりあい朝早く起きたのね。それで庭へ出たわけ。陽がちょうど昇りかけたところだったんだな。筋向いの家の敷地の角に、ニセアカシアの大きな木が生えていた。その向うから太陽が昇りつつある瞬間で、よく晴れた日で、とってもきれいだったわけね。

そのとき、それまでまったく経験したことのない、一種の感情に僕は襲われた。それは悲しみとか喜びとか、不安とか怒りとかっていう心理的な感情とは、まったく違う感情だったわけだよね。

おもしろいのは、それを感じたことを日記に書きとめているのよ。毎日つけてる日記じゃなくて、熱が出たとか本を買ったとかぽつぽつ書いてある日記に、その日だけなぜか「今朝生まれてはじめて朝を美しいと思った」と書いている。詩の形じゃないけれども、それを書きとめたということが、詩と結びついているような気がする。いま振りかえってみると、そのときの、言葉によらずに風景によって、自然のある状態によって喚起された感動というものが、自分が詩を考える上でのいちばんの核になってるように思うんだ。

ところが、こないだ安藤元雄さんの文章を読んでたら、「サハルヘカラス」という掲示を毎朝幼稚園に通うときに見て、その言葉がとても不思議であったというんだよ。意味はわからなくて、「ヘカラス」のカラスはなんとなく鳥のカラスのように思ったみたいな話なわけ。安藤さんにとっては、そういう言語にとりつかれたことが詩に対する原体験であると、僕は受けとったんだけれどもね。

大岡の場合にも、わりと言葉というものが中心にあって、それを操作することが詩につながっていると思うけど、僕の場合にはなにか言葉じゃないもので、まず詩というものをとらえた。といってももちろん、その朝からあとも、ぜんぜん詩なんてものは書いていない。綴方の時間に詩を書きなさいと言われると、いやいや書くわけね。テーマはそのころ夢中になっていた模型飛行機で、詩にもなんにもなってない。

はじめて詩らしきものを書いたのは、中学三年か高校一年ぐらいのときに、友達のやってたガリ版雑誌に、友達のをまねたような形で書いたものだけど、そのとき感じた快感というのは、美しい朝を見たときの快感とぜんぜん違うのね。言葉を並べていくと、その言葉がある一つの世界のミニアチュアみたいなものをつくるおもしろさなんだ。さっきのポエム・オブジェに似ていて、自分の目の前で世界の一部分を切りとってきて、そこへ一種の模型みたいな世界がつくれるんだな、というような快感を感じたわけだよね。僕の場合にはその二つの体験がどこかで合わさって、詩というものを考える核になっているような感じがするんだけれども。

大岡　いってみれば詩的自己認識だよね。それは僕の場合もわりあい似てる。ただ僕の場合は朝じゃない、夜なんだよ。それが谷川の詩とおれの詩の違いになっているような気がする。詩てのはどうも、最初に感じとったある種の原型から非常に大きな影響を受けるということがあるのじゃないか。

谷川　あるね。ある、ある。

大岡　谷川の詩の感じというのは、そういう朝の、太陽がニセアカシアの向うから昇ってきた瞬間、その空間の非常に明るい、明るいけれどもほんとうはひょっとして真空状態かもしれない、そういう瞬間をパッと撮影したというような性質をいつももっているように思うんだけれども、僕の場合には空間だけでなくて、そこに時間が流れるんだ。谷川のその朝の場合にも、時間としては何秒か何分かあったかもしれないけれども……

谷川　一瞬ですよ、僕の意識のなかでは。

詩的原体験——大岡信の〈夜〉

大岡　一瞬だね。ところが僕の場合には、夜、ものすごく木が茂ったところを通っていく、そういうイメージがつきまとっていた。君のは朝の体験だけれど、僕のは夜、あるいは夕暮なんだな。電柱が並んでいて、コウモリが飛んでいて、闇がスーッと迫ってくる。そうして、その道を、うしろ姿でむこうへ歩いていく一人の女の人がいる。それは僕にとっては憎まなくてはいけない人なんだけれど、憎むのと同じ程度に、惹きつけられているんだ。胸がつまるような感じで、どこまでもあとをつけていくんだね。麦畑の切株がくろぐろと突立っている道をね。うしろ姿だけれど、その人はひどく美しいと僕は感じている。その人に石を投げたいと思うんだけれども、それは絶対に自分にはできないだろう。まあ、そういうようなことが、幼少年期の記憶のなかでくりかえし再生されるイメージなんだ。だから瞬間的な絵じゃなくて、時間の流れがあるね。

僕も小学校のとき、たぶん綴方の時間なんかに詩を書かされているはずだけれども、まったく記憶がない。ただ、散文のほうは覚えてる。五年生のとき中央公論社で募集した川端康成編集の小学生の綴方全集というのに応募して、「なまづ」というのが載ったんだ。家で飼っていたナマズを川に逃してやりに行く話なんだけれども、夕暮の橋の上からナマズをドボーンと落したという作文で、これも夕暮なんだよ。

僕の場合、親父が短歌をつくっていて、お弟子さんが家に来ちゃ短歌雑誌の編集なんかやってたし、子供なりに歌てものがあることは知ってたけれども、詩なんてのはぜんぜん知らないし、関心もなかった。戦争が終った直後から仲間で同人雑誌を始めて、そのとき書いた詩というのが、七五調あるいは五七調の文語定型だからね。ある時間の流れのなかで、ジワジワと流れているなにかを書きたくて、一生懸命やってるんだけれども、うまくいかない。なんとか現代の言葉でやらなきゃと思っても、そのころ読んでいるものが島崎藤村だったり北原白秋だったりするから、ぜんぜんわからないわけだ。

そこへ戦後初期刊行の詩集、三好達治、中原中也、立原道造などが出てきて、びっくりした。なるほどこう書きゃいいのかと思って、立原道造の十四行詩をまねた。十四行にきちんと入れれば、おれの頭にあるモヤモヤしたものが形になると感じたわけさ。そのときはじめて、言葉というのは形になると、不思議なそれ自身の生命を持ってきて、自分のなかのふっ切れない感情を詩の形のなかに入れると、自分とは切り離されるけれども、むこうも独立してくるってことを感じたんだね。そのときから、詩というものは散文とは違うなということを感じた。

ところが夕暮から夜にかけての外の空気とか匂い、そういうものはいつもつきまとっていて、中学で書きはじめてから数年間の自分の詩を読んでみると、多くの場合に夜が出てくるね。恋愛詩を書くようになってもそうだ。それが僕の詩の形を決めてると思うね。時間の流れというのが、どうしてもあるんだ。それだけに重くて、ふっ切れなくて、変に情緒の尻尾がくっついているような詩でね。そのときに谷川の詩を『文学界』で読んで、びっくりしたんだよ。おれと同じ年のやつなのに、どうしてこんなにスカーッとした詩を書くのかと思って驚いた。それはやっぱり原体験、原イメージの違いが大きく影響してるんだな。

詩意識——世界の奥行の深まり

谷川　大岡のなかにある時間的要素と人間関係は、たしかに僕の場合にはまったく欠落しているね。僕がある朝感じた感動というのは、人間関係とは別のところにあって、いわば自分を取りまく世界の認識なのよね。その世界に、いままで感じなかったある奥行を感じたということ。大岡の詩は人間の無意識の内面に入っていくところがあるけれども、僕の場合にはそういうものがほとんど問題にならなくて、いつでも自分から外へ外へと行くようなところがあってさ。

時間ということに関していうと、たとえば汽車で旅行していて、窓の外を風景がどんどん流れていくよね。線路際の家の裏庭で子供が喧嘩してたりなんかする。ところがそれは一瞬のうちに通り過ぎちゃうでしょう。僕は子供が喧嘩している一瞬を見るということに感動する。それが非常に詩的に思えちゃう。これは時間をある面で切断して、その切り口を見たいというような発想だよね。それがあなたの場合には、喧嘩している子供の内面、内面の心象風景みたいなもののほうに、おそらく感情移入していくんだろうね。あなたの場合、詩というものが人間の内部への旅みたいなことがある？

大岡　かなりあるね、それは。シュルレアリスムの作品を読むようになって感じたことだけれど、シュルレアリスムの詩というのは、一方で言葉のなかで強烈にイメージをとらえようとする意味で瞬間性がある。ところが一方、シュルレアリスムは人間の内部に潜む無意識の世界を重視するでしょう。そこには時間が入ってくる。その両面を強く問題にしているところに、僕は関心を持ったんだな、いま考えてみると。

谷川　人間の頭脳というのは、有限の頭蓋のなかに有限個の細胞が、非常に複雑に組合わされているけれども、無限ではあり得ないよね。われわれはそういう有限の認識のなかにふだんは住んでいて、そのなかで匂いを嗅いだり、ものを味わったり、見たり聞いたり、考えたりしている。日常生活てのはそれで十分複雑すぎるくらい複雑なわけよ。ところが、自分の頭蓋に収まっているそういうメカニズムの能力を超えたものを感じる瞬間があると、あるいはそれを感じたいという傾向があると、そういうときに詩てものがポコンと、僕の場合には立ち現われてくる。

日常生活で感じている世界の奥行よりもう一歩踏みこんだ奥行を予感するみたいな、それは非常にあえかなものであって、決して言葉で定着できないし、それを感じる瞬間というのはある一瞬だけで、すぐにとらえられなくなっちゃう。夢を思い出そうとして思い出せないみたいな、そういうもどかしさがつねにあるんだけれども、僕が読んで感動する詩にはそういう種類の詩が多いね。詩の形ではないけれども、たとえば宮沢賢治の「風の又三郎」みたいな童話を読むと、そういう、世界の奥行がふっとものすごく深まってしまったような行に、そうとう頻繁に出会う。ああいうものに、生半可なシュルレアリスムの作品よりもはるかに僕は、ポエジーを感じるところがあるのね。宮沢賢治はかなり人間の内部を書いている作家だけれども、それさえ僕は自己流に翻訳して、自分を中心にした世界の奥行というふうに、ひっくり返して見ているところがあるのね。

大岡　奥行ということでは、入口がぜんぜん違うけれども、僕の場合にもそれがあるんだよ。子供のころに読んだ『印度童話集』のなかの童話なんてのは、どうも詩の原型的なイメージをずいぶん僕に与えているのじゃないかと思う。たとえばこういう話があるんですよ。

〈誰が鬼に食はれたのか〉

ある旅人が道に行き暮れて、原のなかの寂しい空き家で一夜を明かしました。

夜半すぎに誰だか外からその空き家へはひつて来るものがあります。見ると、それは一匹の鬼で、肩には人間の死骸を担いでをります。はひつて来ると、どしんとその死骸を床の上へおろしました。すると、その後からすぐまた一匹の鬼が追つ駈けて来ました。

「その死骸はおれのだ。なんだつてお前持つて来たんだ」

「ばかをいへ。これはおれのだ」

たちまち二匹の鬼は取つ組みあつて大喧嘩を始めましたが、ふと先に来た鬼が、

「待て待て、かうして二人で喧嘩をしたつて始まらない。それより、この人に聞いた方がよいぢやないか」

といつて、そして旅人の方を向きながら、

「この死骸を担いで来たのはどつちだ。おれか、それともこいつか」

と聞きました。

旅人は弱つてしまひました。前の鬼だといへば、後から来た鬼が怒つて旅人を殺すだらうし、後の鬼だといへば、また前の鬼が怒つて殺すに相違ない。どつちにしても殺されるくらゐなら、正直にいつたほうが好いと思ひまして、

「それはこの前に来た鬼が担いで来たんです」

と、いひました。

すると、果して後から来た鬼が大いに怒つて、旅人の手を摑まへて体から引き抜いて床の上へ投げつけました。それを見た前の鬼は、すぐに死骸の手を持つて来て、代りに旅人の体にくつつけてくれました。後の鬼はます〳〵怒つて、すぐ旅人のほかの腕を引き抜きました。すると、また前の鬼がすぐに死骸の腕をくつつけてくれました。さういふふうにして、後の鬼が旅人の脚から頭から胴から残らず引き抜きますと、すぐに前の鬼が一々死骸の脚や胴や頭を持つて来てつぎ足してくれました。さうして旅人の体と死骸とがすつかり入れ代つてしまひますと、二匹の鬼ももう争ふのを止めて、半分づつその死骸を食つて口を拭いて行つてしまひました。

驚いたのは旅人です。自分の体は残らず鬼に食はれてしまつたのです。今の自分の体は実はどこの誰ともわからない人の死骸なのです。今かうして生きてゐる自分がいつたいほんとうの自分であるやらないやら更にわけがわかりません。やつと夜が明けて来ましたので、狂気のやうになつて走つて行くと、向うに一軒のお寺が見えました。さつそくその中に飛び込んで、息せき切つて、そこの坊さんに聞きました。

「私の体はいつたいあるのかないのか、どうか早く教へて下さい」
坊さんの方がかへつて驚いてをりましたが、やつと昨夜の話を聞いて合点が行きました。そこで坊さんが申しました。
「あなたの体がなくなつたのは、何も今に始まつたことではないのです。いつたい、人間のこの『われ』といふものは、いろ〳〵の要素が集まつて仮にこの世に出来上つただけのもので、愚な人達はその『われ』に捉へられていろ〳〵の苦しみをしますが、一度この『われ』といふものが、ほんとうはどういふものかといふことがわかつてみれば、さういふ苦しみは一度になくなつてしまふのです」　（アルス刊・印度童話集）

『印度童話集』にはほかにもこういう話が多いのだけれども、ちょっとすごい話だね、これ。強烈に怖かったのと、子供心にもおそろしく不思議な論理があるなと思ってね。

谷川　その話はおれも覚えてるな。

大岡　仏教の経典の解説にすぎないんだけれども、こわくて便所にも行けなくなるくらい頭のなかにイメージとして浸みこんだ。人間というのはとても不思議なもので、この旅人のようなことがひょっとしてあり得るということを感じたわけね。つまり有限性のものが消滅してしまっても、その消滅した空間を無限がきてウワッと埋めてしまうという、そういう感覚をはっきり教えられた。

それは必ずしも詩のイメージではなくて、むしろ人生観みたいなものの基本的な一つの型をつくっているにすぎないのかもしれないけれど、僕が感動する詩というのは、有限なものがさっと消えてしまって無限なものがそこを埋めているように思える詩が多いね。だから君の場合と、あるところではつながっているような気がする。無限というか、有限を突き抜けたようなものが、詩の魅力の基本にどうもあるのじゃないかな。

谷川　おそらく微妙に違っていながら結びついている面があるね。僕の場合には、朝の体験もそうだけど、実生活の上でも自分にかまけずにいられる状態、つまり自分が消滅したにひとしい状態がいいんだよ。自分というものがニュートラルであって、不幸でもなく幸せでもなく、自分について思い悩むことも誇るべきこともなくて、自分が消えてしまったような状態が、おれにとって至福につながっているところがある。

詩についてのおれの理想も、自分が消滅して外界だけが、ほんとうにあるべき姿でずっと向うに広がってる状態みたいなもの。そういう詩にいちばん感動するし、自分もそういう詩を書きたいし、日常生活でもできるだけ自分はそういう状態にいたい。自分あるいは人間の内面てものは、実生活の上では当然つねに考えざるを得ないし、そういうものが詩のなかに反映されたり、むしろそれを詩のテーマにすることもあるわけだけれども、ほんとうは詩てものは、そういう自分が消えたほうがいいんじゃないかという気が、つねにしているんだよね。

僕がそういう意味で感動する詩は、そんなにたくさんはないのよ。その少ないなかの一つに、萩原朔太郎のいくつかの詩がある。僕が好きな朔太郎の詩というのは、彼が自分の感覚みたいなものを執拗に書いている一種の自意識過剰みたいな詩じゃなくて、彼が「のすたるぢや」という言葉で代表させているような、彼自身自分の意識がとうてい到達できないと知りながら常時感じているような、そういう世界を書いているものなんだ。朔太郎の詩っていうのは僕にとってはちっとも抽象的じゃなくて、日常的な、生活に即した具体的な詩だけれども、たとえば朔太郎がビールを飲むと、それこそ虚無だということがはっきり感じられるような、日常生活のなかで日常生活にない奥行を感じさせる（萩原朔太郎「虚無の歌」を参照）。それが僕にとっては非常にポエジーに近いのね。

そういうものがいつどうして生まれるか一向にわからないのだけれども、動物と人間を分ついちばん大きなポイントはここだという気がする。そして、そういう感じにはい

虚無の歌――萩原朔太郎

我れは何物をも喪失せず
また一切を失ひ尽せり。
「氷島」

午後の三時。広漠とした広間《ホール》の中で、私はひとり麦酒《ビール》を飲んでた。だれも外に客がなく、物の動く影さへもない。暖炉《ストーブ》は明るく燃え、扉《ドア》の厚い硝子《ガラス》を通して、晩秋の光が侘しく射してた。白いコンクリートの床、所在のない食卓《テーブル》、脚の細い椅子の数々。

ヱビス橋の側《そば》に近く、此所の侘しいビヤホールに来て、私は何を待つてるのだらう？　恋人でもなく、熱情でもなく、希望でもなく、好運でもない。私はかつて年が若く、一切のものを欲情した。そして今既に老いて疲れ、一切のものを喪失した。私は孤独の椅子を探して、都会の街々を放浪して来た。そして最後に、自分の求めてるものを知つた。一杯の冷たい麦酒《ビール》と、雲を見てゐる自由の時間！　昔の日から今日の日まで、私の求めたものはそれだけだつた。

かつて私は、精神のことを考へてゐた。夢みる一つの意志。モラルの体熱。考へる葦のをののき。無限への思慕。エロスへの切ない祈禱《いのり》。そして、ああそれが「精神」といふ名で呼ばれた、私の失はれた追憶だつた。かつて私は、肉体のことを考へて居た。物質と細胞とで組織され、食慾し、生殖し、不断にそれの解体を強ひるところの、無機物に対して抗争しながら、悲壮に悩んで生き長らへ、貝のやうに呼吸してゐる悲しい物を。肉体！　ああそれも私に遠く、過去の追憶にならうとしてゐる。私は老い、肉慾することの熱を無くした。墓と、石と、蟾蜍《ひきがへる》とが、地下で私を待つてるのだ。

ホールの庭には桐の木が生え、落葉が地面に散らばつて居た。その板塀で囲まれた庭の彼方、倉庫の並ぶ空地の前を、黒い人影が通つて行く。空には煤煙が微《かす》かに浮び、子供の群集する遠い声が、夢のやうに聞えて来る。広いがらんとした広間《ホール》の隅で、小鳥が時々囀つて居た。エビス橋の側に近く、晩秋の日の午後三時。コンクリートの白つぽい床、所在のない食卓《テーブル》、脚の細い椅子の数々。

ああ神よ！　もう取返す術《すべ》もない。私は一切を失ひ尽した。けれどもただ、ああ何といふ楽しさだらう。私はそれを信じたいのだ。私が生き、そして「有る」ことを信じたいのだ。永久に一つの「無」が、自分に有ることを信じたいのだ。神よ！　それを信ぜしめよ。私の空洞《うつろ》な最後の日に。

今や、かくして私は、過去に何物をも喪失せず、現に何物をも失はなかつた。私は喪心者のやうに空を見ながら、自分の幸福に満足して、今日も昨日も、ひとりで閑雅な麦酒《ビール》を飲んでる。虚無よ！　雲よ！　人生よ。

らだたしさとか一種の不安もあるし、もちろん恐怖もあるのだけれども、突きつめてみると不思議なことに、これは結局喜び以外の何物でもないという気が僕はとってもするわけね。だから少なくとも自分にとって詩とは、人間に喜びを与えるものだということだけは、わりあいはっきりしている。その喜びというのは、単純にうれしいとかなんとかじゃなくて、もちろん非常に官能的なものまでくるみ込んだものなんだけれども。

詩における言葉と現実

大岡　言葉の一般的な性質として、言葉は、それが表現したものを消してしまうものだろうと僕は思ってるんだ。消して言葉だけが残ってる状態に、いつでもなる可能性を持っている。詩の言葉というのは、そういう言葉の機能が極度に拡大されたものじゃないのかな。

どうも言葉というのは、それが表現しているらしき現実の事象とは、どこかでスパッと切れている。といっても切れて遠くに離れているのじゃなくて、剃刀の刃で切れ目を入れたみたいにわずかな切れ目で切れていいて、しかし絶対別のものになっちゃってる。

そういうふうなものじゃないかなという気がする。

谷川　でも言葉だけが残るってことは、実際にはあり得ないんじゃない？　たとえばアンケートなんかで、日本語のなかであなたがいちばん美しいと思う言葉は何ですかという種類の愚問があるよね。その種の問にいつも当惑するのだけれども、言葉だけを取りあげて答えることはどうしてもできないわけよ。「ありがとう」とか「さようなら」とかいう言葉を挙げる人が多いけど、だけどそれを言った瞬間に、その人間の感情とかその場の状況とかがどうしてもくっついてきているわけでしょう。だから僕の考えるいちばん自分にぴったりする回答は、「アイウエオ、カキクケコです」というのだな。

そういう意味で、僕は基本的に言葉ってものを現実から切り離されたものとして、自分の外に対象化することができない。詩人がいかに言葉を現実から切り離された次元で使っても、その言葉はやはり実体を引きずってくる。実体を引きずってくるから、言葉は生きるんだ、という気持が僕にはとてもある。

大岡　そうそう。剃刀の刃ぐらいで切り離されている状態といったのは、そういうことなんだ。言葉だけが存在していると考える考え方は間違っている。そんなものあり得ないんですよ、絶対に。ただ、詩作品になっている言葉の群は、現実のなにかにビタッとくっついているのじゃなくて、そのものから切れているから、われわれの頭のなかに不思議な空虚な広がりみたいなものを喚び起すんだと思うんだね。それを僕の言葉で言うと、剃刀の刃ぐらいの隙間でスパッと切れてる、けれども少し離れて見ればくっついてる状態に近い。

谷川　それを僕の言い方でいうと、こういうふうに言えるような気がするんだ。つまり、言葉の基本的な因子として語というものがあるよね。それぞれの語をそれぞれの分子と考えると、語がいくつか結びついて、ある有機物的なものが出てくる。日常生活ではその有機物というのは、日常生活に適当なある機能を持って機能している有機物だと思う。ところが詩の言葉と言葉のつながりというのは、ある特定の分子と分子が結びつくと通常の論理を越えて活性化するように、非常に活発な有機物になる。分子そのものは日常生活で機能しているものとまったく同じ分子なんだけれども、結びつけかたによって活性化して、日常生活では思いもかけないようなものに変貌してしまうみたいなさ。生命体とのそういうアナロジーで言葉というものは語れるような、そんな感じがあるんだな。

大岡　同感だな。

谷川　『きりん』という雑誌が編集した「おとうさん」「おかあさん」という有名な二部

作があって、「おとうさん」の巻の最初に二歳の子供の三行詩、というか言葉が載っていて、関西弁で、

おほしさんが　一つでた
とうちゃんが
かえってくるで

というのよね。これは詩と詩じゃないものとの淵にいるようなものなんで、詩の誕生を考える上でおもしろいと思うんだ。

この三行詩とほとんど意味内容の違わない言葉は、いくつでも作れるよね。たとえば、「五時の時報や、とうちゃんがかえってくるで」「一番星が出た、とうちゃんがかえってくるで」「星がひとつ出た、おとうさんがかえってくるよ」というように、無数のヴァリエーションができるんだけれども、そのどれよりも原詩のほうがいいわけよね。こうしてみると、詩というものの成り立ち方が、わりあいはっきり目の前でわかるような気がするんだけどさ。

二歳の子供にはまったく詩というものの意識はないはずだよね。だけど、この言葉を聞きとって記録した大人の意識は明らかに存在しているわけでしょう。子供が書いた詩まがいのものは詩ではないという立場があって、それは明快な考え方なようでいて実は境界が曖昧な言葉だと思う。つまり、子供が書いたってことを伏せておいて読ませて、そこに詩を感じちゃったら、それはやっぱり詩なわけだ。だから僕は、子供のつづりかたのなかにも当然ほんとうの詩があり得るという立場なんだよね。

二歳の子供が言ったこの詩の場合には、二歳の子の発した無数の言葉のなかから、この三行詩を選びとったという大人の意識が介入していて、そこに詩というものを考える上での契機があると思うんだ。大人がこれを選びとったということの根底にある、その大人の「詩」とはなにかってこと。

おとうちゃんが帰ってくるという、家族のあいだの愛情みたいなもの。そこには一種の安心感もあり、なつかしさもあり、そういうものとお星さまという遠いものとの結びつきがある。これは感情としては普通人の日常的な感情だと思うんだな。子供にとっても、おそらくこの詩を書きとったお母さんにとってもそうだと思う。だから聞きすごしてしまってもちっともかまわない会話だし、こういう会話は毎日無数に行なわれていると思えるのに、それでもこれを記録したということのなかに、「詩の誕生」を考える上での大きなきっかけがあるという感じがするんだ。

大岡　うちの息子が三つか四つぐらいのころに、魚が好きで、魚の絵本とか海の絵本ばっかり見ていたことがあるんだよ。と同時に彼の頭のなかには、ゴジラなんかの出てくるSFまがいのテレビの映像が入っていて、その両方で刺戟されて生じる一種の、日常生活からちょっと離れた空間が、彼にとっては現実のものとして生じてたわけだ。そういうときに息子がしゃべる言葉を女房が書きとめたことがあって、それがちょっとおもしろい詩になってたんだ。彼が興味を持っている海というものと、別に興味をそそるSFふうの空間とがくっついて、行を分けて書くと一行一行の間に不思議な飛躍があって、全体としてはあるきちんとした、彼の頭にある想像的な空間が現われているんだな。それを見たときに、詩てのはこういうふうにして書けるんだなと考えさせられて、驚いた。つまり空間ができているわけね。空間てのは詩にとってとても大事じゃないかなって感じたんだよ。（さがしてみると、その時のノートが出てきたので、参考までに二、三引いておくことにします。一九六三年一月〜二月の日付があるので、作者は四歳半くらい。子供が口で言ったのを、大人が筆記したものです。この作者は今は詩など作ってはいないようです。）

さっきの二歳の子の詩でいえば、おとうさんが帰ってくるという事実と星が出てるという事実とがあって、それを三行の言葉のなかに書きとめると、そこにかちっとした空間ができて、その空間の持っている意外な広がりが現われてくる。普通だったらもうちょっと小さいはずの空間が急に広がっているときの驚きのようなものが、どうも詩の発生するいちばん基本のところにあるのじゃないかな。

よるのさんごしょう――大岡玲

なみにゆれて
よるもすぎて
あさもすぎて
はるもすぎて
あきもすぎて
ふゆもすぎて
なつのしま
よるのさんごしょう

さめのうた

さめがおよいでる
さめがたべてる
うみのとんねるをあけた
プランクトンをたべながら
たいようをみてた

きょうりゅう

くらいよる
マリンコングがでてきた
ばんごうしらせ
たいわんにむかっていく
マリンコング

きょうりゅうのかせき
きょうりゅうのじだいはおわった
ほにゅうるいのじだいのまくがあがり
しんせいだいにはいった
だい四《よん》き
よる

じんるいのたんじょう

うみがあつ（厚）くなった
うみはようがんだ
いしがうまれた
うみのよるから
プランクトンがはいあがった
ウミユリがゆれて
スイッチがはいった
アロザウルスがぱっくりとくちをあけた
しだのあいだから
ミナミザルがそっとのぞいた

谷川　だから、たとえば「ああ」とか「おお」という感嘆詞のなかに、すでに詩というものは存在しているという感じが強いよね。三島由紀夫も書いてたけれど、たとえば神楽歌のかけ声の「あちめ、お々々々」というの、あれは不思議な情念を喚起するでしょう。そういう一種の感嘆詞というものは、大きな声を想像させて、それが谺《こだま》をともなったり語尾がずうっと減衰していったりという、そういう空間の広さを暗示しているよね。と同時に、それを発した人間の心の空間というのかしら、その奥行みたいなものを感じさせるから、詩的な情念を喚起するのだろうね。

大岡　神楽歌とか催馬楽には、それを感じさせるものが多いね。詩というのはこういうところに還元されてしまうものなんじゃないかと思うときもあるくらいだ。

和歌——和する歌

谷川　あれは対話みたいにして歌ったらしいね。

大岡　つねに本方と末方、あるいは左と右というふうに対立しているわけね。一方が歌うと相手がそれに答えるという形。対立しているから逆に協力できるんだな。

和歌という言葉も、のちには唐歌《からうた》に対して大和の和と考えられるようになった面があるけれども、もともとの意味は、和というのは唱和する和で、答えるということでしょう。歌というのは単独に存在しなかったんだよ。必ず応えた。応えるものがあるから、それで空間に向って放つことができるものだったのじゃないか。

谷川　そうとう人間的だね。

大岡　そう、人間的。ただ神楽歌や催馬楽になると、儀式の世界に昇華したものだから、相手が答えることが既定の事実になってるよね。しかしもっと原始的な状態の詩だったら、相手が答えるかどうかはわからないわけだ。そういう相手に言葉を発して、それに相手が答えたときには、奇蹟のようにも思えただろう。うれしいよね。そういうときに詩が発生したのじゃないか。どうも詩というのは、単独の人間の頭脳のなかで生じるものは、不完全じゃないかということを感じるんだ。

最近とくに、実際に連句をやったり、「櫂」のグループ（一九五三年、茨木のり子、川崎洋の二人によって創刊された同人詩誌「櫂」によるグループ。谷川俊太郎、吉野弘、水尾比呂志、中江俊夫、友竹辰、大岡信、岸田衿子などのメンバーを順次加えた。）で連詩を試みたりしてみると、詩というものが単独の頭脳のなかでだれが答えてくれるかわからない世界に向って書いているだけでは完結しないものだということを感じるね。とにかく答があり得るという予想のもとに書かれるもののほうが、遠くまで達するのじゃないかという気がする。そういう詩のほうが、相手が実は存在していない空間に向って突きささっていく力も、強いのじゃないか。

谷川　歌というのは、うったえが語源だというのは俗説？

大岡　大野晋さんたちの『古語辞典』（岩波書店）によると、「うた」の意味は、一、声を出し、節をつけ、拍子をとって、自分の感情を表現する詞。二、語音の拍子の数を整えた詞。詩歌。三、（三十一音の）和歌。――そのあとに、この辞書の特色である語源とか語の歴史の説明がある。それによると、「うた」は「拍子を打つ」のウチの古い名詞形ウタから起ったとする説があるが、アクセントも考慮すると、ウタとウチは起源が別となっている。「うた」は疑い、転《うた》たのウタと同根で、自分の気持を真直ぐに表現する意、ということだそうだ。疑いのカイというのは交の意で、したがって「疑い」は事態に対して自分の思うところを曲げずに差しはさむ意となるんだね。これでみると、歌の語源が訴えというのはどうも違うらしいね。

「和歌」の項を見ると、一番目に和する歌の意、こたえる歌。二番目に漢詩に対して和（日本）の歌の意となっている。和する歌というのは、つまり何か歌があって、それに対して応えるのが和歌ということ。はじめにこちらから出ていくのは和歌じゃないんだよ。そういわれると、日本の和歌の性格が実によくわかるね。応えるという自覚が明確になってきたところから「和歌」になったのであって、うたという場合には、ああいう形ができる以前の非常に原始的な心の訴えみたいなもの……

言語化された詩の出発

谷川　そうだとすると、詩と言葉のどちらが先に誕生したかと考えれば、詩のほうが先なんじゃないかな。うちの犬がときどき遠吠えしているのなんか聞くと、あれは詩じゃないかと思うよね。

大岡　犬の遠吠えってのはほんとうにそう思うね。何に対して訴えてるのかわかんないけど、実に悲痛なものだね。

谷川　だから言葉てのは、もしかするとそういう詩的な感情をからめとるものとして出てきたというふうにも言えるかもしれない。いまわれわれは、言葉というのは物に名前をつけるとか、何かと何かを区別するとか、非常に明示的なものとして出てきたもののように思いがちだよね。だけど案外そうではなくて、明示するよりも先に、非常に曖昧なものをからめとろうみたいなさ。区別するよりも先に総合して受けとめて、それを人にも伝えようというような感じがあるんだな。そうだとすると、言葉よりも詩が先といえるんじゃない？

大岡　そうね。かりに「詩」と名づけることのできる、ある思いだね。

谷川　そうそう。だから言葉が存在した瞬間には、すでに詩は絶対に存在していたはずだと思う。それがどんなに貧しい言葉であっても、必ず詩はそのなかに組みこまれていたはずだよね。だから、詩を持たなかった民族があるなんていう説は、僕は信じられない。それは詩と呼ばないだけの話であって、文字がなくたって口誦としてあったはずだし、歴史に残らないだけだという感じだな。

大岡　春とか夏とかいう季節の言葉をはじめて使ったときのことを考えてみても、実際にはそれ以前にも季節のめぐりはあるわけだね。そういう変化に対しての肉体的な感覚も、人類が発生したときからある。ながい時を経てやがてある時期からなぜか人類は時間というものを意識しはじめて、一年間というものを感じとり、日本の場合には春夏秋冬という四季の別を感覚として感じてきたときに、春なら春という言葉がやっと生まれたと思うんだよね。しかし、春という言葉の生まれる以前に感じていた春があるわけだよな。

古今和歌集でたとえば紀貫之が春という言葉を使うときには、ものが芽生えてきて、一つ一つのつぼみがだんだん張ってくる状態とくっつけて考えている。貫之の「わが背子が衣はるさめ降るごとに野べのみどりぞ色まさりける」というのは、若妻が夫の衣を染めて、それを戸外で張っている、そういう季節に春雨が降る、降るたびに野辺の緑も色濃くなって（やはりこれも張って）くるというふうに、一つの歌にいくつかの認識が重なり合って表現されている。重ね合わせの表現というのは高度な言語意識を示すけれども、いずれにせよ詩的な感情ははじめからあるわけだ。それを「はる」という言葉でからめとった瞬間に形が出てきて、春だなってことと衣を張るってことと、ものの芽が張ってくるってことと、全部がいっしょくたになってくる。短い言葉のなかにそういういくつかの認識を混合して表現するというところで、言語化された詩があらためて出発するのだと思うね。それ以前のもっと素朴な形の詩に対して、層をなして重なり合うイメージの群れに喚起される詩という、もう一つの詩が加えられた。古今和歌集というのはそういう意味で、日本の詩のなかのはっきりと新しい言語意識の出発だと僕は思う。詩の歴史というのは、そういういくつかのものが重層的に重なり合ってできているものじゃないかという気がする。

谷川　それと同時に、いまのわれわれは「はる」というと漢字の春をまず思いうかべてしまうけれども、貫之の時代には大和言葉としての「はる」だから、張るという、ものが張ったりふくらんだりするという語感が、十分にそこに感じられていたということなんだろうね。

大岡　うん。ただ『古語辞典』によると、「春」と「張る」とは、アクセントからすると同じ語根とするのは無理と書いてある。だけど紀貫之などは明らかに二つを同じに見ているわけだ。アクセントも違ってたはずなのに、それを結びつけているということは、逆にいうと言語意識として高度に発達しているね。

谷川　英語のスプリングなんかも、ものがはね上がってくること、現われてくることだし、動詞としても使うのだから、躍動しているよね。それに比べてどうもわれわれの春というのは、漢字に視覚的に限定されてるな。

大岡　日本語の春だって、仮名で書けば動詞的な要素も出てくると思うね。そういえば小学校のときの「ハルガキタ、ハルガキタ」というのは全部片仮名で、いま思い起こすとあの「ハル」というのは、決して漢字であらわされる春だけじゃないね。あれはもうちょっと違う心の状態を言ってるよね。

谷川　春《しゅん》ではないね、ぜんぜん違うね。仮名でものを書くってことは、いまやとくに重要だな。

大岡　漢字をむやみに制限することは無意味だと思うけれども、同時に漢字をやたらに使う人てのは僕は軽蔑したい気持がするね。わざわざむずかしい漢字を使う必要はぜんぜんない。言葉は基本的にいうと流れだと思うんだよね。その流れのなかに漢字とか平仮名が来るわけで、流れがそのたびに強調されたり休んだりという形だと思うんだ。そういう流れ全体をつくることが言葉をつくるということであって、ある一つの文字に物神崇拝的に固執するやり方は、詩にかぎらず言葉を使う態度としては、どうもだめだという気がする。それはさっきの話の、あなたの好きな日本語は何ですかと聞くのと同じ過ちを犯していることだと思うね。

詩人の発生——普通人以上と以下と

谷川　ところで貫之のころは、独立した詩人というのはいたのかね。貫之という人は官吏？

大岡　そう、官吏。だけど彼の場合には、だいぶ以前から家は没落していた。紀の家柄というのは大伴とどちらかというぐらいに古い武将の家柄だそうだけれども、藤原家に敗れて没落してしまった。そういう中央権力からはずれた連中が、いわば自分の憂悶をはらすために詩を書いたという例が多いんだよ。梅原猛さんの説によれば、万葉集というのも、その原型は権力闘争で敗れた人たちの霊をなぐさめるための鎮魂歌集として編纂されているというんだけれども、古今和歌集についても同じようなことが言えるという説がある。古今和歌集のなかを探ると、敗れ去った紀の家柄につながる人びとの歌が、かなり意識的にたくさん入っているわけ。歴史家の目崎徳衛さんがかぞえているところだと、古今集作者の二割ぐらいは紀氏につながる人びとなんだよ。紀氏の出の妻を持った在原業平もその一人だけれども、武の世界で敗れたものが文の世界で自分たちの家柄の名誉回復をはかっているといってもいいような、そういう現象があるのじゃないかと想像されるわけだね。

谷川　三島由紀夫の逆をいっているわけだ。(笑)

大岡　実際、当時の詩人というのは、官吏としては位が低いわけだよ。紀貫之なんかも官吏としてある程度の地位である五位になるまでに、ものすごく苦労している。藤原家の権力者におべっかをつかったり、権力者のたいていは凡くらな息子たちに文章の書き方や歌のつくり方を教えたりして、とり入るわけだね。その道具としては言葉の能力しかないために、必然的に言語能力をものすごく練磨しちゃったとも言える。

それは実用的な意味でも大いに発揮されるんだ。たとえば藤原家の高位の人が天皇に格式ばった歌を奉らなければならないとする。本人はうまく歌がつくれないので、美々しく行列を仕立てて貫之の家に代作をたのみに行く。あるいはまた、天皇や皇族、顕官の家の祝いごとに屏風歌をつくる。それに対して、それなりの報酬が出るわけで、平安朝では一部の詩人は明らかに職業人として成り立っていたんだな。なぜ職業詩人が成りたち得たかといえば、彼らが不遇だったからということになる。

谷川　詩が言葉以前から誕生しているとすれば、詩人ははじめからいたといえなくもないけれども、詩人という意識がさまざまの民族のなかに、未分化な形ではあれ普通の人間とはちょっと違う存在として出てきたということは、おそらくあるだろうと思うんだよ。たとえば不具者とか精神病質者とか、普通の人間でも非常に年をとった人とか、そういうちょっと普通の人間とは違った人、言いかえるとプラクティカルではない人間がいて、そういう人間が自然にか、求められて自己暗示をかけてか神がかりになって、占いとか呪いを始めたというのが詩の起源ではないかという説が多いでしょう。それを証明することはできないけれども、僕らが詩を書いたり読んだりする経験からいって、この考えはわりあいのみこみやすい。

大岡　折口信夫さんの考え方なんかもそうだよね。

谷川　詩人の発生にはそういうのと、もう一つは労働歌のように人間と人間の協力関係のなかでの発生とがあるとは思うんだけれども、とにかくそういうプラクティカルじゃない人間が詩人の一つの起源だと考えると、その人間を普通人以下と見る見方と、神に近いものと見る見方とがあって、日本ではどうも普通人以下に見る見方が主流だったような気がする。歴史的にもその見方がつながっていて、詩人てのは世捨てびとであるとか、すねものであるとかで、それは大正時代の文士なんてのにもつながっているよね。

貫之の時代もそうだったように、日本の詩人は実生活の敗残者みたいな線で流れてきた。

一方、西欧では詩人はむしろ預言者として神に近い存在だという見方がどちらかといえば主流であって、たとえば戦争の先頭に立って戦う詩人とか預言者的な詩人も現われた。現代でも詩人というのは、文明に関する不安を先取りする人間であるという説もあって、人間社会の一種の精神的リーダーと見られる面がある。たとえばアレン・ギンズバーグなんかにもそれが感じられるところがあるわけね。そういう二面性は一人の詩人のなかにもあるけれども、日本と西欧でどうしてその違いが出てきたのか、とてもおもしろいと思う。

大岡　ドナルド・キーンさんが『日本の文学』という本のなかで、古今集の序文にはヨーロッパ人には考えられない詩の観念があって、これは驚くべきことだと書いている。つまりヨーロッパ人には、詩というのは人間を超える超越的存在と人間の世界とを媒介するものとしてあって、詩人はそれをいわば代弁する人であるという考え方がずっとあった。ところが日本では、紀貫之の書いた古今集の序文を見ると、生きとし生けるものはみな詩を語るし、人間が自分の心の内にある感動を自ずと表わして言葉になったものが詩であるといっている。日本人にとっては、詩というのは人間を超えるものと人間とを媒介するものではなくて、人間の内部に潜んでいる力を外に押し出すものらしい。これはヨーロッパにとっては驚くべき思想である、ということなんだよ。それを読んでむしろこちらが驚いたけど、そういう観念の違いはどうもあるのじゃないかと思うね。

万葉集巻十六に乞食者《ほかひ》の歌が二つあって、一つは詩人が蟹になり、もう一つの歌では鹿になっている。その蟹や鹿はご主人様に殺されるわけ。蟹は殺されて甲羅をはがされ、肉は食われ、残骸は墨壺などになるんだが、そのことを幸せだと、ご主人様に感謝する歌なんだよ。私はしがない蟹なのに、ご主人様に食べていただき、死骸も役に立ててもらえます。ほんとにありがたいことです、と。鹿のほうも同じように、私の肉を食べていただいて光栄ですと歌う、そういう歌なんだけどさ。この乞食者《ほかひ》はまあ吟遊詩人というべきものだと思うけど、そういう連中が門付芸人みたいにして支配者を讃える歌をうたっていたわけだ。詩人は自分を蟹なら蟹の位置に置いて、その蟹が語る形で詩人自身の忠誠心を語るわけでしょう。もっとも大正末年に出た名著『日本歌謡史』を書いた高野辰之などは、これらの歌のなかに、記紀歌謡の「童謡《わざうた》」などと同様、支配者への怨みをこめた諷刺があると言っている。たぶん意味は単純じゃないだろうね。

日本の詩にはこういう伝統が一貫してあると思う。みなから足げにされたり疎外された人びとのなかに、実は古代的な詩の源流がずっと流れていて、それはいろんな形に流れていくけれども、芸能の世界にとくに強く流れているということがある。そういう連中は、たとえば世阿弥だってそうだけれど、独特なる言語を駆使する特殊な能力の持主として、非常に尊敬すべき人でもあった。詩人が社会から疎外されると同時に尊敬されるということは、日本だけじゃなくてほかでもあることだと思うんだけどね。

谷川　西欧と日本というのは単純すぎるよね。

大岡　ただ、ギリシャ悲劇を書いた詩人たちというのは、運命というものを目に見えるようにするための人間ドラマをつくるという形で、一種の預言者的な大きな構図を持って、人間の運命全体を語りつつ決定的に遠い未来にも通用するようなある図式をつくり、それを言葉のなかに定着させている。日本の古代にはそういう詩はあまりない。日本の詩はやっぱり基本的には、そのときどきで応える歌だったんだという気がするな。

現代世界の詩人の位置について

谷川　そういう日本のすねもの、世捨てびと的な詩人の伝統が、とくに戦後非常に変ったようだね。マスコミュニケーションの発達で詩人がある程度の収入を得るようになったり、詩人たちが詩とは別に定職につきはじめたということも理由だろうけれども、とにかく詩人が一種の小市民的存在になっちゃって、社会のなかで変に過不足のない位置を占めている。一方西欧の詩人にしても、伝統的に持ってきた預言者的な特権を、自然科学者や社会科学者に奪われているように思える。ゲーリー・スナイダーみたいな人がエコロジー運動を推進する上でかなり預言者的なことはしていても、詩人としてだけではなく、普通の市民として、あるいは論客として活動せざるをえない面があるよね。日本においても西欧においても、そういうふうに詩人の位置が剝奪され、詩人の存在意義がよくわからなくなっているみたいに思うんだ。

僕はこのごろよく人前で自作朗読をするけれども、そういう経験でも、そのときどきに自分がいったいどういう位置にいる人間なのかが、とても揺れ動くのね。自分の位置が決めにくいわけ。あるときはフォーク・シンガーのスターみたいにカッコよく美しい言葉を並べるということもできるようだし、あるときは道化にならないと人がついてこないし、また自分自身、道化になって言葉で人間と人間を結んだり、人を楽しませたりしたいという欲求があるわけね。とにかく詩人というものの位置が、いまは不安定な時代であって、そういう点で「詩は滅んだ」という言い方が出てきたり、詩人なんてのはいまだに存在していると幻想しているにすぎないといった言い方が、詩人以外のところから出てきたりしているでしょう。それにもかかわらず営々と、われわれは詩を書いているけれども、いまの時代では、はたして詩というものがどこまで機能しているのか、やや頼りなくなるようなところがない？

大岡　一般的にいってそうだと思うけれどもね、僕も。ただ、詩てものはその国のその時代における言語全体の状態と結びついたもので、詩だけが独立して特権的な状態を享受することは不可能だと思うんだ。とすると、言葉についての価値観が分裂している時代には、詩がある一定の役割をはたすものとして機能できるとは、ほとんど考えられなくなってくる。だけどそれは詩だけのことではなくて、音楽も美術もそうだし、科学だってそうだ。戦後ある時期にあった強い科学信仰が実にあっけなく揺いでしまったいまの状況と、まったく同じだという気がする。

そういう意味でいまは、詩人が預言者でなければならないという一般的な要請が一方では高まる条件があると同時に、それがますます不可能になっているというもう一つの条件があるんだね。そういうところで詩人に何ができるかと言えば、僕は、単純素朴なところにつねに立ちかえる能力を養うということに、重要な仕事があると思っている。それは大きくいって詩の発生の根源にある感情の問題と、それを表現する言語の問題の二つだね。そのうちの感情の問題は定義しにくい問題だけれども、少なくとも言語に関しては、詩人といいうるような人はある種の見通しを持ち得るだけの訓練をしなければならないのじゃないか。いまの状況で可能なことの基本の一つはそれじゃないか、というふうに思っているんだけれどもね。

ところが、それじゃいわゆる〝いい日本語〟を書きましょう、ということですかと言われると、ぜんぜんそうじゃないから困るんだけどさ。でも、少なくとも言語の世界には、詩がいまなお何かを果しうる領域があることはたしかだからね。

谷川　それはたしかだな。

大岡　科学者が預言者的な立場に立っていた時期が戦後あったよね。たとえばオッペンハイマーなんかは、科学が否も応もなく預言者的な位置に立たされてしまったことを、かなり悲劇的な感情をもって認識していた人だと思うんだ。彼の晩年の著作を読むと、近ごろの人類は隣の国の政変よりも、日常生活とは縁遠い科学の世界の出来事のほうに強烈な感動を受けるようになってしまった、これはとても奇妙な事態である、というようなことを書いている。それはつまり、一般の人にとって科学のほうが、政治よりはるかに預言的な意味を持っていたからだよね。ところがここ数年か十数年のあいだに、科学も預言的な位置から失墜して、それに代るものが出ていない。どれもこれもドングリの背くらべになっているんじゃないか。

谷川　詩人というのが、いわゆるプラクティカルな世界に対立する存在だとすると、対立すべき世界そのものが、いま世界的に崩壊しつつあるような感じがすごくあって、曖昧に腕押しみたいになってるところがあってさ。だから困っちゃうわけだけれどもね。

あるセミナーで「詩人の役割」というテーマが出されてね。そういうテーマの出ること自体、詩人の役割が非常に疑われていることとの強力な証拠だと思うんだ。大工さんに向って「大工の役割」を問う人はいないわけでしょう。家を建てるんだってことに決まってるんだから。その論法で、詩人の役割は詩をつくることだといえばいいようなものだけれども、「詩人の役割」という問には当然「詩とは何か」という問が含まれているし、また一時「詩に何ができるか」という問いかけがあったように、文法的にはどちらも現在形であっても、底に未来形を含ませているよね。

つまり過去は問うてないということ。それがもしかすると、日本人の意識の特徴じゃないかという気がする。しかし僕は、詩人の役割とは何かと問うときに第一に検証すべきことは、詩人の役割は何だったかだと思うわけ。それならばいろんな人が答を出してもいるし、自分個人を考えてみても、答はあると思うんだよね。自分の詩がどういう役割を果してきたかということを考えてみると、ただ一つの答は、少しは人を楽しませただろうということなわけよね。結局それしかないわけさ。それしかないということが物足りないとも思うけれども、同時にもしかするとそれこそが究極的な答なのかもしれないという感じもある。

詩人の場合は言語を通して人を楽しませる、つまり言語の実用性というものから言語を解き放ってやるというのかな。だから非常に広い意味での遊びの世界へ人間をいざなう。その遊びの世界ということでいうと、詩人はインスピレーションによって書くのだという定説みたいなものがあるよね。詩人というのは何ものかにインスパイアされ、つまり息を吹きこまれて、読み手をインスパイアして生き生きさせる存在であるという考え方だな。その場合ギリシャ神話の世界では、天上のどこかにミューズがいて詩人をインスパイアすると考えられたわけだけれども、いまの僕にとって自分をインスパイアしてくれるものは、そんな曖昧模糊としたものじゃなくて、それは日本語そのものなんだ。

天上からインスパイアされるのじゃなくて、自分が立っている日本語の内部からインスパイアされるという感じが、この数年はっきりしてきている。そういうふうに一種、居直ってしまうと、日本語の世界の豊かさたるや、実に驚くべきものがある。

大岡　新鮮なる感動を持っているわけだな。

日本語の世界の豊かさ

谷川　かなり楽天的になっているわけよ。（笑）日本語というのは意外にまだなんにもやられていない。やるべきことがいっぱいあるって感じだな。

大岡　それは大事なことだよ。おれは口に出して言ったことはないけれども、昔からそう思っていた。（笑）つまり、いわゆる現代詩を書いている詩人たちは、おれもそうだったんだけれども、古い時代の日本の言葉の世界をいわば蔑視しているところが、どこかにあるでしょう。ところがそれは本質的な意味で間違いであると、僕は思う。

僕の場合、高等学校から大学の時期に一生懸命読んでたのは外国の詩それもとくに外国の現代詩——十九世紀以後のものをひっくるめていっての現代詩の世界だけだった。

日本の過去の詩に対しては、万葉集とか新古今和歌集なんかを除けばなんにもなかったみたいに思ってた時期があった。外国のものでも、ときどきギリシャ神話とかホメロスなんかにぎっくりはしても、あれはあくまで別の世界だと思って、そのほかではときどき、ゲーテとかバルザックとかスタンダールといった散文家を、これはやっぱりすごいと思って読んではいたけど。

ところがエリュアールなどシュルレアリスムの詩人たちの作品を読みはじめて、最初のうちは彼らの作品の新しさにひかれていたけれども、実はエリュアールでも、たとえばホイットマンを愛読したんだ、ブレイクをよく読んだんだ、というようなことが分ってきた。ホイットマンなんかと思いながら読んでみたら、これが僕にもおもしろいんだね。『草の葉』を読んでいると、とても大きな波に揺られているような快さがある。で、ホイットマンを身を入れて読みはじめたんだよ。

そうやっていくと、新しい仕事をしているヨーロッパの詩人てのは、例外なく古いものを自分なりに嚙み砕いているという当り前なことが、はっきりわかってきた。一方われわれの同時代の日本の詩人はというと、大正時代の詩人たち以後のことは論じるけれども、それ以前は無視している。ましてや江戸時代以前の詩については、知っていることが恥しいぐらいに思っていたよね。そういう意味では、同時代の詩人のなかでは僕は比較的早くから日本の古い時代のものを読みだしたほうだと思うんだが、読むほどに日本語の世界の豊かさに気づかされてきた。学校ではたとえば中世の草庵文学というと、方丈記とか徒然草は教えるけれども、正法眼蔵随聞記なんてのは入ってこないでしょう。ところがこれを読んでみると実におもしろいし、さらに道元自身が書いた正法眼蔵を読んでみると、わからないことはいっぱいあるけれども、その文体には打たれるわけだね。すごい力があり、緊張がある。

こういう散文が千年近く前に書かれていたってことは驚くべきことだが、それを読んで発見した僕にとっては、これはいま隣で生じつつある出来事になるわけだね。なぜ日本の詩人は、もっとそういうものを無心に読んでみないのかと、前から不思議に思っていた。だけどそういうことを言うのは、なんとなく具合が悪いんだよ。当り前なことなんだからな。だから、僕はこれを読んでここがおもしろいと思いました、ということだけを書こうとしてきたわけだ。いずれにしても何百年も昔の人の書いたことが現在の自分とつながってくるという感じはあるんだ。

ただ君の場合には、日本語世界の豊かさを詩作品という形に結びつけていこうということだけれども、おれの場合にはそれも含めて、同時にもっと広く、いくつかのジャンルにまたがった形で考えたいという違いはあるよね。

谷川　僕の場合には、つねに現代の一般的な言語状況に縛られているところがあるのね。なぜか、最初からそうなんだ。だいたい自分と同じぐらいの人間として日本人全体をつかんでいて、そういう自分のなかにある現代日本人の全体的な言語状況をコンテキストとして、自分の詩がつねに成り立つという意識がとても強いわけね。だから一部の人たちが過去にさかのぼって日本語の富を持ってきても、それが自分の詩のなかでは成り立ちようがないんじゃないかというような気持が強いんだ。自分が日本の古典をこれから勉強し直したとしても、詩作品に気楽に古い言葉は入ってこない。気軽に古い言葉を詩作品に使うというのは、逆に日本語の富にほんとうにかかわっていないのじゃないかと思うわけ。

一人ひとりの詩人のなかに詩が成立するカンみたいなものがあるじゃない。そういうカンが大岡とおれとではちょっと違うんだな。おれの場合には、現代のごちゃごちゃの大混乱の日本語そのもののなかに、過去をひきずってきてなおかつ非常におもしろい豊かさがあるという感じだよね。そのなかでも十分に、まだいろんな仕事ができる。語り口ひとつとってみても、現代詩の語り口てのはまだ多様性に欠けているという感じがしてね。飯島耕一とか鈴木志郎康が話し言葉的な形で詩を書きはじめているけれども、あれなんかも一つの攻め方だという感じがしている。

大岡　僕の場合も、古い時代の言葉をそのまま使うってことはあまりないんだけれども、かりにそういうことをするとしたら、現代語のなかに融けこんでいない異物だけれども、異物として現代に強く拮抗できるもの、と思った言葉だけは取り出してくるという気がするけどね。

散文脈を根にして――日本語の散文性評価

谷川　それはわかるんだな。ただ僕の場合は、過去の言葉を軽視するわけじゃないんだけれども、現代日本語のなかにある散文脈みたいなものが、詩の根っこを広げる土壌として豊かではないかという感じがあるんだ。いままで現代詩人の多くは、そういう散文脈を切り離そう切り離そうとしてきたようなところがあるような気がするのよ。そういうものと対立することで詩が成立するように思いこんできたようなところがあるけれども、実際には散文脈に根を張れば張るほど、詩てものは豊かになるのじゃないか。日常の家族のあいだの会話にも、テレビの流行語にも、もちろん昔の古典にも、そういう散文脈というものは含まれているんだと思う。そこから栄養をとるということは、生活面でいうとわりあい現実生活を重視するということになって、詩人の生きかたにもかかわっているところがあると思う。

詩人というのは特別な存在で、家庭なんてものは捨てるべきであるといった考え方が主流だったけれども、家庭という日常性のなかからでも十分に詩は汲みとれると僕は思っているんだ。日常生活をバカにすれば、それは無限にバカなものになるけれども、逆に日常生活のなかに詩のモメントを探れば、日常生活は無限に深化していく奥深さをもっているという感じなんだ。

大岡　散文脈のなかに詩があるというのは、日本の言葉の一つの大きな伝統なんだよ。日本の詩といわず文学全体として考えると、日本のある種の小説家が書くものは、詩といってもいいようなものでしょう。菱山修三さんが書いてたんだけど、昭和十何年にコクトーだったと思うけど外国の詩人が日本に来たときに、いま日本でいちばん立派な詩人はだれかと菱山修三に聞いた。菱山さんは当時歴程グループをつくっていろいろ始めた時期だったけれども、答に困って口をついて出たのが川端康成の名前だったというんだ。それをアイロニカルな表情をこめて書いていたけれども、そういう問題があるね。

随筆文学が日本で栄えていることも、それと関係があるわけだ。日本でいう随筆というジャンルは、外国人にはよく理解できないでしょう。エッセイというのは、たとえばフランス人にとっては、ある場合には戦闘的な議論の文章であり、あるいは実験的な考えを論じるための道具であったりする。イギリス人のある種のエッセイは日本の随筆にかなり近いけれども、それでも日本のように季節感覚に没頭するような形のものは稀れで、必ずそこに人間の生活が出てくる。複雑な思考能力を持った人間の頭のなかに生じるドラマなり、その人間の身辺に生じるドラマなりが背景にあって、その上で孤独な一人の思索者の生活が書かれているでしょう。

それに対して日本の随筆では、しばしば書いている人間が消えていくよね。書き手の肉体がスーッと消えてしまえばしまうほど、すばらしい文章だとされるところさえあって、主体が極度に稀薄になり、彼がじっと見つめている物のほうだけが浮び上がってくる。川端康成の言葉を借りれば、末期の目みたいなものだけが生きていて、見ている主体のほうは闇に沈んでしまう。これは私小説の伝統を考える上でも見落せないものの考え方、見方ですよね。

そういうものを日本人は、少なくとも中世以来ずっと持ってきた。随筆文学というのは本来ならば詩人が書くべきようなものだったんだろう。吉田兼好にせよ鴨長明にせよ、実は詩人といってもいいような立場に自分を置いた人だ。都の外の小さな庵で簡素な生活をするというのは、散文的な生活者じゃなくて詩的な生活者なんだよ。そういう人びとが随筆という散文の形で書いたのは、日本語が英語やフランス語のように張りのあるイントネーションやストレスによって波立つような言葉を書くには適していないためだった、と考えてもいい。方丈記などはよくよく見てみると、あの和漢混淆文のなかに非常にリズムがあって、鴨長明がフランスに生まれていたらば、ロンサールみたいな、滔々と流れる音楽的な詩の形であれを書いたかもしれないと思わせるフシがあるね。結局、詩人として生き得たような人が日本では散文を書いたという伝統がずっと流れていて、現代でも本来ならば詩人になるような人が小説家になっているということもあるのじゃないか。

谷川　あるね。

大岡　日本文学というのは、どうも詩と散文の接点をずっと辿ってきているらしい。現代詩というのは、その接点から一度可能なかぎり離れようとしたのじゃないか。ヨーロッパの詩を読んだ連中が、詩というのはもっと純粋に言葉のリズムの明確さ、あるいはイメージの純粋さによって、独自の世界を形成するものであるはずだと思って、さまざまな実験をくりかえしてきた。それがどうも日本の現代詩の歴史の、ある時期の姿じゃないか。その実験が何十年か行なわれたけれど、どうもそれだけじゃだめで、日本語の散文性をもう一度考え直す必要があるのじゃないかというところに来ているようだね。

僕が藤原俊成の歌を現代語にしたときに、行わけの詩みたいにして、意識的に散文的な文脈を生かそうとして書いたら、何人かの人がおもしろがってくれた。つまり和歌を現代語で現代詩の形に直す場合に、昭和以後の現代詩のある張りのある純粋さを強調する形はとらないで、むしろ日常生活の雑な言葉というか、言葉としてピリッと排他的になっていない言葉で叙述すると、かえって詩的に見えるというアイロニカルなものがあるみたいだな。どうもそういう一連のことを考えてみると、君が言ったように、散文的なものを、つまり可能なかぎり広い生活のいろいろな要素を、詩のなかでもう一回見直すことが必要な気がするな。

散文脈を対立物として――日本語の多様性発掘

谷川　そのとおりだと思うんだけど、僕の場合は散文脈に帰るのじゃなくて、散文脈というものを逆にもういちど対立物として見直してみたい気持もすごくあるわけ。散文脈に根をおろすということは、散文脈から生えて出た花を咲かさなきゃいけないという感じがして、おれがいま書いている作品は明らかに散文脈そのものからはそうとう離れている。

いまわりと意識的に、いくつかの形の詩を並行して書いているんだ。その一つは、非常に正確な散文ということを念頭に置いて、一つのものを定義するという気持で書きはじめた散文詩の一群。これは、できるだけ正確な散文を書くとそれが詩に接近するのじゃないかという発想だけれども、やってみると結局どうしても正確な散文には絶対にならないという結果になっちゃって、それが僕にとって意味があった。正確に突きつめれば突きつめるほど滑稽になってくるみたいな、そういう形で言葉に裏切られたともいえるし、逆にそういう具合に言葉を広げることができたともいえるものだ。

もう一つは、日常会話に非常に近い形で、日常生活に近い次元のことを書いてみる詩で、それはいわゆる私小説的な描写とはまったく違う次元へ出てみようというための試みなんだ。自作朗読をやったことの一つの結果でもあるわけだけど、声に出して読んでも通ずるものを書いてみたいという気持が出てきたということだよね。またそれの派生物として、平仮名だけで子供にもわかる一連の長い詩を書くのもやっている。漢字を除外して平仮名だけを使うことで、日本語の根源みたいなものに少しでも近づけないかという、僕なりの大和言葉的なものへの接近みたいなところがあるものなんだ。

それともう一つは、音韻的なものを意識して、それがマチネ・ポエティックのようなのじゃとうてい日本人の耳には感じられないから、駄洒落や地口に近いところまでやってみようというもの。形としてはこれも子供のための詩みたいになってるけどね。

そういうふうにして考えてみると、どうも散文脈というものを意識すればするほど、逆にそこから離れていこうとする運動が同時にあるような気がするんだ。

大岡　それはおもしろい話だな。僕の場合には君がやっているような一連の、わりあい短い、ものの定義集のような形ではなくて、ストーリーを持ったコントみたいな形にいっちゃうんだけれども、それを自分では散文のつもりで出しても人は散文詩としてしか見てくれないんだ。やはり言葉と言葉の結び目を結びつけていくところに、散文と見てもらえないような別の要素がひらめいて入ってきちゃうんだと思うけれどもね。そういうことを含めて、詩人が散文を仮想目標にしてものを書き、結果として目標からどのくらい離れてしまうかということを試してみると、とてもいいのじゃないかと思うね。

おれの場合には一方に自分の批評の文章があるけれども、それとはぜんぜん違った散文を書きたいという気持も非常にある。日本語で現代詩を書いている人間として自分の役割を考えた場合に、こういう散文が可能ですというサンプルを作ってみること、日本語の文の多様性を示すことは、少なくともいまできることだろうという気がするんだな。

谷川　そのサンプルという意識は僕のなかにもややあるね。僕はいま、形のはっきりしたものを書きたいという意識が非常に強い。そういうものを書く以外に、詩を書く意味が見つからないみたいなのさ。ということは、現代詩人たちが詩は自己表現じゃないと言いながらも自己表現をやってきたところがかなりあると思うのね。自己表現ではないような晦渋な詩を書きながら、実際には詩のなかで自分の怨念とか遺恨話をしていたところがそうとうある。しかし「形」ということを考えれば、自己表現から遠いほうへ遠いほうへ行ける。それが僕にとっては、いままで詩を書いてきた甲斐があったってことの一つの証明なんだ。自己表現から遠ざかって、自分が言語によって占拠されていることが、書く実感としてわかってきたということね。それは自分が、詩人の永遠の理想であるアノニムなものに近づく一つの道程だという気がする。自己表現から離れて詩人がほんとうに日本語そのもののなかに没入して書けるようになると、日本語の詩というものはまた違う局面を迎えるのではないかという気がとてもあるわけ。

大岡　そうね。

Ⅱ

言葉に自分がひっかけられてくる
言葉の富をアノニムに自分のものにする
さくらより桃にしたしき小家かな
マザー・グースの唄
七五調的なものにやっぱり深く縛られている
「コップへの不可能な接近」(谷川)
「壜とコップのある」(大岡)
一つの「有」もなく一つの「非有」もなかった
妖精のように跳びまわっていたいのだよ

谷川　自動記述というのは、やったことある?

大岡　厳密に自動記述といえるかどうかはわからないけれども、いくつかはやったことがある。ただそのときに、とてもおれは自動記述はできないと思った。つまり頭のなかに浮んできた流れを文字で書く速度の問題があって、書くほうの速度がちょっと遅れてくる感じがある。それと、頭のなかに複数のイメージが同時に浮んじゃったりすると、そのなかのどれか一つを選択するわけだから、それが自動記述なのか、ある種の理性的な判断が加わった記述なのか、はっきりしなくなってくるんだ。つまり僕の場合には、自動記述的な状態に自分を置くけれども、自動記述のいわばレールのポイントにあたるような所で、右へ行くか左へ行くかを瞬間的に判断することを自分に許しながら記述していく、というやり方だね。

谷川　アルファベットの筆記体で横書きに書いていくのと、平仮名と漢字を縦に書くのとは、同じ自動記述といってもずいぶん違うだろうね。

大岡 それは絶対違うと思う。頭のなかを走っていく思考の流れの速度と、それを書き写していく速度とのあいだに、英語やフランス語の場合より日本語のほうが、開きがあるのじゃないかな。漢字を書くときには、漢字てものは一字で意味を表わしてしまうから、われわれはその瞬間わずかにせよ意味を考えている。そのぶんごくわずかな時間だけれども、漢字を書くたびに意識の流れにスピードがゆるくなる状態が訪れると思うな。

谷川 フランスのシュルレアリストたちの自動記述というのは、そうとう早く書いたのかね。

大岡 たとえばアンドレ・ブルトンが喫茶店に座っている。目の前の人の流れを見ている状態のまま、実は夢を見ている状態にまで自分を持っていく。そしてほとんど手元も見ずになぐり書きしていく。そんな感じだね。非常に速く書いたと思うんだ。

谷川 そういうとき、麻薬とか酒とかは使わないのかな。

大岡 シュルレアリストたちは、ほとんど使ってないのじゃないかなあ。

谷川 アンリ・ミショーなんかは、麻薬を飲んだ状態で書いているでしょう。

大岡 そうね。ミショーはコカインとか阿片じゃなくてメスカリンを使っていて、メスカリンだからこそ自分の実験ができるんだと強調しているね。阿片の場合には、ボードレールやコクトーにも特徴的なように、エロティックなイメージをともなって、陶然と夢見るような状態になるらしい。ところがメスカリンだと、逆に感覚がたいへん鋭くなって、自分が認識の深淵に立たされてしまったというような、一種の恐怖感をともなった鋭い痛みの意識のほうが強いと言ってるね。

谷川　君の場合、自動記述に近いものも試みているわけだけど、詩を書くのにそのほか何種類ぐらいの書き方がある？

言葉に自分がひっかけられてくる

大岡　自動記述的なものの応用だけれども、写真集なんかをめくりながら、あるページを見た瞬間に浮んだ言葉をすばやく書きとる。その言葉を自分の力で引きのばそうとするような動きが内部に出てきたら、すぐにやめて別のページに移る、というやり方をしたことがある。それをやってみたら、いままで書いたことのないようなイメージの連結方法が出てくることはわかった。しかしこれは、二度三度とやると、変に自分で慣れ合いみたいな状態になってくるから、たびたびはできないことだな。

谷川　写真集の一ページで何行ぐらい続けられた？

大岡　『透視図法―夏のための』という詩集の最後に入れた「告知」が、その方法で書いた詩で、長いものだと十行近く、短いものは一行か二行。

谷川　自動記述の場合にはどのくらい続いた？

大岡　かなり長くいくね。というのは、はじめは無意識状態を書くようにしていても、書いた言葉の残像が頭のなかに残って、その残像の積み重なりが次のイメージをある程度決めてしまう。だからストーリーができてくる。夢のなかのストーリーみたいなものだけれどもね。長さは僕の場合、原稿用紙五、六枚くらい。そのへんまでくるとだんだん醒めてきて、このイメージはつまらないからやめようといった判断が瞬間的に出てきてしまう。

谷川　そうして書いたものは、あとで推敲可能な詩？

大岡　詩集に入れたのがいくつかあるな。それとすこし違うけれども、『透視図法―夏のための』という一種の物語詩は、夢を書いたものなんだ。これは、見た夢を書こうとしたら一部分しか思い出せなくて、書いているうちにうそが入ってきたわけ。しかしそれを捨てずに、夢で見た部分と合わせていったところ、自分ではわりあい気に入った物語ができたんだ。そういう方法もあるね。僕が夢をあまりおぼえていないたちなのかもしれないけれども、ただ夢を記述するだけでは、あまりたくさんのことはできないのじゃないかなあ。もっとも、吉行淳之介さんなんかは随筆で読むと、ずいぶん不気味な夢をしばしば見るらしいから、そういう人の場合には夢のヴァラエティーがあるけれどもね。

谷川　実際にいろんな夢を見ていても、夢にこだわりたくない人もいるし、逆にふだんから夢にこだわって、一生懸命夢を覚えようとする人もいるね。

大岡　瀧口修造さんは夢の記述を若いころから今にいたるまで、たえずやっているようだね。最近出た『寸秒夢』という詩集もその系列だし。学生時代からシュルレアリスムを知って、青年時代の詩的実験を夢の記述に費したといっていい人で、枕元に紙と鉛筆を置いといてね、夢を見るとすぐに飛び起きて書く訓練をしたんだって。ところがそれをしばしばやっているうちに、普通の文章が書けなくなり、一種の失語症になっちゃった。そんな話を瀧口さんから聞いたことがある。自動記述では日常会話で成り立つような他者との関係がないから、自分のなかに出てくる言葉を掘り返しているわけだよね。

そのために外界との接触が絶たれて一種の失語症になるらしい。

瀧口さんはそのほかに、百科事典などをパッと開いて、そのページのいちばん右上の言葉をもとにして何行か書いて、それからまた別のところをパッと開いてまた何行か書くという方法も使ったようだ。写真集を使った僕の方法もそうだけれど、偶発性をなんとか必然性に変えていくやり方だよね。

谷川　君が去年書いた「薤露歌《かいろか》」という詩の場合には、成り立ちがそういうのとは違っている感じがするんだけど……

大岡　あれは中学時代の同人雑誌仲間でその後も親しかった友だちが死んだときの、追悼の詩なんだ。そうなるとささやかでも自分たちの歴史のようなものが詩のなかに入ってくるわけだし、意識的に現実の時間を再現するような叙述形式をとった。中学から大学のころにかけて書いていた詩は、概していうと、そういう幅を持った時間の流れを再構成して叙述するような要素を含んでいたんだ。それがある時期からしばらく、現代詩の重要な課題の一つは瞬間の意識の拡大だと考えるようになって、昔のああいう形をやめちゃったんだな。ところが友達の死で、突如としてそういう形式に戻った、というところがある。

谷川　いま書いている詩の大部分は、どういうふうにして生まれているの？　具体的なことだけど、たとえば詩を書きましょうと思って紙をひろげて待つのか、それともなにかほかのことをしているときに言葉が出てきて、それを書きとめることから始まるのか、といったこと。

大岡　どちらかといえば、あとのほう。何かしているときに、ひょっと言葉が浮ぶのを心にとめておくこともあるし、本を読んでいて突然ある言葉にひっかかっちゃって、その先は活字の上を目が走っているだけということがある。そういう言葉をデザイン・ノートみたいな無地の紙のあちらこちらに手あたり次第に書いておく。それを別の日に眺めると――このときは、詩を書こうと思っているわけだけど――それまで関係がないように並んでいた言葉と言葉が、パッと結びつく。そういうところから始めることが、わりあい多いね。自分が惹かれた言葉には惹かれた理由があるというふうに思って、とにかくその場ではそのものとして書きとめておくんだよ。

もうすこし意識的な方法を使うこともある。たとえば句集を見る。一行一行きちんと読むのではなく、パッパッと見ていく。芭蕉の時代の俳句だと言葉が完全に落着いてしまっているから使えないけれども、現代俳句てのは不安定な言葉を使ってるわけで、そういう言葉は、それをかすめとって全く別の詩のなかにはめこんでみるための材料になる。ただそれはあくまでも材料にすぎないから、頭のなかにその材料を使ってできあがってくる全体の構造みたいなものができればそのまま続ける。できなければ、捨てちゃうわけ。

結局おれの場合は、はじめからこういうことをと考えて書くのではなくて、なにかほかのことをしながら、頭の片隅に言葉が、ちょうど魚のあごにひっかかった針みたいに、ちょっとひっかかってくるような、そういう状態が頻繁に訪れるようになると、だいたい詩が書けるような感じがするね。

谷川 そうすると、君の場合には言葉がとにかく先にある。

大岡 そうだね。

谷川 言葉以前になにかモヤモヤしたものがあって、それを一生懸命苦労して言葉につくっていく、というやり方はあまりないわけ？

大岡 若いころはそれだったんだ。ところがそのやり方だと、自分の感情の造形といった匂いが強くなって、どうもそれだけでは詩として不満なんだね。自己表現としての詩にはいつでも惹かれるんだけれども、しかし自分が頭のなかにあると感じるものだけが自分の考えなのかどうか。自分では思いもよらなかった言葉なりなんなりを見たときに強いショックが来た場合には、そのほうがさらに奥深いところで自分に内在している真実かもしれない、という考えがあるんだ。両方の方法がかけ合わせられればいいのだけれども、なかなかそうはいかないね。いまはだから、言葉に自分がひっかけられてくるというような、そういう状態のほうに賭けているようなところがあるね。

言葉の富をアノニムに自分のものにする

谷川　同じ世代に属して同じ日本語で書いていても、君と僕とではそうとう違う書き方をしているね。シュルレアリスム体験が僕にないこととか、資質的なものの違いとか、いろいろあるだろうけれどね。

僕も自動記述的なことは一度だけやってみたことがあるけれども、最初の一行を書いた瞬間から、その一行の連想によって先へいっちゃうことになって、自動記述にならない。それで、やめてしまった。また、まったく詩を書こうとしてはいないときに、何行かの言葉に襲われることは僕にもあるけれども、それを僕はあまり重要視しないわけね。

そこから発展させる必要がないとか、発展させちゃいけないと思っているわけじゃなくて、そこからどうしても先へ行かない。

詩を待つ状態みたいなものは、たぶん共通だろうと思うんだけれども、僕の詩の書き方は、原稿用紙とか白い紙とかをひろげて、詩を書きましょうということが多いんだよね。僕があなたよりも、期限のある注文詩を多く書くことにも関係があるけれども、そのくせがついているのか、期限のない詩を書くときにでも、まず机の前に座って待つ。

詩を待つというその状態が、「詩の誕生」ということのとてもおもしろい問題だよね。僕は酒にもあまり酔えないし、麻薬にも——経験は少ないけれども——あまり酔えない。およそ自分を意識と無意識の中間に置くことの苦手な人間で、つねに理性のコントロールみたいなものが働いちゃって、自分も言葉もコントロールしていたい。コントロールしていなければ、それはもう文章でも詩でもないというような意識が強い。ところが、詩を待ってるときというのは、やっぱり一種の空白状態になっている。それは、とにかく或るパースペクティヴがあるというふうにしかいえないような感じなんだ。

大岡　そうだね。

谷川　とにかく或る空間がそこにあって、完全な沈黙じゃなくて、なにか底のほうでちょっとブツブツ煮えたぎっているみたいな状態がある。どういう種類の詩でも、第一行目を待つ状態というのは、だいたい共通しているよね。

もっとも題を与えられた注文詩の場合だと、その題の言葉の囲りをぐるぐる回って、完全な空白状態はどうしても訪れない。その場合は、その言葉からの連想をつぎつぎ広げていって、そこからなにか言葉を生み出していこうとするような状態になる。

それから、六、七年ほど前から始めたことで、コップならコップという一つの物をきめてしまって、そのコップについて書くということを非常に強く意識して書くというやり方もある。その場合、これも連想には違いないけれども、とにかくコップと決めたら、コップについての自分の感覚と意識と知識を、できるだけ大量に出していく。たとえばコップの材質であるガラスというもののケミカルとしての成り立ちとか、人類の歴史へのガラスの登場というような知識もある。液体をたたえる道具ということから、液体を飲むとか水をすくうという連想も働けば、コップを作る職人の生活へ思いが行く場合もあるわけだ。そういう散文脈での連想を大量に集積させた上で、それでもどうしても覆いつくせない、コップならコップというものの得体の知れなさ。そういうものに迫りたいという意識で書いていく。そういうやり方が一つあるわけね。

そのほか最近やっている詩の書き方の一つに、「ことばあそびうた」(谷川俊太郎『ことばあそびうた』参照)という、語呂合せみたいなのがある。これはまず非常に短い語呂みたいなものを思いついたら、あとは音韻的にそれとおもしろく組みあわされる言葉をスキャニングするわけね。音の似ている言葉を辞書を繰って探したり、頭のなかで一生懸命思い出すこともあるけれども、五十音図で順列組合せをつくっていくという、ほとんど手仕事に近いようなこともやっているんだよ。たとえばサルという言葉があれば、そのなかのサの音だけ固定しておいて、ルのほうをルと同じu音を持った音で置きかえていく。サウ、サク、サヌ、……という具合にね。そこから意味のあるものだけを抜き書きしておいて組み合わせていくという、これは僕にとってはわりあい新しい詩の書き方なんだ。

そういういろんな書き方が、ある順序で自分のなかにあるわけね。しかしやっぱり白紙状態で待っていて生まれてくる言葉が、ほんとうはいちばん詩なのではないか、という気持もあるんだけれどもね。それでもなお、待っているからいい詩が書けるかというとそうじゃなくて、非常に機械的に書いてもいい詩ができる場合もあるわけ。「ことばあそびうた」の場合には、むしろそういう書き方をすることで自己表現からまったく自由になれて、言葉のなかに身を浸すというか、言葉の富をアノニムに自分のものにしていくことができるような感じがするんだ。

大岡　「ことばあそびうた」の書き方というのは、自己表現ということを離れちゃった状態であることはたしかだね。その意味では僕の場合の、なにかの本から目に吸いついてきたような、脈絡が本来ないはずのいくつかの言葉の組合せから一つのいわば活性化された意味が浮んできたときに、それを出発点にして詩を書くというやり方と、わりあい近いんじゃないかな。まあ、そういう方法は、ひょっとしたら自分のなかから溢れてくる詩がなくなってきて、それを補う手段なのかもしれないんだけれども、でもそれはそれで昔からあった詩の方法だと思う。

谷川　西欧の詩で韻を踏むというのは、まさに部分的にそういうことをやってきたんだ。

大岡　エリュアールがだれかに話した詩作法というのがあるんだよ。それによると彼は、詩の言葉を探すときに、部屋のなかをぐるぐる回ったりして、鼻歌を歌うことがしばしばあったらしい。その鼻歌てのがたいてい民謡なんだな。そういう鼻歌を歌っているときにフッと、思いがけない言葉が浮んでくる。その言葉をつかみとって詩を書くというんだね。つまり、自分のなかにモヤモヤとした状態で、頭のなかにささやきかけてはくるけれども意味がよくわからない、そういうなにかがあって、それを詩に書きたいと思っているときに、ぜんぜん別のものを歌うことで言葉を吸い上げてくると、そこへうまくはまるということだね。とくに民謡は、単純な言葉のなかに複雑な意味が入ってるでしょう。そういうことと関係があるのじゃないかと思うんだけれどもね。シュルレアリスムの代表的な詩人で、イメージが明確で多彩な視覚型の詩人と一般に思われているエリュアールが、実は鼻歌を歌うことで言葉を呼び寄せるような方法も使っていたということは、とても意味のあることだよね。そのあたりに詩をつくるときの秘密があるってことを思うんだ。

谷川　僕の「ことばあそびうた」が本になって、いろんな反応があったんだけど、一つおもしろかったのは、あるフォーク・ソングのグループが、これは僕らにもつくれる詩で、そこがいいところだと言ってくれたわけよ。考えてみるとまさにあれは、どんな人にでもつくれる一つの方法論だよね。日本語さえ知っていれば、根気よくやればできるわけよ。それで、彼らもいくつかつくって歌ったりしているんだけど、その歌と僕のとでは、同じようなものができてもいいわけなのに、実際には明らかに違う。

大岡　違うはずだ。だって谷川俊太郎の「ことばあそびうた」というのは、歴然と谷川俊太郎以外のなにものでもないんだ。

さる

さるさらう
さるさらさらう
さるざるさらう
さるささらさらう
さるさらささらう
さらざるささらさらささらって
さるさらりさる
さるさらば

ばか

はかかった
ばかはかかった
たかかった
はかかんだ
ばかはかかんだ
かたかった
はがかけた
ばかはがかけた
がったがた
はかなんで
ばかはかなくなった
なんまいだ

たそがれ

たそがれくさかれ
ほしひかれ
よかれあしかれ
せがれをしかれ
たそがれくまかれ
きつねかれ
けれどおちうど
かるなかれ
たそがれはなかれ
みずながれ
なかれたたかれ
かれのわかれ

谷川俊太郎『ことばあそびうた』より

谷川　そこがおもしろいんだよ。そういうやり方でたくさんの材料を組みあわせていくと、順列組合せは無限にあるよね。そのなかから、これだと一つ選ぶということが、いくらアノニムになっていても、やっぱり詩人の個性をつくっている。そういうときの詩語の選択の基準が、いちばんおもしろいことであり、大事なことであると思う。

一篇の詩を推敲していく過程で、たとえば「何々は」と「何々が」のどちらを選ぶかというときに、これはどうしても「は」だとか「が」だとか、決定的に決まる。そのときの決まるということは何なのかということさ。それが言葉の不思議なところでもあり、またそういうところで、ある程度客観的な詩の価値判断ができるんじゃないかな。

大岡　言葉が「当った」瞬間というのは非常にはっきりわかるね。ここはこの言葉だというのが、絶対的に決まる。逆にある言葉が来るはずなのにそれが見当らないときには、どうしても手応えがおかしい。当っていないことがわかる。

早稲田小劇場の鈴木忠志君が、演劇について同じ言葉を使って話してくれたことがある。ある科白を言うときの発音や語勢が、当っているか当っていないか、それがわからない役者はいくらやってもだめです、というんだ。

谷川　自分のなかから言葉を生み出すのが詩の才能であると昔は思っていたけれども、

このごろぜんぜんそうは思えない。詩の才能てのは、有限の語彙から何を選択するかという才能なんだ。自分が生む必要はない。選んでいけばいいんだ。選ぶということに、人間の経験とか成熟とかが実はかかわっていて、自分の詩と他人の詩の違いがあるとすれば、それは選択の違いだけだろう、という感じがとても強い。そのときの選択の基準というのは、僕にはカンとしか言いようがない。当っているか当っていないかという判断は、分析のしようがないようなものなんだな。

大岡　僕もまったく同じ考え方だ。人間のなかに言葉があるけれども、その人間は言葉のなかにいるんだ。人は言葉の海を泳いでいて、その泳ぎ方がそれぞれ違っている。泳ぎ方のなかには、生まれたときからのすべての体験的な知識とか無意識な記憶とかが集積されている。そういうものを離れて、ある瞬間にある場所にぴったりした言葉が浮ぶということはないのじゃないか。

谷川　ないね。

大岡　ぴったり当る言葉が浮んだということは、それは必ず深いところからのつながりで浮んできたということなんだ。その浮かばせかたが、体験をどう処理してきたかによって、各人でずいぶん違うわけだよ。

さくらより桃にしたしき小家かな

谷川　詩の読者の側にも、その違いがあるね。心理学者の霜山徳爾さんの『人間の限界』という本が、その意味でとてもおもしろかった。詩や歌に即して人間の精神を語っている本なんだけど、冒頭に一人の初期分裂病者と蕪村の句の関係を書いているんだ。それによると、「宿かさぬ火影や雪の家つづき」という句は、彼には痛いほどよくわかる。霜山さんはそれを、彼自身が精神の病いで否応なく深い寂寥のうちにいるからであろう、と書いている。しかし同じ蕪村の句でも「さくらより桃にしたしき小家かな」に対しては、まったくわからなくて途方にくれてしまう。桃の花は野暮なもので桜のように高雅ではないから、かえって小さな家には似合うのだと注釈を加えても、彼にはさっぱり理解できない。霜山さんの言葉によれば、あたたかい心が枯れてしまった彼の限界がここにあるというんだ。これは分裂病者という極端な例だけれども、人間は多かれ少なかれ精神病質を持っているのだから、詩の受けとりかたの差異というものは誰にでもあるのじゃないかという気がする。となると、詩の客観的な価値を決めることがほとんど不可能になっちゃう。ある詩がある人にとっては自分の心にポエジーを生むものであっても、同じ詩がもう一人の人にとってはまったく何も生まないものだってことがあるわけでしょう。詩の批評のむずかしさは、そういうところにあるのじゃないか。

大岡　いまの話にもう少し注釈を加えれば、「さくらより桃にしたしき小家かな」の句の場合には、桜と桃が日本の歴史のなかでどう見られてきたかが、作者の蕪村には問題だったということがあると思うね。桜は日本の文化伝統を代表する花だけれども、桃はそれに比べて少々品が劣る花というイメージが、少なくとも江戸時代になるとあったんだね。江戸時代の通人には、桃は田舎娘がとつぜん飾りたてたみたいで、首筋や小耳に産毛がむっちりついているようなのを連想させたようだね。むしろ文芸の世界の花といってもよいクラシックな花である桜に比べると、桃の花には、洗練されない分厚い肉感性みたいなものがあるわけで、その桃の花にしたしい小家というのは、クラシックな家ではなく、ほんとにひなびた田舎の小家なんだよ。蕪村は、それゆえにこそ風情があると感じて、この句をつくっていると思う。その患者があたたかい心を失ったからこの句が理解できないという解釈は、病理学的にはそうかもしれないが、蕪村の句そのものを見てみると、いまいったようなことも考えられるね。そのあたりに、読者それぞれのイメージの違いも出てくるわけだ。

一方、桃のイメージは不思議なことに日本と中国とで非常に違っている。中国人にとっては桜なんて花は特別の親しみはないけれども、桃は花の王として最も愛されてきた。そういうことを考えると、日本人が中国の文学を読むときに、また逆に中国人が日本の文学を読むときに、はたしてどの程度まで鑑賞ができるのかという重大な問題も潜んでいるね。

谷川　君がいま話してくれたような桜と桃についての教養がなくても、日本人だったら桜と桃に対する感覚というのは、ある程度は自然に身についているはずのものだよね。ところがそれが、いま徐々に失われているのだという問題もあるだろうしね。

大岡　そうね。われわれぐらいの年代だと桜とか桃というのは、それぞれ季節をたいへんによく象徴する花として実感があるよね。桃といえばお雛様だけれども、お雛様をあまり飾らなくなってしまった戦後の多くの家庭では、桃と桜の差は感じなくなっているかもしれない。この傾向が進むと何十年か後の日本文学研究者は、蕪村のあの句がなぜ昔から有名なのか、実感としてわからなくなっちゃうかもしれない。

谷川　逆にいえば、蕪村のこういう句が残っていくことは、桜と桃の差を感じる感覚を残していくことにもなる。詩にはそういう機能もあるみたいだね。

大岡　そうそう。言葉にしたからこそ、季節の感覚などが、逆に意識されて残っていく。

谷川　われわれだって、たとえば芭蕉の作品についての優れた評釈を読んだりすると、自分たちがいかにその時代の文化的背景に疎いかを痛感して、やんなっちゃうことがある。詩を取り巻く文化的な背景というのは、語り尽せないぐらい重いんだなあという感じがするんだ。別の言いかたをすれば、詩を詩だけで問題にするのは、バカバカしいようなことなんじゃないか。

しかし一方で、ポエジーは叫びやうめきのなかにもすでに内在しているだろうということがあるよね。もし詩がそこに出発しているとすれば、これは人間であるかぎり明らかに万国共通であろうと思う。吉田健一さんなどの考えは、「詩」というものは何語で書かれていようが世界中共通であるということを自明の理としているというか、前提としているでしょう。それはとても羨しいことだけれども、昔の詩はいざ知らず、ソフィスティケイトされ分化してきた現代の詩では、フランス人の感じるポエジーとイギリス人の感じるポエジーと日本人のわれわれが感じるポエジーというものが、一つだとはどうしても思えないところがある。どこか違ってるんじゃないかと思うんだ。君はこの問題をどういうふうに考えてるの?

大岡　個人的な狭い体験のなかで考えてみるほかないと思うんだけれども、そのかぎりで言って、イギリスの詩やアメリカの詩やフランスの詩がどれも万国共通の人間感情を語っていて、それがそのままわれわれにも通じるというふうには、とても思えないね。現実の問題として、外国の詩を読んでいて、ある部分の言葉の流れは非常によくわかっても、次の行の意味内容がどうしても実感をともなってこないということは、しばしばある。欧米の場合には詩を書くということは、日本と違って非常に厳密な訓練を要するというのが常識だから、発表された詩は意味と音の緊密な構造を持っているはずなんだ。だから、その詩のある部分がよくわかり、別の部分がつかみにくいというのは、結局その詩をわかっていないことなんだ。そういう意味では、だんだんおれはわからないことが多くなってきた。(笑)

マザー・グースの唄

谷川　そういうふうに、他の言語による詩と日本語による詩がそうとうに大きく異なっているとしたら、日本の近代詩の歴史がいったいどんなものを外国の詩から学んできたのかということが、大きな問題になる。外国の詩を日本語に移す段階で、日本語ではとうてい詩として成立しようのないものをそのまま日本語にして、これが詩ですといった傾きがあるでしょう。それが日本語を悪くもし、日本人の詩の意識を混乱させてきたように思えるんだ。

大岡　そうね。それはこうも言えると思うんだよ。日本の近代詩で外国語から翻訳されているものはかなり多いけれども、だいたいがむずかしい詩で、一般の人が愛誦するようなものではないよね。欧米で一般の人が愛誦している詩には、子供のための詩とか、おもしろおかしい詩とかがたくさんあって、そういう種類の詩がペンギン叢書などでアンソロジーになって出ている。欧米の前衛的な詩人たちも、子供のときに家族のだれかからそういう歌を聞かされて育っているわけで、その記憶が実は前衛的な仕事のなかに、とても大きな役割をはたしていることが多いはずだ。ところが日本ではそういう詩はこれまで顧みられなくて、そこの脈絡が切れたまま欧米の詩の最も前衛的な上澄みの部分だけを取り入れてきた。そこに重大な問題があると思う。

谷川　平野敬一さんが、日本の英米文学研究者には、マザー・グースの唄（英米語圏の伝承童謡)を見る視点が決定的に欠落しているという指摘をしているね。詩の輸入のされかたにはそういうふうなことが多くて、それが日本の詩を貧しくさせてきたんだろうと思うんだ。

子供のころにわれわれは意識しないで、わらべ歌とか悪口歌とか、言葉遊びとか、なぞなぞとか早口言葉とか、いろんなことをしてきたよね。そういうものが自分の書く詩とどこかでつながっているという意識は、最近までおれにはなかったけれども、いまごろになって、それが実は深くつながっているんだと気づきはじめた。そういうものの富をもっと自分のなかに取り入れなきゃいけないし、それによってこそ詩が本来持っているエネルギーをほんとに獲得できるんじゃないかという気がしているんだ。

大岡 極り文句を嫌うとか、ほかの人が使った言葉をそのまま使うことは許されないとか、現代詩独特の現象があるでしょう。それは個性の重視と深くかかわっているのだけれども、そのために、だれでも使っているような言葉が頭に浮ぶと、これは詩の世界のものではなく俗な世界のものだと思って、無理にその言葉を押しつぶしてきたということがずいぶんある。僕をふくめてね。もちろん、だからといって諺のような極り文句を使えば詩になるわけではなくて、あくまで言葉の選択の問題があるわけだけれども、現代詩は選択以前にそういうものを圧殺してきた。その結果として詩が痩せたということは、たしかにあった。

それは一種の個性絶対主義であり、同時に天才主義だったんだ。ヨーロッパの場合だと十八世紀の終りごろから、ロマン主義などが出現する土壌に天才主義の思想がはっきり出てきてるし、また伝統的に詩人ての は人間を越えた宇宙的存在からのメッセージを媒介するものだという考え方がある。そこから、詩人は普通とは違った能力を持った人間、すなわち天才であるという結論が出てきて、日常生活の極り文句を平然と使うようなやつは、それだけで天才の資格がないということになる。そういう考え方が、明治以後の日本の文学に強く入ってきていると思うね。だから、極り文句を使わなければものを考えられないような人間までが、極り文句的なものを圧殺しようとして、そこに非常に無理が生じたんだ。

谷川　ところが普通の人間というのは、その点ではとても頑固であって、現代詩がいくらそんなことをして頑張っても、自分たちの血肉化した日本の詩の伝統から切り離された詩は、受けとろうとしなかったでしょう。現代詩人のほうではそれを逆手にとって、少数の人間にしかわからないからこそ値打があるんだというみたいに思ってたわけだけれどもね。

日本の近代詩で一般に人気がある詩人というと、島崎藤村とか北原白秋などで、この人たちの詩は、いわば俗なものとの接点を持っている。白秋などはまさに何々節という民謡を土台に書いている人なわけだ。ところがそういうものの対極にいると見えたエリオットなどの詩に、実は英国の俗なものの要素がかなり入りこんでいて、それが詩の厚みをつくっているようなところがあるんだな。

現代詩は本能的にか意識的にか、七五調的なものを避けてきているよね。戦争責任ともからんで、七五調は奴隷の韻律であるという議論もあったけれども、七五的なものを毛嫌いしたことで失ったものも大きいと思うんだ。つまり、さっきの話の、詩を待つ待ちかたを考えてみると、視覚的な待ちかたと聴覚的な待ちかたが、詩の必然としてあるのじゃないか。イメージが言葉以前のものとして頭に浮んでくる状態で言葉を待つ場合と、音楽的なリズムが言葉以前に自分のなかにある状態で言葉を待つ場合の、二つがあると思う。ところがわれわれの現代詩は七五調を避けようとしたために、聴覚的な待ちかたがずいぶん貧しくなってしまった。自分で自分を縛ってしまったような気がするな。

七五調的なものにやっぱり深く縛られている

大岡　七五調というのは一つの型であって、型というものは言葉の型にかぎらず、たとえば芝居の名優の型にしても、その型以外のものを吸いよせる力を持っているものでね。型にまでなったものは、強い伝染力を持っている。だからこそ戦争中には、ある詩人が七五調で戦争讃美の詩をつくると、たちまちその詩が日本中で歌われちまうということがあり得た。そういう危険性を含めて考えて、型の伝染力というのはやっぱり重要な問題だね。

僕自身は、自分の詩を分析してみると、現代詩人のなかでは七五調の要素が多いほうの一人だと思う。もともと詩を書きはじめたときに七五と五七の文語定型詩で出発したこととか、自分の生活環境にあった短歌の世界から影響を受けたということもあるだろうけれども、むしろ僕が七五調を使うときにはもうすこし意識的なんだ。無意識に七五調になることは強く排除してきた一方で、こというときにはかなり意識的に七五調を使っている。というのは、僕は早くから、現代詩が七五調を拒絶したことに、自分なりに疑問を感じていたからね。

「荒地」グループの詩人たちが現われたころ、彼らが詩の言葉を散文の世界の書き方で書いていることの新しさにショックを受けたけれども、逆にいうとああいう詩は、どうしてもある面が欠けているように思えて、自分にはそういう詩の書き方はできないなと感じた。僕は最初のころに書いた詩論で、詩は肉声でなければならないと書いたんだけど、それはつまり、言葉が聴覚的に感動を伝える力というものを、なにより大事にしなければならないということ。ただ僕の詩の書き方は、そういうことを意識すればするほど、もう一方の視覚の要素を強化しようとする。複合形態の詩というのを、いつでも考えてるようなところがあるんだけどね。

谷川　単純に七五調に戻るということ、それは絶対に不可能なんだ。自作朗読をやりはじめて、そこらへんの問題が非常によくわかった。

たとえば英米の詩人たちの自作朗読を聞くと、日本人のわれわれの耳にはとても単調に聞こえるんだよ。英語詩の定型的な韻の踏みかたからくる単調さかというと、それだけじゃない。定型に従わない現代詩の朗読を聞いても単調に聞こえるんだから、僕はこれは英語に基本的に内在している何かだろうと思う。そして、単調に聞こえること、それこそ様式だろうという気がするんだ。
　翻って日本語の現代詩の朗読はというと、自分の詩もふくめて、一つの詩が無数の読みかたで読めちゃう。極端にいえば同じ詩を、あるときはささやいて読み、あるときは怒鳴って読むという幅が可能なんだ。それが日本の自作詩朗読を豊かで魅力的なものにしている面はあるけれども、一つの詩が多様に朗読できるということは、詩を詩じゃないものにしているんだとも言える。それじゃ芝居の科白と変らないじゃないか、心理しかそこにないじゃないか、という感じが強い。そういうふうにいろいろな朗読のしかたができるということは、日本の現代詩が様式を喪失していることの端的な証拠なんだよ。

大岡　非常に説得力のある意見だな。

谷川　ところがですよ、一度だけだけれども、中原中也の詩の朗読を注文されたことがあって、それが実に僕には苦痛だったという経験がある。中也の詩てのはほとんど七五調的でしょう。それを声にするとすれば、七五に乗って朗詠に近い形で、感情移入して読むのが、いちばん自然な読み方なんだよね。しかし僕のなかには、それに絶対的に抵抗する何かがあるわけ。結局、七五調を殺すボソボソした読みかたをして、そのなかにほんのすこし七五を感じさせるような、とても中途半端な朗読になってしまった。

この経験と自作朗読の経験を重ね合わせてみると、いま日本の詩が置かれているむずかしい場所が、実感としてわかるんだ。つまり、七五調に帰ることはどうしてもできない。しかし、まったく別のリズムで書くこともできない。だから結局、個人が本能的につかんでいるリズムに頼らざるを得ないし、そのリズムは切り離された孤独なリズムであって、どうしても様式にはなり得ない。これは日本の現代詩がオーラルじゃないということにも関係があるね。従来の「詩の声」をこわすことが、新しい「詩の声」の創造にむすびつかない、破壊しただけのことになっちゃう。いまが長い過渡期なのか、それともこれは日本語の宿命なのか、それはよく分らないけれども。

このごろマザー・グースの唄をときどき翻訳しているんだけど、あのなかのナンセンス詩みたいなものを日本語としておもしろいものにしようとすると、どうしてもリズムを意識しなきゃならないし、そのためには僕の感覚としては七五調的なものを導入せざるを得ない。僕が翻訳詩を読むときも同じことなんだよ。感動できるのは、日本語としてあるリズムを持ったものに限られている。そのリズムは必ずしも七五調でないとしても、七五の周辺を揺曳していて、七五に収斂されてくるような、ある幅のなかに収まった日本語ということ。エリオットの詩劇の一部を翻訳したときにも、日本語の詩劇にするためには結局、七五調とそのヴァリエーションに近づけて訳すほかなかった。これはもう、いいわるいではなく、とにかく七五的なものに岩石のごとく縛られているという感じで、ほんとまいっちゃったわけだけれども。

大岡　同感だね。ほんとに困るんだ。型が強い生命力を持っている時代じゃないだけにむずかしい。

文楽の山城少掾《やましろのしょうじょう》が昭和五年に語った「合邦」のレコードがある。鈴木忠志君が聞きなさいといって持ってきてくれたんだけどね。語りと三味線の掛け合いがとくに口説の場なんかで、急調子で高揚していって、二人の芸人が芸と芸をぶつけ合いながら狂気につかまれたようになっていく過程がたしかに感じられて感心した。その過程が同時に芸の合理的な組立てかたに支えられているから、狂気というものがメチャクチャなものになりそうなところで、狂気として客体的に表現されている。型としての狂気といったものが溢れてくる。

型というものは、だから、合理性に支えられた自由な揺れを可能にするものだろうと思うんだ。揺れの振幅がどんなに激しくても、型からはみ出ない自信があるから、その揺れを極限まで引伸ばすことができるのだろうな。詩の世界でいえば、新古今和歌集の詩人たちがそれをやっていると思う。たとえば源氏物語では何十行かを費して語られるような一つの場面を、一篇の詩(短歌)に凝縮して示してしまう。だから一篇の詩が内容的にはいくつものものを含みながら、なおかつ一篇の詩として見事に成り立つ型を持ったものになる。その詩を分析していけば、そこには実にたくさんの、矛盾した情念さえあるという世界がある。

短歌の世界では新古今集以後は、その意味での気違いじみたものは薄れ、そういうものはむしろ芭蕉の俳諧のほうに移っている。しかし明治以後は俳句の世界でも短歌の世界でも、ちょうど現代詩が単独の道を歩みだしたと同じようなことがあると思う。俳句や短歌の世界には型だけはとにかく残っているけれども、その型のなかでどれだけ激しい揺れを示すかということになると、むしろ型があるだけにかえってやりにくくなっていることもあって、現代の詩というやつはほんとにむつかしいところにいるな。

谷川　芭蕉なんかは安東次男さんの評釈でもない限り理解できないくらいのおれが、それでも七五調的なものにやっぱり深く縛られているところに、言語というものの本質がのぞいているような気がする。そういうふうに、どうあがいても否定できないものがわれわれのなかにあって、それが現実という名に価するものだと、やっとこのごろわかってきたんだ。われわれはこれまで、自分の内部のそういう現実と拮抗するという緊張感なしで、観念とか思想とかに頼って詩を書いてきた面があるよね。しかしどうも詩というものは、あるいは芸術というものは、自分の内部の現実をなんらかの形で掘り起していくよりほかに生きかたがない。このごろ強くそれを感じているんだ。

「コップへの不可能な接近」(谷川)
「壜とコップのある」(大岡)

大岡　君にも僕にもコップについて書いた詩があるが、二人の書きかたがまるで違っているよね。君のはコップを非常に正確に記述するという方法。

谷川　まさに正確に記述しようとして書いたのでは、「道順」というのがあるんだ。僕の家にはじめて来る人に電話で道順を説明することがよくあるけど、どんなに一生懸命説明しても、やっぱり道に迷う人がしばしばある。僕は日本語を使う物書きなのに、自分の家への道順ひとつ正確に語れないとは何ごとかと、それを恥に思ったわけ。そういう発想から、最寄りの駅から自分の家までの道順を、森鷗外のような正確な散文で書いてみよう。もしかするとそれは詩になるのではないかと思ったんだ。ところが実際やってみると、どうしても普通の意味での道順の正確な説明にはならない。「道順」にしたがって途中まで来られても、あとは断乎として迷っちゃうの、これは。(笑)

コップについての散文詩の場合は、「道順」ほど明確に散文的なものじゃないから、いくぶん違うように見えるけれども、目に見えないだけで結局同じことをやっていると思う。コップを正確に記述しようというのが出発点だけれども、最終的には、通常われわれがコップと呼び慣れているものを、コップじゃないものにしたいという欲求があるんだな。コップを正確に記述していく過程で、コップがコップ以外のものに変容してほしいという気持。

大岡 それは僕も同感だね。ただ、君のほうがずっと正確な記述を装っている。

谷川 僕は「もの」にかかわっていて、大岡は「こと」にかかわっている、という違いが詩のスタイルにも出てるんだよ。日常生活の上でも、僕はほんとうに現実の物そのものが好きだし、物の存在を疑うことがない。コップをコップでないものと認識することはあっても、それがそこにあること、それがコップとして出発していることは、片時もおれは疑っていないんだな。武満徹なんかは、そこはまったく違っていて、たとえば

「一脚の椅子がある」というとき、椅子のイメージとしては絵のなかの椅子しか出てこないというんだ。ゴッホの絵のなかの椅子なんかが頭に浮ぶらしい。僕が現実の椅子を思い浮べるのに対して、武満ははるかにイマジナリーな世界に生きている人間なんだと思った。

僕の場合は、確実に存在する物の世界に生きていて、そこを拠点とし、そこから出発する。物を愛し、物の存在を信じるところから、おれの詩は出発していくんだね。だから大岡の場合と違って、自分の内面にはあんまり入っていかない。

大岡　僕のなかにも、物を正確に記述したい、物を定義したいという欲求があるんだけれども、実際に書きだすと、たちまち内面の世界へ曲ってしまうんだな。僕の書いた壜とコップについての詩でも、第一行目は「今夜は壜によりそって歩こう。」と、壜に近づいて壜を正確に語る決意をしてはいるんだが、すうっと変ってしまう。君の詩にはいつも、語っている言葉と語られている物とのあいだの正確な照応関係があるのに対して、おれの詩のなかの言葉はしばしば、わざわざ曖昧な世界に行こうとしている。コップについての詩にも、その違いがはっきり出ているね。（谷川俊太郎「コップへの不可能な接近」大岡信「壜とコップのある」を参照）

谷川　僕は夢を見たり幻想したりする必要がないくらい、日常のものを見てるだけで十分に不思議で満足なんだな。コップが不可知なものに見え、だからそれが美しく見え、正確にとらえたいと思う。自分の見る夢なんかにはほとんど興味はなくて、日常の世界の、たとえば朝起きて顔を洗うことに興味があり、それでびっくりしちゃってるようなところがあるわけだよ。

コップへの不可能な接近——谷川俊太郎

それは底面はもつけれど頂面をもたない一個の円筒状をしていることが多い。それは直立している凹みである。重力の中心へと閉じている限定された空間である。それは或る一定量の液体を拡散させることなく地球の引力圏内に保持し得る。その内部に空気のみが充満している時、我々はそれを空と呼ぶのだが、その場合でもその輪廓は光によって明瞭に示され、その質量の実存は計器によるまでもなく、冷静な一瞥によって確認し得る。

指ではじく時それは振動しひとつの音源を成す。時に合図として用いられ、稀に音楽の一単位としても用いられるけれど、その響きは用を超えた一種かたくなな自己充足感を有していて、耳を脅かす。それは食卓の上に置かれる。また、人の手につかまれる。しばしば人の手からすべり落ちる。事実それはたやすく故意に破壊することができ、破片と化することによって、凶器となる可能性をかくしている。

だが砕かれたあともそれは存在することをやめない。この瞬間地球上のそれらのすべてが粉微塵に破壊しつくされたとしても、我々はそれから逃れ去ることはできない。それぞれの文化圏においてさまざまに異なる表記法によって名を与えられているけれど、それはすでに我々にとって共通なひとつの固定観念として存在し、それを実際に(硝子で、木で、鉄で、土で)製作することが極刑を伴う罰則によって禁じられたとしても、それが存在するという悪夢から我々は自由ではないにちがいない。

それは主として渇きをいやすために使用される一個の道具であり、極限の状況下にあっては互いに合わされくぼめられたふたつの掌以上の機能をもつものではないにもかかわらず、現在の多様化された人間生活の文脈の中で、時に朝の陽差のもとで、時に人工的な照明のもとで、それは疑いもなくひとつの美として沈黙している。

我々の知性、我々の経験、我々の技術がそれをこの地上に生み出し、我々はそれを名づけ、きわめて当然のようにひとつながりの音声で指示するけれど、それが本当は何なのか誰も正確な知識を持っているとは限らないのである。

大岡　ひょっとすると、現実との関係がほんとうは紙一重で切断されているから、そういうことに興味が持てる。医者だったらそう言うかもしれないよ。（笑）

谷川　おそろしいことを言うなあ。（笑）外国の知らない土地へ行くときのことで言うと、武満徹の場合は映画館に入って、映画を見ているんだ。映画なんて東京で見られるのにと思うけど、彼にはおそらく外界より映画のほうがリアリティーがあるんだね。僕は反対に、まずレンタカーで走りまわって、現実というもののなかに入っていきたいほうだ。ただ、一人っ子的なんだろうけど、そこの人間と付き合いたいということがないね。だから、バーに入るとかストリップを見るとかいうことはなくて、とにかく自然のなかを走って、せいぜい博物館を見るくらい。

大岡　現実のものに触れていることが非常に好きで、それが満足であるということは、ほんとうは無意識に排除しているものがあるのじゃないかと思うね。君のなかに、いわば数式のイコール記号にあたるようなものがあるんだよ。それが余計なものを排除して、現実との関係につねに正確な均衡を与えている。そのイコール記号をつくれるような状態に、いつでも自分を持っていく作業が、無意識的にきちんとできているんじゃないかという気がするよ。

谷川　現実てものは、あるときには4であり、あるときには5であるというふうに変動するものでしょう。一方、自分は、あるときには3であり、あるときには2であるかもしれない。しかし、その両者をかけ合わせたものが、つねに或る定数になるように生きていいたい。そういうことはちょっとあるね。それは、僕がいつでも自分をニュートラルな状態に保っていたいというのと、関係があるのかもしれないけれども、結局日常的な生活者の感覚なんだ。

大岡　それをやろうとしている人はたくさんいるかもしれないけれども、君のように見

壜とコップのある――**大岡信**

今夜は壜によりそって歩こう。

煙が幾重にも旋回しながら空気の塔をつくっている壜の頸のあたり、光が壜をひっかいている。

壜の内部に直進するのは、光には困難だ。ガラス粒子は重なりあった岩石のように、光の奔流をせきとめ、内部の夜空へ迷わせる。光は空気の重さになじむ。壜の内がわで空気が光にブレンドされる。

人間よ、眼でさわってごらん。
光で醱酵した空気に。
それからきみと
〈見る〉ことについて語ろう。

＊＊＊

街路のひびきをうかがうように静まりかえったコップのなかの、三分がた凍った水が、かすかに蒸気をあげている。それを眼の湿布が吸いとる。水は徐々にぬくもり、コップが私にくれる目差しは、平凡な静物のウインクにすぎなくなる。

とどまれよ、秋波！
こい、寒波！

＊＊＊

ひびきはひびきあう。
音は沙汰する。
とまれ、
とどまれよ、壜！
おまえはそのままで
充分うつくしい！

しかし私ひとりだと
壜はときどき男っぽく笑う。
情婦のコップは
ひびきをまねようとして腰をゆする。
壜はのどがつまって液を噴きあげ、

コップは銀色に尻が割れる。
今夜は光をあつめて
コップに乳房をつくってやろう。

＊＊＊

クサヒバリの鐘が
壜のなかを漂う。
こうして壜の内がわから見あげると
陽差しは
炎える滝だ。

しかし　外がわから見る人には
ここは暗く湿った盆地にすぎない。

壜の空を渡る
しなやかな秤のような
女の胴。
それはコップの形を破顔一笑して
内燃宇宙に勃起させた
輪切りの空気のクッションだ。

人間よ、その胴に指でさわってごらん。
みるみる融けてゆく指の山火事のあかりに
対座して語る
壜とコップが映える。

それからきみと
〈見る〉ことについて語ろう。

事にそういう関係が成り立つというのは、逆に独特な構造じゃないかと思うけどね。

谷川　普通の人はみんな、おれみたいに平静《カーム》に生きるのがいちばんいいのじゃないか。そう思ってるから、おれは酔払いがあまり理解できないんだな、きっと。

大岡の詩からおれが思い浮べる言葉の一つは、「眩暈《めまい》」なんだ。眩暈状態で非常に深いところへ入っていこうとしているように見える。あるいは、眩暈状態が好きなんだね。ところが僕には眩暈的な遊び方てのがないし、眩暈は僕にとっていやなもの、排除したいものでしかないわけ。

大岡　現実の眩暈はかなわないけど、想像の世界での眩暈は、僕は好きだね。自分がどこにいるのかわからなくなって、羅針盤が吹っ飛んじゃったという状態になったときの解放感。いったんそういうものを感じると、なんとかしてそれを再現したくなる。イメージとイメージがぶつかり合う関係の方程式のつくり方によっては、それが再現できるのじゃないか。再現できればそれを通じて、自然な状態で眩暈が蘇えるかもしれない。そういうことを考えてはいるんだな。このあいだの「本・オブジェ展」に出した作品でも、君のは整然と区分けされているし、おれのは実に雑然としていて、その違いがおもしろかった。

谷川　作った瞬間に、なんでおれは区分けを作ったんだろうと思ったね。（笑）どうしても区分けしちゃうんだね。これは逃れられない。

大岡　おれは、区分けしようと思っても、こわれちゃう。区分けがこわれることを望んでいるところが、実はあるわけだ。

谷川　おれは区分けをこわしたい、こわしたいと思ってこわせない。しかし、区分けの中に入れた物では、あれでもずいぶん自分を韜晦したつもりなんだよ。

大岡　それは信じられない。（笑）あの作品は谷川俊太郎そのものだよ。

谷川　一つの区分に、値段札をつけるのに使う白いプラスチックのひもを詰めたけど、あれはおれの生理からいって気持が悪いんだ。あれなんかは、いやだと思いながら、こういう物を入れりゃ少しは自分がこわれるんじゃないかと思って入れたんだよ。もしおれがほんとに素直に自分を出したら、おそらくもっと整然としたものになっているね。ひょっとするとおれは、無意識界を抑圧する必要のない人間なのじゃないかと思うことがある。もしまったく抑圧しないですんでいるのだとすると、自分ながらちょっと気味が悪い。

大岡　方程式でいうと、隠れているX項があるのじゃないか。

谷川　それを掘り出したい気持がすごくあるわけだけどね。

大岡　谷川が東京の山手住宅地に育って、一人であそぶ遊びとか一人でつくる物とかに惹かれる世界にいたこと、それが、複雑にどろどろしてしまうような人間関係を本能的に避けさせ、同時に、そこに巻きこまれない限りにおいて外界のものに強烈な興味を感じるという性向を強めたんじゃないかという気がするね。僕らみたいに地方都市で育って、泥田のなかをワイワイ遊びまわったり、畑の果物を面白半分で盗んで鎌で追っかけられたりしていた人間とは、そのへんが違うのじゃないか。僕はそのなかではいわゆる〝坊っちゃん〟で、ちょっと外側にいたほうだけれども、でも、ドロンコ遊びや子供の世界の権力闘争は日常のことだった。そういう幼少時体験にあった原型的な人間関係が、詩を書くときに蘇ってくることもある。谷川の場合はたぶんそれが稀薄だろうという気がする。だから、「もの」とイコールの関係の付き合い方ができるのじゃないか。

谷川　僕も普通に遊んでるけどね。ただ、兄弟がなかったということは、ある程度影響しているだろうね。

大岡　いま日本人の現代詩人で、言葉によって物を定義し、――言葉が物と重なるわけはないんだけれども――少なくとも定義そのものの美しい秩序を表現できる人は、谷川俊太郎をおいてないと思うんだ。なぜこんなにきちんと物が見えるように書けるのか、以前から非常に興味がある。おれが書こうとすると、必ず雲か霧のようなものが入ってきて、それがいつのまにか女や男の形になったりして邪魔をしはじめ、興味がそっちに移っちゃって、そのあとを追っていくと変な迷路に辿りついている、ということが多いんだ。

谷川　物と直接に関係しないわけね。人間がいるわけだ。

大岡　うん。つまり、物が発散する一種の妖気のほうに惹かれる。はじめは物を見ているように書きだしても、決して物自体には到達しない。むしろその物からは逃げちゃうのかもしれない。逃げながら別の物を追っているのかもしれないんだけれども、とにかく別のほうへ行ってしまうんだな。

僕にとっては詩てのは、どうもそういう快感にも役立っているという気がするね。つまり、頭のなかで茫然と空想していたっていいのだけれども、その場合ある一つのことをじっと見つめていることは実にむずかしい。それができれば仏教的な意味での「観想」になるわけで、普通は、空想というのはとりとめもなく観念が移っていくよね。しかし、言葉の世界で空想をすると、まるで違う確実性を持った〝さまよい〟が出てくる。

それは詩の重要な要素の一つだろうと思う。

谷川　君の場合、物とは対応していなくても、言語というものを一つの実在として信じている、あるいは感じているということがあるよね。大岡の詩を読んでて、そういうところが、僕にはまったくないものだと思う。それは君がシュルレアリスムに浸った結果なのかとも思うけれど、もっと本質的なものもあるのじゃないかな。

一つの「有」もなく一つの「非有」もなかった

大岡　詩というものの基本的なイメージを考えると、いつでもスッと出てくる詩があるんだ。古い岩波文庫で、アーレニウス著、寺田寅彦訳の『史的に見たる科学的宇宙観の変遷』という本に載っている、リグ・ヴェーダ百二十九番というのがそれで、詩が書けないような状態のときなどにこれを見ると、とても気がおさまるんだよ。古代インドのいわば宇宙論で、こういう詩なんだ。

一つの「有」もなく一つの「非有」もなかつた、

空気で充たされた空間も、それを蔽ふ天もなかつた。
何物が動いて居たか、そして何処に。動いて居たのは誰れであつたか。
底なしの奈落を充たして居たのは水であつたか。

死もなく、又永遠の生といふものもなかつた。
昼と夜との分ちも未だなかつた。
或る一つの名のない「物」が深い溜息をして居た。
其外には此の宇宙の渾沌の中に何物もなかつた、
其処には暗闇があつた、そして暗闇に包まれて、
形なき水が、広い世界があつた、
真空の中に介在する虚無の世界があつた。

それでも其中の奥底には生命の微光の耀よひはあつた。
動いて居た最初のものは欲求であつた、
それが生命の霊の最初の象徴であつた、

霊魂の奥底を捜り求めた賢人等、
彼等は「非有」と「有」との相関して居る事を知つた。

とは云へ、時の始めの物語を知る人があらうか。
此の世界が如何にして創造されたかを誰が知つて居よう。
其当時には一人の神もなかつたのに。
何人も見なかつた事を果して誰が語り伝へようか。

原始の夜の時代に於ける世界の始まりは如何なるものであつたか。
抑も此れは創造されたものか、創造されたのではなかつたのか。
誰れか知つて居るものがあるか、ありとすれば、それは万有を見守る「彼」であるか、
天の高きに坐す——否恐らく「彼」ですら知らないであらう。

シュルレアリスムに関心を持ちはじめた頃よりすこし前に買った本なんだけど、これこれを読んだときには、わけのわからない感動に身を包まれちゃってさ、これこそ求めてい

る世界であると思ったな。おれの詩の基本には、ここで語られているイメージへの憧れがあるんだ。それはまた、もうすこしあとで道元の時間論のようなものを読んだときの感動とも直結している。シュルレアリスムの方法論というのは、僕自身のなかにあるそういうものに、ある形を与えてくれるものだったという感じがある。

「彼女の薫る肉体」なんて作品は、明らかにこういうものから来たイメージが、自分のなかに生きているから書けた。「有」を言っただけじゃおさまらなくて、「非有」をなんとか言いたくなる。それを現代詩の形で書くとすると、僕の場合考えられる方法としては、非常に短い詩に書くか、それともかなり長い詩で、いろんな要素が出てきて、それがすべて最後には無の世界に消えてしまうように書くか、ということになる。「有」を出しておいて、最後にそれを一挙に消してしまうことに惹かれるんだ。それは、死に対する深いところでの不安と関心みたいなものかな。死の世界を、生の世界であらかじめ再現して体験しようとして、懸命になっているようなところがあるかもしれない。

谷川　最近、天地創造の戯作のようなものを書いたんだけど、それはまさに、いま聞いたリグ・ヴェーダにあるようなものを造形したかったんだ。ただ、あなたがそこで「死」というのに対して、僕は正反対に、自分の発生とか人類の発生の謎みたいなこと、あるいは人間の意識がどこで生まれてきたかといったことに、つねに関心があるわけね。それは朔太郎の「のすたるぢや」と、どこかで結びついていると思うんだ。またたとえば、人間がこの地球上や宇宙空間を探検することの奥にひそんでいる、人類の自分自身に対する好奇心であると思うんだ。思春期の少年が持つ、自分はなぜここに存在しているのか、自分はどこから来てどこへ行くのかという疑問と、ほとんど同じものなんだけれどもね。そういうとき僕には、死という観念は出てこなくて、むしろ誕生という観念のほうに行っちゃう。

言葉がいつ生まれてきたのか。詩がいつ生まれてきたのか。人間の意識がいつ生まれてきたのか。人間という動物がいつ生まれてきたのか。——それらは全部重なり合っている。そういうものを言葉で書いてみたいと思うんだ。ところが言葉は、絶対にそういうものを書けないような構造にされているという感じね。そのリグ・ヴェーダも、そういうものをほのかに垣間見させるけれども、その方向を向いているだけであって、そのものはつかめてないでしょう。人間には絶対につかめないということがわかってはいるんだけれども、そういう発生の「時」に自分がフッと引き戻されたり、あるいはそこに自分が立っていると感ずる瞬間があるんだ。そういうものを、とても不完全な言葉というもので、どうにかしてつかんでみたいという気持があるんだな。

大岡　「詩の誕生」というテーマに対して、おれは「詩の消滅」をどうしても考えたくなるということと、さっきからの話はつながってくるんだな。詩の言葉が死んでいくということに、おれの場合、うれしいような感じがあるわけだ。死んではいくけれども、最終的にはどこかに漂っているというような状態を、いつでも夢見てるみたいなところがあるね。イマジナリーな世界で生きるためには、現実のものはどんどん死んでいったほうがいいんだということが、観念として、それも強く固定した観念としてあるんだな。前に話題にした『印度童話集』の話——旅人の体の各部がつぎつぎ鬼に食われて、つぎつぎ死人の体の各部と付け替えられちゃって、さて私はどこにいるのでしょうという、あの話への関心もやっぱりつながっている。

つまり、消滅していくものへの関心は、僕にはずっとあったんだ。ただ、生きているものは必ず消滅するということが、子供のときには恐怖だったけど、いまはそれをおもしろいと思う。それはたぶん、その不安から逃れようとして、頭のなかでおもしろいというふうに思いたくて、少しずつそう思えるようになってきたということかな。その手段として、詩が重要な要素だったということがあるのかもしれない。

ところが近年、辻直四郎先生の訳で、やはり岩波文庫から『リグ・ヴェーダ讃歌』というのが出た。そのなかに、わが鍾愛の詩が「宇宙開闢の歌」という題で出ている。解説によると、この詩はリグ・ヴェーダの哲学思想の最高峰を示すもので、神話の要素を除外し、人格化された創造神の臭みを脱し、宇宙の本源を絶対的唯一物に帰している、というものだ。アーレニウスの本で独語訳されているものの寺田寅彦による重訳に比べたら、はるかに原典に近いことは言うまでもない。しかし、残念ながらこっちのテキストには感動しないんだな。

「宇宙開闢の歌」

一　そのとき（太初において）無もなかりき、有《う》もなかりき。空界もなかりき、その上の天もなかりき。何ものか発動せし、いずこに、誰の庇護の下《もと》に。深くして測るべからざる水は存在せりや。

二　そのとき、死もなかりき、不死もなかりき。夜と昼との標識（日月・星辰）もなかりき。かの唯一物（中性の根本原理）は、自力により風なく呼吸せり（生存の徴候）。これよりほかに何ものも存在せざりき。

三　太初において、暗黒は暗黒に蔽われたりき。この一切は標識なき水波なりき。空虚に蔽われ発現しつつあるもの、かの唯一物は、熱の力により出生せり（生命の開始）。

四　最初に意欲はかの唯一物に現ぜり。こは意（思考力）の第一の種子なりき。詩人ら（霊感ある聖仙たち）は熟慮して心に求め、有の親縁（起原）を無に発見せり。

五　彼ら（詩人たち）の縄尺は横に張られたり。下方はありしや。上方はありしや。射精者（能動的男性力）ありき、能力（受動的女性力）ありき。自存力（本能、女性力）は下に、許容力（男性力）は上に。

六　誰か正しく知る者ぞ、誰かここに宣言しうる者ぞ。この創造（現象界の出現）はいずこより生じ、いずこより〔来たれる〕。神々はこの〔世界の〕創造より後《のち》なり。しからば誰か〔創造の〕いずこより起りしかを知る者ぞ。

七　この創造はいずこより起こりしや。そは〔誰によりて〕実行せられたりや、あるいはまたしからざりしや、――最高天にありてこの〔世界を〕監視する者のみ実にこれを知る。あるいは彼もまた知らず。

内容の本質的なところはだいたい同じなんだけれども、詩的な感動が喚起されない。寺田寅彦はこの詩を、おそらく感動をもって訳し、その際に原典から見るとかなり距離ができちゃったような形で再構成している部分があるのじゃないかな。原典に忠実な辻先生の訳のほうは、あくまで哲学的な一連の言葉として訳しているから、詩ではなくなってしまっているね。これを最初に読んでいたら、たぶんおれは感動しなかったのじゃないかと思う。

そう考えると、人間が若いころに詩的な衝撃を受けるきっかけというのは、どこにあるのかわからない。誤訳であろうが何であろうが、一種の火を頭のなかに点じられると、その火は長いあいだ消えずにともっているんだね。詩的なものの体験として、僕の場合にはこの詩が非常に重要なんだけど、一般的にいって、詩集を読んで詩に目覚めるという例はわりあい少ないのじゃないかね。

谷川　おれの場合は、君のそのリグ・ヴェーダにあたるようなものはないみたいね。詩を書きはじめたころによく読んだのは、岩佐東一郎とか城左門といった人たちの詩だった。それをおれは、非常におれらしい出発のように思うんだ。あの人たちの詩というのは、恐ろしい奥行なんかはなく、変に観念的ではなく、日常的なものに触れている詩ですよ。そういう意味で、健康な入門の仕方だという気がするんだ。

大岡　おれが詩を書きはじめてちょっとした時期に読みふけったのは、菱山修三の詩。これは苦しい詩、感情の流露をおさえた詩ですよね。頭脳の最もとぎすまされた状態にある知性の姿を、なんとかして表現しようとしている詩なんだ。そういう詩を一生懸命読む一方で、寺田寅彦訳のリグ・ヴェーダに感動しているのだから、ずいぶん無理があって、大学に入ったころは頭のなかで混乱が起きていた。自分が感じているものと、それの表現には不適当なものとを、なんとかして結びつけようと苦しんでいた。

僕があのリグ・ヴェーダに感動したということには旧制高校の寮での議論も関係があるかもしれない。哲学青年や社会青年のなかでもまれて、自分の感情の世界に潜んでいるものを、なんとか論理化して相手に伝えようとして、自分の論理の構成のために、哲学書なんかを読んだわけ。そういう習性も加わって宇宙開闢説とか生と死の認識論的なものを懸命に読んで、そのうちにこのリグ・ヴェーダにぶつかった。

妖精のように跳びまわっていたいのだよ

谷川　君の場合には、認識論が先行してるみたいだね。ぼくのほうは、いかに生きるべきかが圧倒的に大きくて、認識論に関しては、初歩天文学的なものでいちおう割り切っていた。自分は東京に住んでいて、東京は日本という国の一つの都会で、日本がアジア州にあって、アジア州が地球の上にあって、地球が太陽の周りをまわっていて、太陽系がある一つの大きな星雲の一部分で、というふうなことね。

そこから無限というものへの観念ははっきりあるわけだけれども、その無限を自分の内部の混沌と対応させて、そこへのめり込んでいくということはなかった。その先には無限があるんだということで、いちおう納得して引き返してきて、その上でつねに、自分はいかに生くべきかということばかり気にしていた。それも最初のうちは非常にエゴセントリックで、他人との関係なんてことはほとんど考えずに、そういう宇宙の片隅にたまたま生まれた人間が、どういうふうにしたら生きていけるのか、みたいなこと。

思春期のころ、ある程度人間として自立できたと自分で思ったんだ。そのときの感じは、自分は生きていけるという一語に集約できるようなものだった。それが主観的な幻想であったにせよ、とにかくその段階で、一つの秩序を自分なりにつかんだと思い、自分なりに納得して、それじゃ自分はこういうふうに生きていこうという一つの方向ができた。それ以後のおれの関心はつねに、認識論よりもむしろ一種のモラルのほうにある。

大岡　非常にはっきりとそれがあると思うよ。おれなんかがゴチャゴチャ考えて、くだらない無用のことを考えてるなと自分で気がついたときに、谷川俊太郎はと見ると、自分がこうしたいと言ったとおりにやっていたから、実に立派だと思ったね。

谷川　それができたのは幸運だったけれども、いまになると、自分でそんなふうに整理して生きてきたことで取り落してきたもののほうが気になっている。それが気になるってことは、自分が成長したことの証拠だろうとは思うんだが、若い時代に落っことしてきたものは、なかなかあとで回復できないね。

大岡　この年齢になってみると、やっぱりテクニックみたいなものができあがってきていて、昔のものを取り出すのにもそのテクニックを使ってしまう。だから同じ経路でもう一回やってみても、取り落したものまでは拾えないということがあるな。

僕にとって、とてもああいうふうにはいかないと思う二人の友人がいて、それは谷川俊太郎と武満徹なんだ。二人とも旧制高校とか大学とかの経験がない。それが僕に、自分は大学なんかに行ったために失ったものが大きいと長いあいだ考えさせる大きな要素だったね。物事をするときに、〝あえてする〟という形でやれる人のサンプルが、僕にとっては君たち二人なんだよ。君としては自然にやっていることかもしれないけれども、ああ谷川は無理を承知であえてやってるなと思わせるところがずいぶんあった。おれたちのようになまじ大学へ行くと、行動しなくても頭のなかで考えていれば解決がついたとしてしまうような、そういう癖がある程度できてしまう。認識論的な考え方を一生懸命しているうちに、ほんとうはやらなきゃいけないことを、やらずにすませているようなところがあるんだな。だから、それをちゃんとやってる人たちを見ると……

谷川　それは簡単にいうと〝盲蛇に怖じず〟なんだよ。要するに、あなたがたのような展望がなかったということなんだ。だからおれなんかは、あえてやったという気持はなくて、いわば猪突猛進してるわけよ。大学へ行かなかったことの利点かなと思うことがあるとすれば、観念として持ったものは実際の経験として身につけなければ成立しないという考え方が強いことだな。

大岡　そこなんだよ。

谷川　何かを言ったときには、それをまずする。あるいは言う前に自分でしてみてから言う。そういう一種の経験主義の強いところが、自分のインテリくさい面だとはいえるけどね。恥も外聞もなく自作詩朗読をやるのもその一つなんだ。とにかくヤミクモにやっちゃうわけだ。そういうところはちょっと、あえてなんだな。ものすごく照れくさいことだけれども、やってみなきゃ自作朗読についてなんにも言えない、実際、頭で考えているよりも、やることで発見することが多い。詩を書くことでもそうなんだ。これまで書いたのとは違った種類の詩で、なにか書いてみたいものが出てきたら、とにかく書いてみる。書いてみてから考えるということが、たしかにあるな。

このあいだもテレビの番組で、街頭の通行人の前で詩を読むという初めての経験をしたんだよ。初めての経験だから、ちょっとやってみたくてさ。ところが、だれも振り返らないで、知らん顔して通るだけで、まったく拍子抜け。変なやつが何やってやがるんだろうと、不思議そうな顔で見てくれるのじゃないかと、うぬぼれていたけれども、波風ひとつ立たないわけ。しかしそのときに、おれは一面ではそれがうれしいのね。

というのは、おれは事大主義ほど嫌いなものはないんだ。だから自分がある権威を持つようになるってことも、すごく嫌なわけ。とにかく〝先生〟みたいなものになるくらいだったら、道化者になりたいという意識がある。いつでも軽くいたいという気持が、なぜか非常に強いんだ。対人関係も軽くありたいし、詩を書く上でも、詩に関して身軽でいたい。軽薄に見えることは承知の上で、ピョンピョン跳んでいたいのだよ。詩人というもののおれのイメージのなかには、そういう妖精的なものがある。ずっしりと鎮座して預言者になるよりも、人間のあいだを目に止まらないぐらいに、変幻自在に跳びまわっていたいというところがあるね。

大岡　でも、そうやってて、ちっとも軽薄になれないところが、谷川俊太郎の宿命だね。他人がやると軽薄でどうしようもなくなるのに、同じことをやっても君はどうしても軽薄にならない。それは、君がいつでもなにかモラルを感じさせるからなんだよ。谷川俊太郎は、今度はここに真面目なモラルの要請を感じているんだなということが、いつでもあるわけだ。君が朗読するときの聴衆も、たぶんほかの人たちの朗読のときとは違う反応を示しているのじゃないかと思うな。

谷川　朗読のあとで、ときに、詩人というものはもっと吃ったり照れたりするものだと思っていたけれども、あなたは芸人みたいだといって軽蔑されることがあるからね。それを、詩の受取り手のなかにある一種の虚妄の詩人像であると言ってしまうこともできるわけだけれども、朗読の問題としてはたしかに自分のなかに、まだ解決できないであることなんだ。というのは、詩を書くときというのは、そんなに身軽に書いているわけじゃないし、流暢に書いているわけでもないでしょう。つまずいたり後戻りしたりして無器用に書いているんだけど、その詩を声に出して読むと、流暢なものに変ってしまう。流暢に読まなければ、朗読としては素人っぽくて、伝わるものが弱くなる。しかし、流暢に読むことで、詩が書かれるときの無器用な、一種の真情あふれる部分が切り捨てられてしまう。そういう基本的な矛盾があるんだ。

大岡　僕が詩の朗読に対して感じている矛盾はそれだな。自分が詩を書いているときのことを考えると、どんなに流れに乗っているときでも、流れは決して一方向に向っていない。ものすごい勢いで元へ戻っちゃったりしている。しかしその詩を声に出して読むときは、一方向に流れるしかない。声に出して読まれた詩の魅力はたしかに大きいとは感じるのだけれども、一方向の線としての流れだけでは、どうも詩として不完全なのじゃないかな。

谷川　詩の朗読では、ほんとうは個人の声が聞こえてはいけないんだと思う。詩の声てのがあるとすれば、それは朗読する詩人の声ではない。詩人というのはその声を通過させている人間にすぎないんだ。もっと奥深いところにある、個人を超えた詩の普遍性のところで、聞き手とつながらなければだめだと、おれは思っているんだ。しかし実際のおれの読み方というのは、現実に聴衆に届かせるためには、やはりこの自分が、あるメッセージを伝えるという読み方しかできないわけよね。しかしそれを、たとえば吉増剛造のように神がかり的に読めば、逆に詩人の背後のものが見えてくるかというと、それもまた必ずしもそうじゃないんだよね。

大岡　万葉集など古代の詩には、大勢の群衆の前で読まれているのが多いはずなんだ。柿本人麻呂の弔歌などはとくにそうだ。人麻呂が読んだかだれが読んだかわからないけれども、とにかく読みあげられた詩だろう。

その場合に、読み手と聴衆の位置関係を考えてみると、おそらく読み手は聴衆に向き合って読んだのではなくて、聴衆と同じ向きを向いて読んだのではないか。向うにいるのは天皇、あるいは神と考えてもいい。ところが現代の詩人の朗読というのは、聴衆と向きあって読むでしょう。聴衆に向き合っているということは、読み手が個人になっているということなんだ。個人対多数の聴衆という関係になっちゃってる。それが古代の詩の朗読と現代の詩の朗読の本質的な違いの生まれてくる原因じゃないか。

現代の詩人はどうしたって、聴衆に向き合って読むやり方しかできない。そうでなく聴衆と同じ方向を向くとすると、これは戦争中の詩人のやり方になる。つまり、心理状態として、みんなと同じ方向を向いて、神に向って祝詞を捧げるような形になっちゃったわけだ。そういう意味での古代の復活だったんだな、あれは。現代の詩人の場合は、そういうものでない読み方を追求せざるを得なくて、その結果必然的に聴衆と向き合うことになり、そこから君のいった矛盾が生じてきていると思う。

谷川　そうだな。それからもう一つ、読む側の問題としてこういうことがある。自作朗読をやるとき、おれはできるだけうまく伝えたいという意識が基本にあるから、なるべくうまく読みたいと思う。ところがこれは、不思議なことに練習をすればするほど下手になる。自作朗読は芸にはなれない。芸ならば、繰り返せば繰り返すほどうまくなるはずのものだけれども、自作朗読というのは、自分が何年も前に書き、すでに何度も朗読している詩でも、いまここで生まれたように読めなければいけない、ということなんだよね。

この問題はおそらく、さっき話した言葉に内在する様式の問題と関係があって、英語やフランス語の詩だったらそうはいえなくて、日本語の詩に限られたことなんだろうと僕は思う。日本語の詩の朗読は、たったいま生まれました、というふうに読めれば、うまく伝わるんだね。そのつらさね。

大岡　結局、現代の日本の詩が欧米の詩と本質的に違っていること、そこに型の問題があるっていうさっきの話題ともつながっている問題だな。

谷川　そういう意味では、「ことばあそびうた」というのには、仮の様式みたいなものが成立しているから、あれは繰り返して読めるんだ。

大岡　「ことばあそびうた」だったら、みんなと同じ方向を向いて読めるね。

谷川　ところが、「ことばあそびうた」のような方法だけでは、自分の書きたいことは決して書き尽せないよね。

大岡　あれは作者の心の世界と無関係でも成り立つものだからね。

谷川　そうなんだ。しかしおれは、それでもいいという気が一方である。つまり、自分の心の問題なんかを訴えなくても、みんなが楽しんでくれればそれでいい、むしろそのほうが詩の民芸みたいなものであって、現代には必要なんだ、という気持があるんだ。近代人としての自分は、そこだけではどうしても満足できないけれどもね。

大岡　やっぱりあれは、弁証法的にいえば、正反のうちの反の一つなんだよ。

谷川　それはそうなんだ。でも、日本の詩の読者が、ああいうものに餓えていることもたしかだと思うんだよ。

Ⅲ

一人・相手・読者
古今集・歌合・連句
結社・同人雑誌・添削
言葉・現実認識・一対一
芭蕉・後白河院・スナイダー
日本的感受性・個性・想像力
連詩・同世代読者・戦後教育
挨拶・暗誦・現実感覚・言葉

谷川　あなたが『すばる』に連載している「うたげと孤心」(『すばる』一九七三年六月より一九七四年九月まで連載。二〇一七年九月に岩波文庫に収録。)ね、あれがはじまったときに題名を一目見て、まさに焦点が合っているという感じがしたんだ。大岡の関心のありかたをとても素直に伝えているし、それは同時にいま詩を書いているわれわれの関心のありかたを的確に示していると思う。詩の二つの中心を、楕円の二つの中心を示すようにとり出した題名だと思った。

「うたげと孤心」というのは、いろんな意味で「多対一」と対応するものだよね。ところが、いまのわれわれの詩は一対一の対応関係しか持っていない。簡単にいえば、「うたげ」の場がなくなってきちゃって、「孤心」しかないようなところにきている。あるいは、「うたげ」の場がないから、「孤心」も深まりようがないような感じもあるじゃない？「うたげ」「孤心」という的を射た言葉が大岡のなかに出てきたときのことを聞いてみたいと思ってるんだ。

大岡　連載の話があったときには、まだ僕のなかに題名はなかった。書きたいと思っていたのは菅原道真のこと。道真の詩というのは、彼の生涯の歴史のなかで、前後二つに割れているんだね。そういう分けかたはちょっと機械的すぎるし、——「うたげと孤心」というのも対立的に分けたくはないのだけれども——すくなくとも道真が大宰府へ落ちる以前の詩と以後の詩が驚くほどの違いを示している。

権力の絶頂にあった時期までの彼の詩というのは、技巧を弄し、才気に満ちたものです。道真という人は、中国の詩学を十分に身につけていた人らしい。天皇に命じられれば、数時間で二十篇ぐらい作ってしまう。後世の和歌や俳句で題詠というのがあるけれども、それに類することを当時しょっちゅうやってたんだな。道真は、その「応製」の詩の名人だった。しかも驚くべきことに、時間をきめてパッと作ったそういう詩が、道真の場合とてもいい。もちろん時間をかけて練りあげた作品にも、一種の熟しきったデカダンスを感じさせるものがあって、それも心ひかれるんだけれども、とにかく全体として、その時期の道真の詩は、様式のなかでの見事な技巧にたけたものだった。しかし、そこに彼自身の「孤心」はほとんど出ていない。

ところが、大宰府へ落ちていくときから、彼の詩が変わる。菅家文草の校注者川口久雄氏が、石川啄木と比べているように、〝悲しき玩具〟としての詩になっていく。落ちていく先で、休息をとった村の長によびかけた詩という、「駅長驚くなかれ時の変改《へんがい》、一栄一落はこれ春秋《しゅんじゅう》」のようなものも有名だけれど、九州へ行ってからの詩はどれも、いわば嘆きの詩で、かつての絢爛たる詩とは違ってくる。自分の居場所と定められた家からほとんど外に出ないで、わずかに大宰府の鐘の音がきこえてくるとか、窓の向うにちらと楼閣の屋根が見えるとか、そういうところにモチーフを見出している。もちろん、きちんとした様式のなかで書いているわけだけど、その様式に現実が入り込むときの角度が、都にいたときの道真にはなかったものになっているんだね。悲しいとかなんとか書いていなくても、そういう角度で入り込んできたものを彼が歌っていると、彼がそういうときに新しく発見したものが、とてもよく伝わってくる。「うたげ」の世界から人が離れたとき、人はどんな詩を書くようになるか。それが道真に典型的にあらわれているんだ。そのへんから「うたげと孤心」という主題が出てきたんだけれども、ちょっとびびりまして、連載の第一部が終ってもまだ、道真は出てこない。(笑)

一人・相手・読者

大岡　道真論のテーマは僕の頭のなかでは、明治までつながっているんだ。道真から古今和歌集、梁塵秘抄のような歌謡、連歌、連句などを経て、明治時代の詩につなごうという大計画はあるんだけれども、今のところぜんぜんだめでね。ただ、考えていることの要点は、集団的な世界のなかでの詩と、個人のなかでの詩と、そのどちらが弱まっても必ずその時代の詩は衰えるのじゃないかということです。だから、集団のなかの詩と個人のなかの詩と、両方ともに強い時代をいわば点描式に拾ってみようというわけ。頂点だけを拾ってみても、とてもおもしろいのじゃないか。

　そういうことを考えてるものだから、『すばる』のそれで後白河院のことを書き出したら、前後三回、三百枚近い長篇になっちゃったんだ。書き出すとおもしろくて、一人の人間がどういう形で前の時代のものを受け継いだか、またそれをどう次の時代へ送り届けようとしたか、それがどのように成功したか失敗したか、というようなことに広がっていく。

それをやってみると、一方にはどうあっても「うたげ」的な世界がある。だけど、そこに溺れ込むことができずに、一人で深夜目をさまして虚空を見つめているような人間のイメージが中心に据わっていないと、「うたげ」の世界に錘がつかない。だからぼくのモチーフとしては、現代詩を考えていく上でのいくつかの城壁を築いていくということなんだ。遠回りかもしれないけれども。

谷川　「うたげと孤心」で、今様のようなものまで、あなたは広い意味の詩のなかに入れて考えてるでしょう。僕はそれがとてもいいと思うんだ。われわれは詩というものを純粋培養的に考えすぎていて、詩が現実には詩以外の世界へつねに拡散しながら社会のなかでのエネルギーとなることや、また拡散した部分から自分のエネルギーを吸収していることを、軽視していたでしょう。詩がそういうふうに拡散する部分を切り捨ててくるにつれて、詩は弱くなったり、不健康になったりしてきた。だから、狭い意味での詩からはみ出ている今様のようなものまでを、うんとルーズな網ですくうことで、本来の詩がかえってよくわかるようになるだろうと、僕は思ったんだよ。

もう一つ考えたことは、「うたげ」というのは現代に置きかえると「読者」といってもいい面があるだろうということ。そう考えると、現代詩のかかえているいろんな問題と密接に関連してくるように思える。最初の対談で、和歌というのは相手に和する歌だという話が出たよね。歌合や連句は当然相手がある。日本の詩というのは、つねに相手があった詩だといえる面が、そうとう強いのじゃないか。ところが、だんだんにそういう相手がいなくなってしまったというのが、われわれの時代だという感じがするんだけどね。だから、まず日本の詩の「うたげ」の場を大ざっぱに概観してみたらいいんじゃないかな。どうかしら？

大岡　かつては詩の共同制作の場に加わったような人びとのうち、ある人びとは今では純粋に読者の立場に立つようになってしまった。そういうことに導いた大きな原因の一つは、コミュニケーション手段の変化だろうな。たとえば活字が普及してくると、それだけ、享受する姿勢に自分を限定していく「読者」が、どうしても出てくると思うね。かつてのような意味での「うたげ」というものは、今日ではそのままの形ではあり得なくなってしまった。

谷川　道真の時代のことを考えてみると、彼が都で政治の中枢にいたときには、社交的な場で詩を作っていたのだから、明らかに相手がいたよね。競争する相手もいただろうし、詩を受け取ってくれる相手もいただろう。その彼の詩が、都落ちしてから突如変ったという話だけれども、それでもなおかつ、村長に与えるという形で詩を書いているということ。そこがおもしろいね。彼がいかに「孤心」をあらわにしていこうとも、やっぱり特定の誰かに向って書いていたとすると、現代のわれわれとは書き方の違うところがあるように思うんだ。

大岡　晩年の彼の詩は、都に残された妻とか、紀長谷雄《きのはせお》のような心を許した友人だけに送っているようだね。菅家後草の注に、これは道真の没後、紀長谷雄に届けられたということが書いてある。道真が遺言したのだろうと思う。おそらく一部の詩は生前にも送られていたと思われるけれども、生きているうちは世の中に出る望みはなかったはずなんだ。奥さんは都に残され、たくさんの子供はばらばらに遠国へ流され、自分は末の小さな子だけを連れて九州に来ているという悲惨な状態に置かれていたのだから、手紙を出すこともおそらくままならなかった。自分の意思を伝える相手はごく限られていて、その限られた相手には、この気持だけは残しておきたいということがあったのだろう。

谷川　道真が残したものは、もちろん手書きで、それ一部しかないわけだろうね。詩を書く人間が自分の作品をまとめて詩集というものにし、それが商品価値を持つようになったのは、いつごろのことなんだろうね。日本には、かなり古くからアンソロジーがあったでしょう。

大岡　古今集をはじめ、みんなアンソロジーだからね。

谷川　そういうのは、すこしずつ筆写するという形で、関心のある人たちのあいだを、ごく少部数が流通していったわけだよね。

大岡　小説のほうで言うと、原稿料で生活ができるようになるのは江戸後期でしょう。十返舎一九、山東京伝、滝沢馬琴などの時代ね。詩の場合、詩の稿料でめしが食えるようになるのは、もっとあとの時代だろ、もちろん。

ただ、それ以前でも、木版ができてからは、とくに漢詩はかなり流布している。中国の詩集などもずいぶん早くから、活版印刷のものが入ってきている。一方、日本に活字が入ってくるのは秀吉の朝鮮出兵のときで、掠奪品のなかに朝鮮の活字(銅活字)があった。当時の朝鮮は、世界でも非常に進んだ活版印刷術を持っていて、その朝鮮活字が日本に伝えられたのだから、これは大事件といっていいことでね。日本ではその朝鮮活字をまねて活版印刷が始まる。最初は漢字ばかりで、これが不満だというので角倉素庵《すみのくらそあん》とか本阿弥光悦が仮名書きの活字本を作ろうとしたわけだね。一方、天正の遣欧少年使節団の帰国についてきたポルトガルの宣教師が、洋式の活版印刷術を持ってきて、いわゆる「きりしたん版」の本が、キリシタン禁制までの文禄・慶長年間に流布していく。つまり十六世紀末を境に、本というものが手書きでなく印刷で流布することに、人びとの関心が集まってきたんじゃないのかね。

ところが日本で困るのは、お経や漢詩のように漢字ばかりのものなら一字一字の活字でいいんだけれども、仮名は手書きの場合一字ずつ切り離しては書かないわけだよ。文章はほとんど総仮名で、ずうっとつなげて書くのが普通だった。それを木活字本にしたのが、角倉素庵や光悦の嵯峨本あるいは光悦本と呼ばれるものなんだ。光悦が書いた仮名を、何字分か続いているものを続いたままで一個の活字に作るというようなやり方で、流れるような美しい仮名文字の味わいを出そうとした。しかしこれは活字としては変則邪道で、スラスラと何字かつながっている部分と一字一字のとでは字が違うから、全体としては汚なくなってしまうという矛盾があった。そこで印刷はふたたび一枚一枚の版木を使う木版印刷に戻っていくというような、試行錯誤があったんだね。そうやってだんだん、印刷本が多くの人びとの手に渡るようになり、作者もそれを考えて書くようになってきたんだろうね。

谷川　でも、詩人が不特定多数の読者を意識して詩を書くということは、かなりあとの時代のことなんじゃないかな。結果において複製されて、多くの人に読まれることがあったにせよ、最初はある座のなかで書いたとか、特定の人に贈ったとか、そういう書かれかただったはずで、そういう時代の詩人の意識というのは、いまの詩人の意識とずいぶん違うんじゃないかと思うんだけどさ。

大岡　芭蕉は一生のあいだ、自分では一冊も自選句集を作らなかったからね。弟子たちと共同で作った連句だけは、執念をもって集にまとめようとした。そのあたりが、現代の考え方とまったく違うね。

だれかが自選句集を作ろうとしたことがあって、それに対して芭蕉は、句集などを出そうというようなやつは志の低い小人だという意味の、軽蔑的な批評もしている。自分一個の句集などたいした価値はない、それより自分が率いて興行した多くの連句、これは本にしたい、と思っていたんだね。「冬の日」にはじまる七つの歌仙の集を見ると、非常に意識的に作られていることがよくわかるもの。

古今集・歌合・連句

谷川　たとえば古今和歌集に載っている歌の一つ一つは、ある特定の機会に特定の人にあてて書かれたものなのかしら。

大岡　もちろんそうだよね。だれかに贈るとか、題を出されて作ったとか、それぞれ特定の状況のもとに作られている。ところが紀貫之たちが古今集を編集するときに、そういう個々の歌の特定の状況は取り払ってしまった。古今集という集全体のハーモニーを作るために、個人の真実みたいなものは捨てちゃったんだ。これが古今集の大きな特徴であり、また、日本の詩の一つの性格をよく表わしているわけだ。つまり、古今和歌集の影響というものを考えて気がつくことは、この集の伝統が、風俗習慣の面で季節の変化につれて自然界をどう見るべきか、恋愛と自然とをどう融合したらいいか、といったことのインデックスを作り、ものの見方にたくさんのお手本を作ってみせたんだが、もう一方で、どんな人でも月並みな歌なら作れるという習慣をもつくったということだね。

万葉集の場合には、作者がどういうときにどういう状況で作ったかということが大きな意味をもっているけれども、古今和歌集の歌は状況から切り離して鑑賞できる。そのために、だれでも古今和歌集風の歌を作れば、自分の痛切な感情などは入れなくても、とにかくある種の格好だけはついたものができるということになった。日本人の詩の観念には、そういう不思議な要素があるね。それはだれでも詩人になれるという意味では素晴しいことだろうと思うけれども、逆に個人の自己表現に徹しようとする人からすれば、どうしようもない屑の山に見えるわけさ。

谷川　古今集が特定の状況から切り離して短歌というものを成り立たせたという点は、一見近代的な芸術観のようにも見えるけれども、季節ごとの感情のインデックスを作ろうという意識が働いていたとすると、むしろ古今集全体を一種の「うたげ」の世界にはめこもうとしたんじゃないか。そういう意味では、近代詩の場合の作品の独立性とはちょっと異なっている。だからみんなが極り文句として利用できるわけだな、きっと。

大岡　古今和歌集は完全なミクロコスモスだと思うな。万葉集はあちこち破れていて、そこから血が滴っているようなところがあるけれども、古今集にはそういうところはない。だから、文学作品として一つ一つの歌を読んでいくと、まず途中で退屈してしまう。個人の肉声がほとんど響いてこないのだから。

ところが読み方をすこし心得てくると、逆におもしろくなる。それは歌の調べそのものの、万葉とは別種の特色ということもあるけれど、とりわけ、ある歌の次にどんな歌が並べてあるかということに対する興味が出てくるからなんだ。貫之たち編者が心血を注いだのが、歌の並べ方なわけだからね。

谷川　モンタージュなんだな。連句なんかのモンタージュと同じようなものだね。

大岡　そう。たとえば恋の歌だと、恋の予感から始まって、恋の爛熟を過ぎ、かつての恋を偲ぶところまで、時間に沿って歌が並べてある。また、その流れの部分部分も、たとえば恋の深い淵をうたった歌の前には、自分の思いは浅瀬を走る水のように激しいという歌が置かれているというような、コントラストの原理が大いに活用されている。それは古今集の編者たちが、集というものは個人の思いのたけを述べた歌を並べるだけではだめで、集全体がつくりだすハーモニーのなかにこそ本質があると考えてた証拠だ、というのが僕の考えなんだ。こんなことは、ほかの国にはないのじゃないかしら。

谷川　話が飛ぶけれども、短歌や俳句の結社みたいなものがあるよね。あれはいったいいつごろ、どういう形で出てきたの？

大岡　ずっとさかのぼれば、平安朝の歌合《うたあわせ》なんかもその一つじゃないかね。宮廷とか高位の貴族の屋敷に当代を代表する歌人たちが集まり、左右に分かれて歌の優劣を競い合ったわけだが、日本の詩のなかには、そういうふうに人びとが集まって作るという考え方がずっと流れているよね。そういう歌合の世界が、詩歌の結社の一つの源泉だろうと思うんだ。

歌合は貴族社会の遊びだけれども、室町時代の連歌あたりから詩歌が一般の社会に普及していって、江戸時代の初期ごろになると、小倉百人一首などが一般の遊びになっていく。そうすると、自分も歌を作ってみたいという連中も出てきて、歌のうまい人のところに作り方を習いに行くということも起こってくる。ただでものを習うわけにはいかないから付け届けが必要になり、そこに詩歌のプロが誕生するわけだろう。

連歌や連句の名の知れた宗匠になれば食っていけた。芭蕉の時代にはそういう宗匠があちこちにたくさんいて、それぞれ勢力を拡げようとして騒然としていたようだしね。芭蕉が江戸で旗揚げしたときには、そういう連中をとても強く意識していたんじゃないの。彼の旅だって、そういうことと無関係じゃないでしょう。渡り歩きながら名声を確立していったんだな。当初手強かったのが名古屋から熱田にかけての一帯で、ここにはそうとう優秀な連中が集まっていた。芭蕉の力をためそうという気持もあったろうから、歌仙を巻いても、芭蕉が受けにくい球を投げる。それを芭蕉が実に見事に受けとめて返すので、みんなが心服してしまう。このときの歌仙が蕉風樹立のきっかけになった「冬の日」なんだね。おもしろいのは、芭蕉はこの旅の紀行文「野ざらし紀行」には、歌仙のことは一言も触れていないんだな。澄ましているんだ。

しかし、二ヵ月くらい熱田あたりに滞在して、いくつかの歌仙を巻いていくあいだに作った発句がいくつか「野ざらし紀行」に載っている。その一つが、例の

海くれて鴨のこゑほのかに白し

独立した一句としても非常に象徴的な句で、昔から有名だけれども、しかしドラマチックに考えると、この句には芭蕉が熱田で苦しいたたかいに勝ったという実感が潜んでいる。海辺でほうっと座って海を眺めながら感じている「やったぞ」という思いが背後にあるとぼくは感じる。ほっとして、ちょっと茫然としているところに外界が入ってきて、芭蕉のそういう感情と融け合ってくるために、たいへんに象徴的な句になっている。そういうふうに分析できると思う。

要するに当時の俳諧師にとっては、単独の発句でいいものを作るだけじゃ駄目で、集団の中で勝つか負けるかということ、つまり連句で名を挙げることが重要だったんだと思う。結社が成立してくる根源には、集団内でのそういう厳しい勝負があったはずなん

だ。それが時代とともに堕落してくると、ただのお稽古事になっちゃうわけでね。

結社・同人雑誌・添削

谷川　歌合にしても連句にしても、あるいはもっと広く考えて、柿本人麻呂が神前で歌を奉納する場にしても、相聞歌のような男女間の歌のやりとりにしても、それらすべてが広い意味での「うたげ」の場といえると思うんだよね。ということは、近代以前の日本の詩というのは、ある限定されたコミュニティーのなかで、だいたい自足して完結していたということだと思うんだ。そのなかに、競い合うゲームのおもしろさもあり、自分の感情を伝えてそれに応えてもらうというウイットとかユーモアのおもしろさもあるという、豊かな楽しみを持っていた。そういう小さなところで、うまく詩が成り立っていたという感じが強いよね。

現代は詩の流通量ははるかに増えているのだけれども、ごく少数の例外を除いて、「うたげ」的な場が成立しなくなっているよね。それは不健康なことだとも思うし、第一そのために自分たちが困っているわけなんだ。いま詩歌のほうで結社というと、俳句や短歌の世界にずいぶんあるんだけれども、そういうのに対してわれわれ自由詩を書く人間はいい印象を持っていなくて、白眼視してきている。それは、生き生きして劇的であったはずの「うたげ」の場が固定化されてしまって、しかもそこに金銭関係がからみ、極り文句さえあれば詩が書けてしまうという古今集の悪い面が凝り固まったところだと見ているからなんだ。しかしちょっと視点を変えてみると、たとえ内容がある程度固定化してきたという悪い面はあるにしても、結社というものは詩の成立と流通の場として、そうとうおもしろい、いい場なんではないかという気もしないわけじゃないんだ。

現代詩の世界にも、同人雑誌というものがたくさんあるよね。二十年ほど前、僕が詩を書きはじめたころの同人雑誌に対して、僕は否定的だったんだ。同人雑誌だけに詩を書いて、それで事足れりとしている詩人たちに満足できなくて、同人雑誌はこわれるべきだ、詩人はもっと積極的に他のコミュニケーション・メディアに出ていくべきだ、というような発言をしていたんだ。しかし、いまの同人雑誌は、相変らずの面もあるけれども、なにか変質してきているような気がする。

というのは、昔の同人雑誌は文壇や詩壇への登竜門という性格がかなり強かった。たとえそうじゃないといっていても、少なくとも機能的にはその役割を果していた。ところが最近の同人雑誌のなかには、いわゆる文壇や詩壇である程度仕事をしてきている人が、もういっぺん同人雑誌をやろうとする動きが出ている。そういう同人雑誌にはもちろん登竜門的な意味はまるでなくて、昔の日本の詩が持っていた「うたげ」的な場を同人雑誌という場で取りもどそうとする欲求が見えるような気がするんだけれどもね。

それから、前にも話に出た自作詩朗読も、不十分ではあるけれども、具体的な小さな「うたげ」の場を、現代詩の世界で作っていけないだろうかという、本能的な欲求を持っているように僕には見えるんだ。

大岡　同人雑誌のそういう変質は、たしかに最近感じるね。ただ、それとは別に以前から関西あたりには、「うたげ」の場の要素を持った同人雑誌がいくつかあるでしょう。たとえば『天秤』『骨』などがそれだ。足立巻一さんの力作『やちまた』は『天秤』に連載されていたものなんだね。それらの雑誌に載っている詩に、僕はゆったりしたものを感じて好きなんだ。趣味的だという批評を受けるかもしれない一面は持っているけれども、そういうもののなかに実は強く持続している詩の流れがあると、前から思っていた。君がいったような同人雑誌の変質はいいことだと思うんだけれども、参加する人びとがほかの場所で全力投球をして、その場ではお遊びに流れるということだと、ちょっとまずいよね。

谷川　詩の読者とはなにかという問いかけを失っちゃ困るんだ。同人雑誌が小さな場で持続すればするほど、逆にその外にいる詩と無縁の人びとのことを考えざるを得ないはずだよ。さっきからの話の連句など、日本の詩に伝統的な「うたげ」の場の詩人たちには、自分の思いのたけを述べるという自己表現の意識は底にはあっても、詩そのものでは自分を抑制して、社会のなかに一つの秩序をつくろうとする意識が強く働いていたでしょう。そういう働きがなぜなくなっちゃったのかな。

大岡　言葉に対する対し方が変ってきたということが一つあるね。たとえば芭蕉の場合だと、弟子の句をしょっちゅう直してやっているんだけど、そのとき「てにをは」をほんの一字こう変えると、まるで違ったいい句になるということを、しばしば教えている。たとえば去来が「凩の地までおとさぬしぐれ哉」という句を作った。芭蕉先生は全体としてはいい句だといいながら、「まで」と限定したところが卑しいといって、「凩の地にもおとさぬしぐれ哉」と直したんだね。なるほど、格が断然上になっている。また、凡兆が「雪つむ上のよるの雨」という句を得たけれど、上五がどうしてもうまくつかない。すると先生、いろいろ考えた末、「下京や」という五字を置いて、もしこれ以上の言葉があったら、おれは二度と俳諧を口にしないと断言した。これもまさに「きまった」というもんだよね。こういうことがしょっちゅうだから、弟子たちは、この人と自分のあいだにはたいへんな距離があるってことを感じたと思う。それは言葉というものの恐ろしさをしたたかに教えられることだった。だから当時の人びとは、詩は自分に強い感情さえあれば作れるものだなどとは、ぜんぜん考えなかった。すごい力を持った先達がいて、その人から学ぼうとする。そこにおのずと秩序が出てきたのだと思う。

結社が生命力を持った時代というのは、明治の一時期も含めて、先生が優れていたんだよ。先生がいいと必ず弟子がよくなる。いまだって、短歌や俳句の結社でも、いい師匠のところにはいい弟子が出ているよね。短歌や俳句にはなんといっても定型があるわけだから、この人はいい、うまいという評価は、目のある人間ならはっきりつくからね。

谷川　現代俳句の場合、外見的には定型があるけれども、それだけで同じことが成り立つのかね。芭蕉が「てにをは」一字か二字を直すことで弟子を心服させたということは、弟子のなかにも師匠と同じ言語感覚があったということでしょう。そうでなければ、弟子は師匠の添削の意味を感得できない。ひるがえってわれわれの現代詩を考えてみると、これはどうしたって添削できない。添削してよくなるかどうかが先生のほうでもはっきりしないし、たとえ確信をもって直しても、それじゃ私の気持と違いますと言われたらそれっきりだ。現代詩てのは、そういうふうに孤立したものだよね。現代俳句の場合にも、外形的に五七五があるにしても、同じような事情があるのじゃないかな。

大岡　前衛俳句が出てきたのは、そういうことに関係があるわけだけれども、いまいい句を作っている人たちは、言葉というものの堅固な実体をつかんでいるんだと思うね。そこのところは、どうも動かないものがあるのじゃないかという気がする。

五七五のなかでどれだけのことが言えるか。そういう能力はかなりはっきり優劣が出てくるみたいだよ。前衛俳句をやってきた人のなかにも、反省気分は出ていて、伝統をあまり勇ましく無視するわけにもいかないようだというふうに、チラッと言うようになってきた。口に出すくらいだから、心のなかではそうとう深刻に考えているんじゃないか。（笑）

谷川　現代詩の添削ってのも、ある条件の下にならあり得なくはないんだ。実は吉増剛造と僕とが、二人の共通の友人から、戯れに書いた詩の批評を求められて、いろいろ言うより添削するほうが早いということになったんだ。それで、ここをこう直して、この一行は削って、というようなことをしたら、少なくとも三人のあいだでは、直したほうがよくなったという結論が得られたわけだよ。

しかし、この場合には、三人のあいだにいちおう共通の言語認識があったわけだ。言語認識というのは何かというと、結局は現実認識であって、この世界をどういうふうに感じているかということなんだと思う。そこでの大筋の一致がないかぎり、現代詩の添削は成り立たないのだけれども、そういう一致の成立の可能性は、いま基本的に危くなっているんじゃないか。僕が大岡の詩を添削したり、大岡が僕の詩を添削することを考えてみれば、これはお手あげだと思うんだよ。おれとは関係ねえや、といったものでしょう。われわれはそういうところにいる。しかし、そうじゃない場というものを、本能的に求めているということはある。それは詩人同士の問題だけじゃなくて、基本的には詩人と読者との関係にかかわっているんだけれども。

大岡　同感だな。芭蕉が弟子の句の「てにをは」を直したということは、こう直せば現実がもっとよく見えるはずじゃないかということなんだ。現実がよりよく見える形に言葉を整えるってこと。

言葉・現実認識・一対一

谷川　ところがいまの現実てものは、不定型でとてもつかみにくくなっている。そういう状況で現実を認識するためには、おそらく伝統というものと、たたかったり矛盾しあったりしながらつながっていくほかないんじゃないか。現実というものが歴史のなかで生まれてきているものである以上は、伝統を離れて現実が見えるはずがないのよね。いままで僕ら現代詩を書く人間は、伝統と切れたところでやっちゃったものだから、いまになってややうろたえているところがあるわけだ。

現代詩が読者を持てないということも、詩人と普通の生活者とのあいだに現実認識の落差のあることが、大きな理由だと思うのね。どちらの認識が正しいといったってしょうがないけれども、どちらかといえば詩人のほうが間違ってるのじゃないかと、僕は思っている。(笑)詩人に或る確乎とした現実認識があって、しかもなおその認識をこわすことによって、言葉が現実以上のものになっていく、というのならいいんだけれども、現代詩の場合そうじゃないね。言葉と現実とのあいだに対応関係がなくなっているんだ。

いまは通信手段が高度に発達したために、時代が非常に大きなパースペクティヴでしかとらえられなくなっているよね。だから、詩のような、本来小さなコミュニティーで成り立つものまでが、大きな世界へ拡がろうとしてしまう。そこにどうしても無理があって、かえって詩がかつて持っていたような社会的機能を失っているのじゃないか。

詩の言葉と現実の世界の言葉との関係を考えてみても、詩の言葉がそこから滋養分をとるべき現実の言葉の世界が、どうしても確固とした古さを持っていない時代なのじゃないか。雑多で鄙猥なものを含む現実の言葉を滋養分として詩の言葉が育ち、そうして新しく育った詩の言葉が現実の世界の言葉に新しい意味を与えていくことで、詩というものが社会的に成り立っていた時代とは、どうも違ってきている。基礎になる現実の言葉が、外来語の多用とか言葉づかいの乱れという問題なんかとは全く別の次元で、詩の言葉を新しくするようなものでなくなっている時代だと思うのね。

そういう時代に対して、詩人の意識のほうにも問題があるんだ。昔の宮廷歌人とか芭蕉とかは、日本中の人間に自分たちの歌や句を認めさせようとは思っていなかったし、だいたいそういうイメージもなかったでしょう。たとえば農民には、貫之や芭蕉とは直接にかかわらない、民謡なりなんなりがあったはずでしょう。それぞれが自分たちにふさわしい細分化された詩の世界を持っていただろうと思うのね。いまの社会にも歌謡曲の世界とかフォークの世界があるにはあるんだけれども、あまりにも印刷などの複製技術が進みジャーナリズムが発達しちゃったものだから、いつでも全体に対して意味がないといけないように思いこむワナに落ちていると思うんだ。

僕なんかそれの最たるもので、二十年前、詩を広めよう詩を広めようといって頑張ったわけだよね。いまようやく、詩というものはもうちょっと小さなコミュニティーのなかで成り立てばいいのではないかということに、遅まきながら気がついてきた。と同時に、まだやっぱりそれでいいのかという反問もあるんだな。非常に困っているんですよ。

大岡　詩の持っているリアリティーを考える場合に、自分がどういう形で、ある詩に感動したかということを時々振り返ってみるのがいいのじゃないかな。われわれはなにも、ある詩が普遍的に感動的な詩だからと思って感動したわけじゃない。これはおれのための詩だと思って読んだわけだ。ところが同じ詩に感動した人間がほかにもいて、その連中と友達になるという形で、詩を書いていくことにつながっていくようなところがあるでしょう。そういう根っこのところで考えると、印刷とかテレビなどの媒体がいくら拡がっても、個人が脳髄に受信して感動するという場では、詩というものはあくまでも一対一のものだということは動かないのじゃないか。それがときどき、ほんとうにそれだけでいいのかと思えるのは、われわれの生活が量的にも質的にも、あまりにもそれ以外のもので圧倒されすぎているからだと思うんだ。一人の人間のなかには多様な層があるけれども、その層の根元のところには、ちょうど菅原道真が大宰府で一人ぼっちで書いたみたいな、そういう気持がやっぱりある。最も要素的な状態に還れば、詩はそこにしか住めない。しかし、それが続く限りは詩というものも続くのじゃないか。

だから、ある雑誌に今日発表された詩が、明日大勢の人を感動させるなどということはあり得ない。しかし何年かたって、どこかの古本屋でだれかがその雑誌を拾い出して読んで、その詩に感動して、はじめて詩を自覚するということが起きるかもしれない。それだけでもたいへんな事件だと思う。それは、闇に向って石を投げてるみたいなものかもしれないけれども、その石がひょっとして当るかもしれないという望みは、やっぱり捨てることはできないよ。

テレビが全国に広がって、われわれはなんとなく、一つのものがたいへんに増幅されて人びとに伝わるように思いこみがちだけれども、実はすこしも増幅されてはいないんだ。複製がものすごい数で出ているだけで、その複製を受けとめる人はあくまで一人ぼっちなんだと思う。その関係を見失うとまずいのじゃないかという気がするな。短歌や俳句のほうで結社というものを見直そうと考えている人がかなり出てきているのも、そういうことと関係があると思うね。ただ、われわれの現代詩の場合、結社というものはほとんどあり得ないから、そういう問題意識を持っても、現実にどういうところへ行くかとなると、答がよくわからないということだと思うんだけれどもね。

——およそ三十秒の沈黙——

谷川　詩が受取られるときには基本的には一対一だということ、孤心対孤心が向き合わなければ詩は受取られないということ、それは大昔から、おそらく自明のことだった。それでもやっぱり、「うたげ」の場というものができてきた。ある人びとは、自然にできてきたそういう場を、意識して守ろうとしてきた。

そういう二面性が、言葉にはあるだろう。一人の作者自身のなかでの言葉の広がりがあると同時に、それが作者から形になって出ていって他の人間に受取られたときにできてくる広がりがある。そうでなければ言葉は機能しない。

芭蕉のころには人が集まらなければ、詩というものはなかった。いまのわれわれには、集まらなくても詩というものはあるけれども、言葉が機能するためにはやっぱりうたげの場が必要なのじゃないか。僕たち『櫂』の仲間で始めた連詩の会のことを考えてみると、あれは連句と同じようにみんなが集まって作るわけだけれども、集まるということ自体がすでに貴重なことだよね。ふだんは孤立して日々のたつきに精を出しているのが、何ヵ月に一度か集まって、身銭を切って時間を消費しているわけだ。そのことが楽しいし、またそこで詩の書き方のヒントも得るし、ほかの詩人たちの心の構造とか反応の仕方がよくわかるようになる面白さもあるし、そこでの共同の作品が雑誌にできあがるとそれもうれしいよね。しかし、そういう場で詩を書くだけでいいのかっていうと、そこに一抹の不安があるから、それぞれ別の雑誌やなんかに詩を書いている。歌合とか連句の場だったら、詩人はその場で詩を作ることで安心していただろうと思うんだ。それ以上に社会的に広がらなければいけないとは考えなかったんじゃない?

芭蕉・後白河院・スナイダー

谷川　たとえば芭蕉という人は、なにか非常に悲壮なものを秘めた人だよね。いまの詩人の、革命とか日本文化とか、あるいは正しく美しい日本語とかのために悲壮だというような、底が割れた話じゃなくて、ほんとに悲壮な人という感じがする。そんなに大きくもない結社を渡り歩きながら、いまのテレビの視聴者とは比較にならないような少ない人数を相手にしながら、あそこまで悲壮であったことの、その中心というのが、どうしても気にかかるんだ。詩を書く人間としてね。

大岡　そうね。……一つには彼が、自分より優れた詩人の存在をいつでも感じていたからじゃないかな。同時代にはいないけれども、古い時代には、たとえば西行とか宗祇とか杜甫とか、芭蕉が自分の目標と考えるような詩人たちがいるわけだ。彼はそれらの詩人に対して、過去の人というよりも自分の隣にいながら手が届かないほど遠い、恐ろしく強い人々という感じがあったのじゃないかと思う。

谷川　われわれにそういう感覚がある？

大岡　あまりないねえ、残念ながら。

谷川　僕なんか朔太郎とか宮沢賢治がいいとは思っても、そういう切迫した感情で、自分より優れた詩人がいる、頑張らねば、というふうにはならない。比較するものではないという感じで、甘えているようなところがある。そこにも、詩の定型の問題とか技術とかがあり得た時代と、そういうものがあり得ないかに見えているいまの時代の、二つの相があらわれているように思うんだ。

あなたの「うたげと孤心」に後白河院の今様の稽古の話があるよね。徹夜でぶっ続けの激しい稽古をして、とうとう声が出なくなる。その激しさにびっくりしたんだけれども、また、何のためにそんなにしなくてはならないのか、とっても疑問だったわけよ。

大岡　一言でいえば、伝統意識だと思うね。芸の伝統を守ろうとする使命感。政治の世界での後白河院は、彼に奔弄されて頭にきた頼朝が「日本一の大天狗」と手紙に書いたというくらいに、老獪きわまるくせ者のイメージを持っている。ところが梁塵秘抄の口伝によると、芸道に生命を賭けている鬼みたいなところがあるわけだ。プロのうたい手に負けないという自信と同時に、師匠の傀儡女《くぐつ》に対して絶対の尊崇の念を持っていた。師匠が死んだときには、母の死のときよりはるかに激しい悲しみを示しているくらいなんだ。そこに見えているのは並みの人間の感情じゃないね。人工的な、つくられてきたものの世界だけを信じているようなところがある。

今様の稽古で、声が割れればますます激しくうたって、うたい切って遂に声を取り戻してしまうというやり方は、おそらく伝承されている稽古法だったのだろう。今様をうたうのを職業とする傀儡女たちにとっては、芸そのものが死活にかかわるわけだから、その修業の仕方はものすごく激しいと思うよね。しかし、上皇として生活的には安泰な後白河院が、そういうものにとりつかれていったというのは、やはり彼のなかに芸術家的ななにものかがあったとしか思えない。

彼は宮廷の連中をずいぶん弟子にしているんだけれども、一人もものにならない。この伝統もおれで絶えるかって嘆いている。世間から見れば、薄汚い者たちを宮廷へあげて朝から夜中まで太鼓を叩いて今様をうたっている、どうしようもない気狂いにちがいないのだけれども、その彼の心にある伝統意識というものは、いわゆる伝統論なんかでわれわれが感じる程度の伝統とは比較にならないようなものなんだ。生命をそこに吸いとられてしまいたいというふうな激しさがあった。

谷川　一種の風狂だよね。いまの時代にも、使命感を持った詩人は、いることはいるけれども、それはたいてい何かに奉仕するという形のものだね。たとえば反戦詩を書く詩人とか、特定の党派に属して、社会の改革のために書く詩人とかは、はっきりした使命感を持っている。あるいはゲーリー・スナイダーのように、エコロジーの観点から地球を見直して、地球をよりよい方向へ向けようとする詩人もいる。彼はとくに、いわゆる西欧文明の行き詰りからの脱却を目指しているわけで、彼の自作詩朗読を聞くとかなり啓蒙的な側面があって、一種のスピリチュアル・リーダーといえる要素があると思う。アレン・ギンズバーグの朗読にもやはりそういう面が強くあって、そういうものの周辺に若者が集まって、一つのサブカルチャーを形成していっている。

スナイダーたちの詩が、特定の党派に属する人たちの詩なんかとは明らかに違うものであることはよくわかるのだけれども、僕にはやはりどこか抵抗感があるね。詩てのはそういうふうに何かに奉仕するものじゃなくて、もっとそれ自体で存在すべきものだと感じているんだ。だけど同時に一方で、スナイダーやギンズバーグたちの例のように、詩というものが若者たちに浸透していって、それが現実に若者たちを変え、一つの文化を形成する力になりかかっているということもよくわかるんだ。アメリカという社会は、若者たちの影響力が日本よりも強いみたいだし、地方地方の大学を核にしてアメリカの平均的文化とは違った一種の文化的アイランドを作っているという印象を僕は受けたんだけれども、そこに、詩というものが文化を形成する力として働いているということなんだ。一方いまの日本を見ると、詩がそういう力をいくらかでも持っているという実感が、僕には感じられない。そのへんに、自分が同人雑誌で仲間のなかで楽しくやっていても、はたしてそれでいいのかという疑問が生じてくる一つの原因があるのじゃないかと思うんだ。

また一方、日本の昔の詩歌を振り返ってみると、同時代への影響力というのはわからないけれども、少なくともあとの時代へは、たしかに大きな影響を与えている。詩が、日本語を変えることで、同時に日本人の感受性とか魂の状態までも変えてきたということは、確信をもって言えると思うんだ。われわれの場合、いま書いている詩の言葉が、そこまで力を持っているのかどうか。そのへんがいつでも疑問なんだ。すべて割り切れないような話ばっかりだけれども。

大岡　ほんとうにそのとおりだね。われわれが何かをやるときには、発想の根本に、われわれはなんにも力を持ってないのじゃないかということがあるよね。じつのところ、僕が「うたげと孤心」というテーマで書きはじめたのも、自分の一人合点でいえば、そういう問題について僕がやれる一人ぼっちの運動をやっていきたいということがあった。僕は今のところこのやり方をやってみるほかないんだけれども、スナイダーとかギンズバーグのような行き方は、一つの運動形態というだけじゃなくて、当然文化的な質を持ってくるものだと思う。

谷川　彼らは明らかに西欧的な詩人像に乗っかっているんだね。でも日本では、そういうふうに詩人がスピリチュアル・リーダーになるということは、あまりないね。

大岡　そりゃ、まぜっかえし気味にいえば、日本人のほうがはるかに、日常生活のなかで詩というものを知りすぎているからだろうね。だから簡単には動かないところがあるんだ。

短歌とか俳句とかの伝統を考えると、長い歴史と膨大な人数が、詩てものを知ってるわけだね。しかし、アメリカの場合には、詩なんて読んだことのない青年がスナイダーなりギンズバーグなりの詩の朗読を聞いて、たちまち火がつくということも多いと思うんだ。その点ではフランスなどのほうが、日本の状況と近いのじゃないかな。シャンソンにはいい詩がとても多いでしょう。ああいうものをしょっちゅう聞いていると、ある一つの目標に向って書かれたような詩には、そう簡単には動かされなくなっちゃうのじゃないかね。

日本的感受性・個性・想像力

谷川　もう一つは、日本人にたぶん独特な詩の感じかたが、そういうことに関係があると思うんだ。小野十三郎と金子光晴と秋山清が、なにかの雑誌で詩についての雑談をしていて、そのなかで秋山清が、おれは草原なんかを一団となって動物が走ってる映画を見たりすると涙が出てくる、と言ってるんだ。金子光晴は、おれはそんなもの見たってなんにも感じねえや、と言ってるけれどもね。秋山清の、その感じかたが、僕自身もそういう人間だからよくわかるんだけど、日本人の詩の感じかたの原点だと思うのよ。だいたいテレビのコマーシャルとか電車の吊り広告でも、きれいなカラー写真に、「雲が光る、風が過ぎて行く」なんて書いてあるよね。実にくだらないと思いながらも、そういうものでちゃんと訴えられて、なんとなくいい化粧品だとか思っているようなバカなところがあるじゃない？

　自然に対するそういう感受性が、日本みたいに瀰漫している国は少ないのじゃないか。金子光晴はそういう意味で西欧的な人で、草原を動物が走るのよりは、人間と人間の関係のようなもののほうにポエジーを感じてるのだろう。だから詩が劇に結びつくだろうし、そういう風土にいれば、スナイダーやギンズバーグなんかの詩が、素直に詩として受入れやすいと思うね。ところがわれわれのなかには自然に対する感受性があまりにも強いものだから、あまりに人事にこだわった詩というものが、なにかほかの目的を持った詩に見えてしまうという面が、どうもあるような気がするな。

大岡　千何百年かかって形成された感受性は、そう簡単には変えることができないね。

谷川　外山滋比古さんの指摘なんだけれども、西欧の遊びの観念のなかにはつねに相手がいる、相手がいるから遊びがすべてゲームになる。ところが日本人の遊びのなかには、あまり相手がいない。たとえば、自然と遊ぶとはいわず、自然に遊ぶというときの「に」という言葉は、相手がいない一人遊び的なものだというわけ。僕はその指摘がとてもおもしろかったんだけれども、一方、さっきの話の歌合とか連句のようにゲームの要素が強いものが綿々としてあるわけじゃない？　日本の伝統というものも下手に一面的に思い込むと、逆に思い違うことがあるかもしれない。過去には詩歌のなかに、人間くさい競争の要素とか、掛け合いの楽しさみたいなものも持っていたはずなのに、いまのわれわれが一人遊び的にしか詩が書けなくなっているってことが、ちょっとおかしいし、残念な気がする。

大岡　芭蕉なんかも両方の要素を持っているね。

谷川　それはまさに「うたげ」と「孤心」なんだけど、「うたげ」のほうでは詩に托した人間くさいたたかいとか、心理的な葛藤が、いろいろあったわけでしょう。

大岡　それはものすごいですよ。歌合で負けと判定されて、悶死した人もいるくらいだからね。悶死というのは伝説かもしれないけれども、ある老婦人の場合は、判者に対して、あの判定は間違っていないかという綿々とした手紙を出している。判者は実際は、自分の感受性で老婦人の歌のほうが劣ると判定したわけだけれども、故実典籍の知識を動員して判定の理由を一生懸命説明しているね。判者になる人はそういうものすべてに通じた上で、自分の感受性で判定を下し、文句をつけられたらちゃんと後ろに控えている知識で判定の理由が説明できなきゃいけない。歌合の場というのは、そういうたたかいをしているわけだ。

ところがね、まったく物には二面があるわけで、詩がそういう形で鍛えられたことはたしかなんだけれども、左右に分かれて和歌をたたかわせ判定を下すという形式が固定してくると、おかしなことに、作られる歌がみな似かよってきちゃうんだ。判定する人の教養の傾向を考えて、そこに当てこむ歌づくりをするということもきっとあっただろうと思うね。まあ、彼らの生活が全く狭い閉鎖社会だったわけだし、それにしょっちゅう昔の例を引いたりしてれば、かんじんの新味というやつも出なくなる。つまり、あまりにも激しい争いになってくると、かえってみなの作るものが、それぞれ一癖も二癖もあった上で、共通のパターンになっちゃうということだね。

谷川　「孤心」を失っちゃうということだな。

大岡　そこのところが、おそろしくドラマティックだと思うね。たとえば藤原公任と和泉式部を並べてみると、公任のほうは和漢朗詠集の撰をしたくらいの大知識人で、「うたげ」的な世界の中心にいる人間だ。式部のほうはというと、そういう世界からはみ出ていく部分を持っている。ところが二人の詩を比べてみると、明らかに式部の詩のほうが優れているよね。そのあたりが、とてもおもしろいな。

谷川　連句の世界でもそういうことがあったのかね。たとえば芭蕉に、門人のほうで合わせすぎるみたいなことが。

大岡　あっただろうね。芭蕉がそういうとき、相手の個性をどこまで生かし、どこまで自分に近寄せようと思ったのか、興味のある問題だと思うね。

芭蕉は自分で一時代の詩のスタイルを決めようというくらいの野心を持っていたわけで、歌仙の集を七つ編んでいく過程で非常にはっきりとスタイルが変わっていっている。それは芭蕉一人が「さび」が出てきたとか、「かるみ」が出てきたとかじゃなくて、彼がそうなると同時に、彼を師匠とする全員がだいたいその傾向に行っているということだ。これはやはりすごいことだよ。その過程で芭蕉自身がほかの連中の句を直していると思うけどね。

しかもそれでいながら、芭蕉の門人たちの句は、たとえば去来の句は、どこをとっても去来らしい重厚で誠実な思いがこもっている。凡兆の句だったら、いかにも凡兆という切れ者の感じがするしね。それぞれの個性ははっきりと生きている。結局は芭蕉が、師匠として偉大だったんだな。

芭蕉という人は、すぐれた感受性の持主であると同時に、昔のものについて深い教養があった。それともう一つ、たぶんいちばん大事な点は、思い切りがたいへんにいい人で、捨身のところがある。弟子との付き合い方でも、最後までの弟子はわりあい少なくて、ある時期非常にかわいがられても途中でポイと捨てられている弟子が多いらしい。そのときどきの事情もあるだろうし、芭蕉自身はあとあとまでそういう弟子のことを気にかけてもいるのだけれども、全体として見ると、切り捨てる、そこに自分の批評眼のすべてを賭けていくという感じがする人だね。

思うに、切り捨てるということは、想像力とかいろんな問題に深く関係しているのじゃないかね。われわれは想像力というのを、頭のなかでなにかを築き上げ積み上げていくものと考えがちだけれども、そのほんとうの姿というのは、逆になにかを削っていくことじゃないかという気がするんだ。削れるかぎり削って、最後にこれ以上削れないものを差し出されたとき、読む者は、その痩せ細り鋭くなったものから、そこにくっついていたたくさんのものを、一瞬のうちに見てしまうのじゃないか。現代詩が添削できないのは、一つには、たいていの場合肉がくっつきすぎているからなんだよ。肉の部分を削っていって、たった一行の骨を残してみると、その詩自体の質がはっきりするかもしれない。残した一行のまわりに、膨大な何かが浮ぶとしたら、それは非常にいい詩だろうね。

谷川　芭蕉の句でいちばん有名なのが、

古池や蛙《かはず》飛こむ水のをと（春の日）

だということが、前からとてもおもしろいと思っているんだ。この句をいちばん有名にしているのは、文学史家や批評家の評価ではなくて、日本人全体の評価だろうと思うんだけれども、ふだんは当り前なことを言ってる句のように見えていて、しかしときどきこっちの精神状態によっては、異様な句に見えてくることがある。こんなに新しい詩があるのだろうか、SF的なくらいに新しい、という感じを持つことがあるんだな。「古池や」の句は、連句の世界のなかから独立して有名になったおかげで、とくに尖鋭にそういうものを突きつけてくるところがあるんだけど、ああいうものに存在の意味をはっきり与えた人間というのは、ほんとに気狂いみたいにすごい人だという気がするんだ。

大岡　「古池や蛙飛こむ水のをと」というのは、芸道のほうで考えると、利休が朝顔を一輪だけ残した話などと、精神として近いかもしれない。だから、そういうものの見方のパターンがあって芭蕉がそれに見事に形を与えたんだともいえないか。

谷川　でも「古池や」の句に僕が感じる新しさは、古池が宇宙の一つの中心で、水の音がある全体を暗示するというようなシンボリックな見方じゃないんだ。古池と蛙と水の音は、なにものをもシンボライズしていない。ただ古池に蛙がとびこんだという事象しか言っていない、というふうに見えたときに、異様なぐらい新しいと感じる。そしてまた、芭蕉の数多い句からあれを選んできた日本人の感性てものが、非常に不気味な気もするわけね。西洋の人間だったら、おそらくあの句を選ばなかっただろうね。

大岡　絶対に選ばないね。

谷川　もちろん、子供にでもわかる一種のウイットもあるし、わかりやすい句であることはたしかなんだ。けれども、あの一句の持っている具体性というのかな、そういうものはとてもすごいと思うんだな。

大岡　言いかえれば、こんなものは詩じゃないということよね。しかもそれが、詩の究極みたいなものになっている。

谷川　そうそう、そこのすごさ。結局そうなんだよ。

大岡　ラフカディオ・ハーンの『東の国より』というエッセイ集のなかに、ハーンがはじめて日本に来たころ書いた文章があって、日本人のものの見方に驚いたことを書いているんだ。その一つは床の間にどこかの海辺から拾ってきた流木が置いてあって、それはヨーロッパ人から見ると全く意味がわからないけれども、日本人には非常にいいものらしいと気がついたときの驚き。もう一つは、庭にしろなんにしろシンメトリーを使わないで、必ず均衡をこわしていくことが不思議だったらしい。ハーンは、そういうことに美を感じる日本人の能力に衝撃を受けているわけだよ。いずれにせよ、日本人というのは変な感受性を持っていることはたしかだ。

谷川　それがパターン化していることもたしかだけどね。だからそれのほんとうの意味には、ときどきしか気がつかない。

大岡　もう一つハーンが驚いたのは、彼が熊本の五高で教えていたとき、生徒たちと雑談をしていて、人生の幸福ということが話題になったときのことなんだ。そのとき一人、ふだんは非常に快活な青年が、人生なんてものにはなんにも意味がないと言いきる。それにハーンはとても驚いている。日本人は一方では、いつでも人生に対する深刻な懐疑を持っているように見え、もう一方ではケロリとして快活であって、そこに不気味なものを感じたんだね。

――三十秒近くの沈黙――

連詩・同世代読者・戦後教育

谷川　われわれの連詩てのは、すこしはうまくなってるのかね。(笑)

大岡　ぜんぜんわからない。五七五と七七の連結で三十六句つなぐ連句の場合などだと、うまくなったかどうかは、やっていてかなりはっきりわかる。しかし、現代詩の形で連詩をつくっていくのはね。よくわからないところがあるなあ。うまくなりすぎると危ないと思うし、そのへんがむずかしい問題だね。遊びではあっても、絶対にこれは譲れないというものがないと危いし、ほかの人に合わせていながら、おのれ自身の心の真実を感じさせる言葉でないと、あとがもうだめになるという気がするな。

谷川　「挨拶」ということが、おれにはいちばん興味があるんだ。自分の前の詩を受けなきゃいけないし、あとの詩に心を残さなきゃいけない。つまり自分を中心にして前後の文脈というものを他人の心のなかで考えなきゃいけない、ということがある。そういうことは、われわれが普通の詩を書いているときにはまったく考えない。一人で普通の詩を書いているときには、その詩の成立する広い意味での文脈というものはある。それは簡単に言えば、世界認識だと思うんだけれども、世界認識に関して現代てのは実に広い領域にわたっちゃっているよね。歴史的にも空間的にも、全地球大の世界認識を持ってしまっていて、それを背後にして詩を書いているわけよね。

ところが連詩の場に入ると、そういう世界認識より前に、自分の両隣の人がクローズアップされてくる。両隣の人が過去にどういう詩を書いたかとか、その人がこれまでの付き合いでどういう人間であったかとか、そういうところから世界認識が始まっていくよね。一人で書いているときには、広いけれども抽象的なものしか文脈にならないのに、連詩の場の文脈はとても具体的なものになる。両隣の人の顔色や健康状態までが勘定に入ってくる。僕の場合、そういうことで、自分の詩の文脈がまったく変ったんだ。

　また、連詩の場では、その「場所」とその「時」という具体的なことで発想しなければいけない。一人で書いているときには、その点でも抽象化があって、そこが書斎であるとか今日が何年何月何日であるとかは気にしていない。大ざっぱに日本だとか世界だとか、あるいは現代だとか、せいぜいその程度のルーズな認識しかないよね。それが連詩では、その場所でその時に生きていなければ、その詩はだめだということが建前でしょう。これは自分にとって全く新しい詩の認識の仕方なわけよね。

　そういうところから、いっしょに連詩をやっている『櫂』の同人たちに対する人間関係も、少しずつだけれども変ってきている。前よりもずっと、その人たちに思いをいたさなければいけないわけだ。逆にその人たちを意地悪くも見るようになるところもある。そういうことで詩人と詩人の関係が少しずつ変化してきているのだけれども、その変化は読者との関係の変化につながるのじゃないかという気がする。というのは、連詩ではそこにいる全員が作り手であると同時に読者なわけでしょう。だから、両隣を意識するってことは、両隣を読者として意識するということでもあるわけだからね。それは自分の詩の書き方に、ある変化を強制するような力を持っているのじゃないかという気がするのね。

大岡 僕の場合には、連詩を始める前から、安東次男、丸谷才一、それに時々は石川淳さん、川口澄子さんなどと連句をやっていて、非常にはっきりと、自分が一人で書く詩に変った所が生じたのに気づいた。自分一人で詩を書くときにも、一行と一行のつながり具合を、連句の意識みたいなものが加わって見ているんだよ。行と行が一方でははっきりと独立しながら、水も洩らさぬようにつながっていく形で書かなければ、人さまには見せられない、という感じになってきている。それはある意味では、自由奔放に書くということではなくなってきていると思うけれども、さっきの芭蕉の話の、〈削ぎ落す〉ということとつながっていると思っているんだ。削ぎ落すことで、一行から次の一行へ移るあいだに大きな飛躍が生まれるけれど、つながり方でその飛躍は詩を読んでくれる人にもわかるようなもののはずだと思っている。それはつまり、自分で思うように書くという形ではなくて、自分も読者になって書いているというような書き方だね。連句によって自分の言語意識が、そういうふうに変ってきているということがある。

谷川 僕は詩を書くときに、同世代を意識しているところがあるんだ。つまり、同世代の読者を持ちたい。おれはわりあい順調に年をとってきている、いまはわりと順調に中年であるって意識があるわけよ。中年のいいところもいやらしいところも、ちゃんと自分では持っているつもりなんだ。だからそれで書いていれば、必ずほかの中年に何らかの訴える面があるはずだという信念があるわけ。ところが現実には、中年はぜんぜん詩を読まない。おれのところへ来るファンレターというと、だいたい十代とか二十代初期ぐらいの人たちからで、それがなんかわかったようなことを書いてくるわけよ。詩の朗読に行っても同じことで、中年はいない。

それで中年は何をしているかというと、詩の代償経験はいろいろとやっているんだと思うんだ。小唄を唸るのも、軍歌をがなるのも、その一つだろう。あるいは、日本の小説や随筆はそうとうに詩の代りをしているものだから、そういうものを読んだり、あるいはまた、テレビ映画の詩的な場面に感動したりして、日本の中年はまったく現代詩をそでにしているよね。そでにされるのは仕方がないとしても、その際よくわからないのは、おれ自身は中年が読んでくれるような詩が書けないのだろうか、それとも、書けているのに読んでくれないのか、ということなんだ。

大岡　おれ流の判断からすれば、谷川はいちばん中年にわかってもらえる詩を書いている詩人だよな。

谷川　おれとしては、心をこめて中年へのメッセージを送っているわけだ。父親の悲哀などをうたったりしてさ。ところが中年は、ゴルフや麻雀にうつつを抜かして、詩が必要でないような顔をしている。たしかに人間のなかには詩が必要でない人間がいるし、いまの世の中はますますそういう人間が多くなっているのかもしれないけれども、日本の中年の、いわゆるドブネズミ・ルックなどといわれている連中が、ほんとうに詩を必要としていないのか。詩といわないまでも詩的なものを必要としてはいないのか。それとも、現代詩以外で十分に詩的なものを自分なりにつかんで、それで満足しているのか、ということ。それがよくわからない。

もう一つ上の世代になると、彼らが俳句をひねったり、漢詩を作ったり、小唄を習ったりしているところを見ていると、彼らにとってはそういうのが詩なんだなと思えるんだ。彼らには、われわれの現代詩は詩じゃないのよ。まだ江戸文化とツーカーでつながっている部分があるんだから、これはしようがねえやって感じだけどさ。

大岡　日本の中年の場合、随筆を読む人が多いんだよ。随筆というものが、日本では詩と地続きにつながっているということがあるからね。しかし随筆のなかでも、『文藝春秋』の巻頭随筆のようなものは多くの読者を吸いこんでいくけれども、ヨーロッパ風のエッセイ、つまり論を書くと、とたんに読者数は限定されるということになる。ただし、数は限定されても、そういうエッセイを読む人びとというのは、多くはやっぱり中年でしょう。僕が『ユリイカ』という詩の雑誌に連載している「断章」というのは、随筆というよりエッセイなんだけれども、それを読んでくれる人びとは、僕にわかる範囲では、わりと中年が多いね。

そういう随筆なりエッセイなりに接近した形での詩が考えられれば、それはおそらく中年の人びとに読まれていくだろうとは思うんだ。だけど僕自身はそういう形の詩はまだ書けない。書いてもアホダラ経みたいなものになって、「なんだ、これは」というものになるだろう。それに僕には、詩というものはたった一人でもわかってくれたら、これは何千人、何万人に匹敵するのじゃないかという、変な信仰があるわけだな。そういう自分と、連句などをやっている自分のあいだに分裂があるのかもしれないけどね。でもそれは、人間の能力が分化してきて、一人の人間のなかでも分化してきていることと、あるいは見合った現象なのかもしれないしね。

谷川　中年には、どうも歌すらないんだな。歌というと、軍歌とか寮歌になっちゃったりするわけでしょう。一方、若者のほうを見ると、たとえばフォークの最良のものなどには、その世代の声があるってことが、ひしひしとわかる。僕がそういうフォークを聞いて感動しているときには、自分の世代を離れて、息子のイメージに自分を重ねているんだけれど、明らかに若者の姿の切実さに打たれているね。いまの若者はいろいろ悪口をいわれているけれども、彼らが自分を最も裸にしたときに出てくる美しさが、いまのフォークの最良の部分にはあると思う。現代詩には、フォークにある最良のものすらないようなところがあるんだよ。だから逆にいえば、われわれは中年の読者を持ち得ていないけれども、うんと若い層では、その世代の声を代弁する詩人が出てきていない。

現代詩は、書く人間のほうで頑張れば人びとが読んでくれるかというと、それはちょっと違うんじゃないかと思うんだ。われわれは、日本人の伝統的な詩の感性とずいぶんすれ違ったところで仕事をして、一種のミュータントみたいになっちゃっている。しかし大多数の日本人は、実に保守的に彼らの詩的感覚を保持していて、そういうものは岩石のごとく変らないものなんじゃないかな。問題は、そういうものを壊していくのがいいのか、それとも、むしろわれわれの現代詩のほうで、そこへつながるべきか、ということだけれども、ちょっとよくわからないんだけどね。

大岡　うん、むずかしい。

谷川　サトウ・ハチローの詩が何百万部も売れているってことが厳然とした現実としてあるんだ。そういうものに対して現代詩は少数派でいいんだというふうに言えば、それはそれで一つの立場だし、そう考えたほうが楽なんだけどね。

大岡　そういうことを考えようとすると、どうしたって教育の問題にぶつかるんだな。たとえば言語教育と、それにつながる人間関係についての教育の問題があると思うね。たとえば親子関係とか友達関係というものは、ある時期にパッと切れるはずなんだけれども、それが青年期になってもグズグズ、ベタベタとつながっている場合には、詩についての感受性はほとんど育たないと思うんだ。詩というのは、やはりどこかで、人間関係というものはバサッと切れるものだということを知ったときに誕生するってことがある。いまは、家庭教育を含めて教育全体に、そういうところが欠けているような気がしてしようがないんだな。つまり、子供をほうり出して、一人で世界を見つめてごらんなさいというふうなやり方を、いまはあまりしていない。もし、そうされれば、これまで自分が意識せずに使っても意思が疎通していたはずの言葉が、とたんに意思伝達の手段としてはだめになっちゃったという実感が、必ずある時期生じるはずなんだ。そのときから、言葉に対しての見方というものが、いちおうできてくるのだと思う。そういう意味で、いまの世の中の過保護というものが、保守的な感受性の持続につながっているのじゃないかね。

谷川　それともう一つは、とくに戦後の日本の教育がプラクティカルなものに最上の価値を置いてきたってことがあるね。もちろん、それが経済成長を支え、われわれがいま比較的安楽に暮しているもとでもあるわけだから、それを全否定することはとうていできないけれどもね。しかし、プラクティカルなものだけが価値である世界には、詩は介入する余地がない。たとえば月にロケットが行くという事件は、実に詩的な事件であるはずなんだけれども、あれすらプラクティカルな価値観でとらえられるということが、日本に限らず世界的な傾向としてあるわけだ。

大岡が言ったように、自分というものが他の人間から切り離される時期というのが、人間には必要だよね。それは結局「孤心」の一種であり、そういう状況に置かれるということは、自分が宇宙のなかで迷子になったような状態といえるものだ。われわれは思春期の一時期に、それぞれそういう状態を経験したと思うんだけれども、いまの連中はそういうものを持たないのかね。

大岡　それを持つだけの欠乏の状態というものが、あまりになさすぎるね。すべて、まわりにあふれすぎている。その点では、現代詩を書いている者に、欠乏時代に育った連中の人数がわりあい多いということは、意味がありそうな気がするね。(笑)詩ての は、外の世界とどこかで切れて、欠乏状態を自覚しないとだめなんだ。そこからはじめて、「挨拶」ということの重大性が出てくる。たった一人の隣人とでも、挨拶するということはたいへんなことなんだ、ということがあると思うんだ。

挨拶・暗誦・現実感覚・言葉

大岡　「挨拶」という言葉は、山本健吉さんが大きくとりあげて、いまでは俳諧の本質を論じるのに欠くことのできない言葉になっているよね。それであるとき気になって調べてみたんだけど、「挨」も「拶」も、漢字の語源としては、ニコニコおじぎをし合うという意味はないんだよ。「挨」という漢字は、群がっているものをかきわけて進むことで、「拶」は猛烈に迫るとか責めるとか、さらには指にはさんでいためつける拷問の責め道具のこと。

谷川　へえー。

大岡　「挨拶」という言葉は、禅宗の坊さんの世界で使われたんだって。僧侶が激しく問答することを、「挨拶」と言った。ここから一般の世界に出てくるにしたがって、用法も、にこやかに相手の安否を問うようなことになっていったのだけれども、そこまでの過程は辞典に書いてない。僕の想像では、中世から近世にかけて、一般世間の人がお寺などで挨拶という言葉を聞いてきて、友達なんかにふざけて「ちと挨拶してやるぞ」なんて言い方で使ったのが初めじゃないかと思う。

谷川　そうすると、「それはご挨拶だねえ」とか「ちょっと顔貸せよ、挨拶してやらあ」とかって言うほうが、もとの用法に近いわけね。

大岡　そうなんだよ。激しく問答するという「挨拶」に近い。そういう「挨拶」は、芭蕉時代の連句にある、あの激しさとはぴったりあてはまるんだな。「挨拶」という言葉をそういうふうに原義にさかのぼって考えてみると、連句的な世界あるいは歌合的な世界が、殺気をもった気合で相手とのあいだに対話を成立させていることがよくわかるし、そこにやっぱり詩の一つの原点があるような気がするんだ。

谷川　それじゃ、おれたちの連詩の会でも、もっと相手に挑戦しなくちゃいけないね。

ニコポンじゃいけないわけだ。

大岡　一般の家庭のなかでも、「挨拶」ということをそういう意味も含めて意識するようになれば、言葉に対する感覚が違ってくると思うね。

谷川　そうね。だいたい、いま家庭内で挨拶するほうが少ないんじゃない？　「おはよう」なんて言ったって、子供たちはあんまりちゃんと答えてくれない。

大岡　そこでは対話は成り立たない。

谷川　日本の教育は、言葉というもののとらえ方を根本的にとり違えているところがあるかもしれないな。

大岡　言葉というものは、努力しなくてもはじめから相手に伝わるものである、という前提でやっているからね。

――十秒ほど沈黙――

詩というものは本来そう簡単にわかるものではない、ということの認識が広まれば、逆に、詩をわかろうという人が増えてくるということはないかね。われわれの詩がまるでわからないものだとすれば、それはだめな詩だけれども、そうでなければ、読む人の心のどこかに詩の言葉がひっかかるはずなんだよ。それがひっかからないというのは、詩人もだめにはちがいないとしても、読者の側の問題もあると思うんだ。結局、われわれは多くの場合、受身になってしまっているんだな。随筆の読者が多いことも、そういうことに関係していると思う。

谷川　そうね。

——二十秒ほど沈黙——

この本では割愛したが、対談に並行して行なわれたアンケート(「エナジー対話」第一号(一九七五年五月刊)に収録。)の中で、いろいろな人たちが各自の詩的体験について答えてくれたんだけど、その質問に対して、自分の心的な体験を答えている人と、言葉の体験を答えている人の、二つのグループがあって、僕はそこがとてもおもしろいと思ったんだ。

それはこの対談の最初の話に戻っていくと思うんだけど、詩というのはその両方が軸にならないと、どうしてもうまくつかまえられないんだと思う。ただ心的な体験だけでとらえていると、絵にも音楽にも、それこそありとあらゆるものに詩があるという、日本人独得の詩観に行ってしまうし、また、言葉だけでとらえようとすると、逆にブッキッシュな血の通わないものになっちゃったりするわけでしょう。

日本の教育ということで考えてみると、心的な面というのは、感想文を書かせるとか、自分の気持を詩に書きなさいとか、いろいろとあるんだけれども、言葉の形の面はわりあい軽視されていて、ほとんど教育されていない。たとえば、子供たちがわらべ歌とか言葉あそびとか、今ならテレビコマーシャルとかいう形で日々発散しているエネルギーを、国語教育は全く汲み上げていない。また、暗誦させるってことが、いまはほとんど行なわれていない。江戸時代とまでいわなくても、教育といえばほとんど暗誦だった時期があったと思うのね。ところが、われわれが教育を受けた時代にはすでに、暗誦というのは馬鹿の一つ覚えのように思われて軽視されはじめた。いまはますます軽視されていて、ほとんど暗誦を聞くことがない。言葉の教育としてこれはとてもおかしなことなんだ。現実に子供たちは、テレビのコマーシャルなんかは実によく暗誦していて、それを発音するのを自発的に楽しんでいるでしょう。コマーシャルというのは言葉としてなかなかおもしろいものも多いし、音韻的なおもしろさを持ったのもあるからね。しかし、テレビのコマーシャルはあくまでコマーシャルにすぎず、ほんとうの言葉の教育とはちょっと違う。暗誦をやらなくなったということは、言葉の、ひいては詩の、ある大事な一面をまったく無視していることだと思うんだよ。

大岡　暗誦はほんとに大切なんだ。なぜこの単純なことがわからないのかといつも思うね。学校でそれをやろうとしないことに、なにか巨大な陰謀的悪意を感じるくらいだよ。小学校の教科書に載せている詩なんかでも、リズムを重んじた作品があまりないんだ。子供たちが思わず何度でも繰り返して読んで、覚えてしまいたくなるようなものが、あまりにも少ないね。

谷川　暗誦させるということが、子供の自発性を損うとか、機械的であるとか、そういう愚かな教育観が、戦後とくに強いんだな。

大岡　絵の教育でも、そういうことがあるよね。自分が感じたとおり、思ったとおりに描きなさいというやり方。ある時期までは、子供は面白半分に塗ったくっていて、子供特有の色感でいける場合もあるんだけれども、そこから先へは伸びない。子供には、鉛筆の削り方とか、線の引き方、円の描き方などをしっかり教えるほうがいいと思うんだけれども、それはやらないんだよ。

会津八一さんが、書についての文章で言っているんだけど、会津さんは書を習いにくる連中に、毎日毎日、縦の棒と横の棒と丸だけ書かせたっていうんだな。半年でも一年でもそれをやらせる。そして、縦横の棒と丸とが自由に書けるようになると、どんな字でも書けてしまうということなんだ。会津さん自身、散歩のときとか電車を待っているときなど、持っているステッキの先で、しょっちゅう地面に円を書いたり線を引いたりしていたらしいね。そういう基本の訓練というのが、おれは、とても大事だと思うんだ。

谷川　現実を頭でつかむのではなくて、声でつかむとか、手ざわりでつかむとかしないと、世界とはこういうものだという現実認識が浮き上がったものになってしまう。詩というものはそういう世界認識に拮抗するものであるはずだから、拮抗すべき世界認識が頭でっかちでふわふわしていては、詩は成り立ちようがない。

大岡　ものはよく知っているけれども、中身はとても臆病で、自分をさらけだすことなんかができない子がふえているのじゃないかね。

谷川　大学生あたりから手紙をもらって感じることだけれど、彼らはいろんな本も読んで、いろんなことを知っているわけだ。それで僕の詩について、あなたの詩はこうも考えられるし、またこうも考えられる、結局あなたの詩はいいのか悪いのかわからない、というふうな手紙が意外に多いのね。こういうのを読むと、僕にはとても不思議なんだ。普通なら自分が一つの詩を読んで得た確固としたものがまずあって、それを判断の基準にして批評なり解釈が出てくるはずだけれども、彼らにはそれがなくて、ただ言葉によって詩を説明しているだけ。ということは、その人の頭には、カチンと突き当る現実が一切ないということなんだよ。

吉田健一さんが、詩というものは日々の現実的な感覚に基礎を置いている、と言っているよね。たとえば朝の光を書いた詩を読むのに、その朝の光に対する現実的な感覚がないとしたら、作者の言葉がどうの思想がどうのということばかり論じることになってしまう。そういうふうな詩の解釈が、いままかり通っているからだめなんだ、という意味のことを書いていたけどね。どんなに日常的な現実から離れたように見える詩でも、そういうものが基本にある。あるからこそ、逆に新しい感覚が出てくることが可能になるんだ。だから、基本になる現実感覚を失ったということは、たいへん困る問題じゃないかな。

大岡　うん、うん……。

——十五秒ほど沈黙——

谷川　だけどね、詩なんてまったく必要じゃない人間は、それはそれで幸せかもしれないしね。

大岡　そういうことは言えるな。

谷川　このあいだも詩の朗読会で、一人の女性に質問されて、困っちゃってさ。そのとき読んだのは「くりかえす」という詩なんだけれども、彼女は、私たちは現実生活においてすでに十分に暗さは味わっている、それなのになぜあなたはこういう暗い詩を書くのか、とおれを詰問するわけだ。おれはまいっちゃってさ、すっかり。(笑)それから、僕が訳している「ピーナッツ」という漫画ね、あの漫画を読んでもなぜおかしいのかまるでわからないという人が、たまにいるんだ。人間てのはいろいろだから、ユーモアの感覚がない人もいるとは思うけれども、それでもやっぱり不思議な気がするね。そういう人たちは、もしかすると芸術というものを全く必要としない人種なのかなあって思うことがある。それが、わりと豊かな世代から出てきていることも、おもしろいといえばおもしろい。

大岡　芸術作品に何かを求めるというのは、自分のなかに欠乏を意識しているからだ。なにか重大なものがあるはずなのに自分にはつかめていない、ということを感じていなければ、どうにもならない。自己満足している人間に対しては、詩が働きかけるきっかけがない。

——十五秒ほど沈黙——

でもね、完全に自己満足してる状態というのは考えられない。どこかできっと自分をごまかしているんだろうな。

谷川　芸術的なものがまったく必要じゃない人間はたぶんいないのじゃないか。たとえば「ピーナッツ」のどこがおもしろいのかわからないと言った人は、インド舞踊なんかを習ってるわけよ。おれの詩がなぜ書かれたかわからないと言った人も、もしかするとロックは好きかもしれない。そういうふうに部分的に補充してしまっているということはあると思うね。

――三十秒ほど沈黙――

やっぱりそれは、言葉というものをどう考えているかということにつながっているのかもしれないな。自分の意識が言葉でできあがっているというふうに思っている人は、意外に少ないんだ。かなり多くの人が、言葉で自分が変っていくというふうには思っていない。言葉なんてただの道具で、自分の考えを他人に伝えられればそれでいいんだ、みたいなところがある。もしそういうふうに割り切れているとしたら、詩というものはたぶん理解できないだろう。詩がなぜできるのかってことも、まったく無意味に思えちゃうのじゃないのかな。

あとがき

二日目の対話を、今日はここまでだな、と終えたのは夜十一時近かったかと思う。対話者の大岡信、谷川俊太郎、編集の私、三人が一様にほっと解き放された呼吸を覚えている。夕暮から速記をとり始めて四時間になろうとしていた。庭先にひろがる冬の伊豆の海からの照り返しが、庭を背にした大岡さんの顔を逆光にしていたのが、いまは雨戸をたてた部屋に三人の煙草の煙がこもって電燈の明りをにぶくしている。谷川さんが、大岡とは二十年以上のつきあいだけどさ、こんなふうに大真面目に喋ったのは初めてだね、と言った。そうだな、雑談はずいぶんしているけれども、これだけ張りつめて二人だけでこんなに長く話したことはないな、と大岡さんも言った。

それまで脇に座って二人の詩人の言葉の往復に勁い緊迫と、次第に深く降りてゆく螺旋運動を聞きとっていた私は、このやりとりに、やっぱりそうか、と思った。四時間近い時間、私はほとんど息をつめて聞いていたのである。

三人が同時に、ここが今日の話の終りだと感じとった瞬間、私は深い息を吐き、稀れにスポーツのあとにくるような幸福な疲労の中にいた。はじめての長い複雑なスキーのコースを、一秒一秒が現実の時間の何倍にも長く意識されながら、全体として狂いのない勁いリズムで滑り切った時の充足であった。やっぱりそうか、と思ったのは、二人の詩人の対話にそういうものを感じつづけていたからである。最高度のスキー選手の最高の滑りを、高速度撮影のフィルムで見ているのと等質なものがあった。

しばらくして対話の聞き手としての満ちたりた喜びの先に、編集者としての私がかえってきた。対話は成功した。三回目の対話を一ヶ月後に残してはいたが、前日の対話とこの日の対話を通じて、対話『詩の誕生』の成功を知った。私がお二人に向って「成功」を口にし、次回の主題へのめどをいくらか話合い、そのあとは一種のカタルシス作用のように、今度は私と速記の人も交えての精力的な雑談がつづいて、寝床についたのは午前三時をまわっていた。雑談のあいまに大岡さんが所用でお宅に電話、奥さんのたぶん「対談うまくいったの」という問に、「うまくいったらしいよ」という、抑えながらニヤリとした返答が、いま私の耳にのこっている。

「詩の誕生」を主題に何回かにわたる対話をまとめたいという企画は、昨年の秋(正確には昭和四十九年九月十二日）私の中に浮んだものである。その後この企画についての上司の許可を得て、年の暮であったか、大岡さんに会って相談することになった。詩の誕生という主題は、私自身そうであったが大岡さんにも、最初は、人類史上の詩の発生の問題が中心にあるものと受取られて、興味は大いにあるけれども、そんな大変なことは出来っこないなあ、という返事であった。簡単に「詩の誕生」を企画したものの、考えてみれば、精緻な文献学者にしたところで、全世界の諸文化における詩の発生を比較研究し解明することは、おそらく無理であろう。まして文献史料のない部分については、詩が主として人間の精神なり意識なりにかかわるものであるならば、考古学的な研究の有効性は少ないであろう。また、かりに考古学がこの主題にある程度の有効性を持つにしても、それだけではどうしようもない。比較神話学、文化人類学、民俗学、言語学、心理学、大脳生理学、そのほか挙げればきりのないような諸科学の共同作業が求められるであろうし、それは二人の人間の対話では不可能に近いことである。かりにそういう諸科学が結集したところで、詩の誕生が解明されるかどうかも、思えば覚つかない話である。

ただ、「詩の誕生」という主題は、私にはどうしても未練があって、捨てる気になれなかった。無理を言って、大岡さんにそのあと何度か会った。そうして、いわばゴリ押しの相談をつづけているうちに、例えば萩原朔太郎でもだれでもいいのだが、日本の詩人の或る一篇の詩を素材にして、その詩について可能なかぎりの切り込みをしてみたら、そこから「詩の誕生」というものが浮び上ってくるのではないか、という考えが生まれてきた。一篇の詩は、詩人内部の詩の誕生を語り得るはずであるし、詩の発生からの歴史も背負っているはずである。日本人が日本語で語る対話であるから日本の詩を選ぶのであるが、その一篇の詩を核にして、他言語の詩にも触れていくきっかけが得られるであろう。つまり一篇の詩を素材であり同時に触媒であるとして、そこから空間的にも時間的にも、或いは外へ或いは内へ、或いは過去へ或いは未来へ遊んでみたらどうだろうかということである。それなら、やってみてもいい、という大岡さんの同意があって、もう一人の対話者には谷川さんをお願いすることになった。

谷川さんの全面的な賛成をもらったとき、この『詩の誕生』が、机上の企画をようやく乗越えて、誕生したわけである。私は、対話(対談)というものには外的な条件も重要な要素であろうと考えているので、対話の回数、期間、場所などの大枠を両対話者と打合せ、あとは素材の一篇の詩を選んでもらうところへ来た。第一回の対話まで一ヶ月あまりの時期であった。それから二人の詩人の間で幾度かの打合せがあって、結局、一篇の詩を選ぶことは可能だけれども、むしろ二人の詩を詩作の体験をもとにして互いに語ることが、かえって狙いに合うだろうということになった。私自身も、最初の企画からここまでの迷い歩きの挙句、なるほどと納得の行ったことであった。

企画から対話にいたるまでをくどく書いたのは、実は、対話というものは、そういうものであるということ——つまり、対話の場が実現するまでに、外的内的な準備、それも手際よく一週間で整えるというものではない、時をかけた何ものかが要るのであろう、ということを言っておきたかったのである。対話者に人を得なければなんにもならぬのは言うまでもないことであるが、そこまで来てしまえば、一回目の対話は二回目を呼び、二回目の対話は三回目を呼ぶ。編集者の私はただ、その日の対談が終るところを、じっと待てばよいのである。もう話せない或るところがくると、対話者にも編集者にもそれは生理のようにわかる。話せないところへきてもなお、次の対話が潜在していることもわかる。そして次の対話までの空白の時間が、潜在している対話を醸成していくようである。宿の女中が、「お客さんたち、芸者衆は呼ばないし、麻雀はしないし、ゴルフにも行かないで。朝から夜中まで喋ってばかりで……」と、あきれ顔で笑っていた。二日目の昼のうち雪の残った伊豆の山へドライヴをしたほかは、宿にべったり居すわって、夜食のおにぎりまで用意してもらって、昼夜兼行で話していた。対話と対話の間の空白の時間というのは、そういうお喋りの時間であった。

一回目二回目の対話(二月二十八日、三月一日)は梅の季節であった。その二回分の速記を両対話者に読んでもらった上での三回目の対話(三月二十五日)では、宿(伊豆山・桃李境)の庭に丈高いミモザの一木が満開であった。速記録からまとめた原稿を持って、大岡さん谷川さんたちの連詩の例会の場を深大寺に訪ねた時は桜の盛りであった。「エナジー対話」誌の創刊号として『詩の誕生』ができあがったのは梅雨近い五月末であった。大岡さんと相談を始めてからでも半年が過ぎていた。本造りとしてなら長い時間ではないが、雑誌の対話(対談)としては異例に長い時をかけたものであろうと思う。

政治家などによって「対話」という言葉が汚されている。一方で雑誌や新聞が、安直さによりかかって「対談」を掲げることも多い。「対話」というものが何であるのか、どんな作法を持っているのか、私自身まだ模索しているところであるが、『詩の誕生』を了えたいま、少なくともこれだけは言える。一つは、政治家のいうような一対多、あるいは多対多の「お話し合い」は「対話」ではないということ。対話は、あくまで二人の人間の間に交される言葉の〈運動〉であるということ。もう一つは、対話は座談会とは質的に異なるものであるということ（両者の優劣を言うのではない）。本書には何ヶ所か〈約三十秒の沈黙〉といったことを文字に記録しているが、それは「対話」であるためである。座談会ならば、私の考えでは、それを記録する必然性はない。「対話」が一つの独立した表現様式になり得るかどうか、でき得ればそうならせるために、私なりの考えを進めたいと思っているのであるが、この『詩の誕生』は、そのための多くのことを教えてくれた。その意味でも私は、大岡さんと谷川さんに心からのお礼を言いたい。

昭和五十年八月

高田　宏

〔編集付記〕

本書は、高田宏編集による「エナジー対話」(エッソ・スタンダード石油株式会社広報部発行)の第一号として一九七五年五月に刊行され、同年十月には読売新聞社が発行する「読売選書」に収録された。その後二〇〇四年には、大岡信・谷川俊太郎による新たな対談(二〇〇二年十一月のもの)と、両氏それぞれによる「新版へのあとがき」を追加して、その新版が思潮社より刊行された。今回の岩波文庫化にあたっては、読売選書版を底本とした。

(岩波文庫編集部)

詩《し》の誕生《たんじょう》

2018 年 6 月 15 日　第 1 刷発行
2023 年 9 月 25 日　第 4 刷発行

著　者　大岡《おおおか》　信《まこと》　谷川俊太郎《たにかわしゅんたろう》

発行者　坂本政謙

発行所　株式会社　岩波書店
〒101-8002 東京都千代田区一ツ橋 2-5-5
案内 03-5210-4000　営業部 03-5210-4111
文庫編集部 03-5210-4051
https://www.iwanami.co.jp/

印刷・三陽社　カバー・精興社　製本・中永製本

ISBN 978-4-00-312151-1　　Printed in Japan

読書子に寄す

――岩波文庫発刊に際して――

岩波茂雄

　真理は万人によって求められることを自ら欲し、芸術は万人によって愛されることを自ら望む。かつては民を愚昧ならしめるために学芸が最も狭き堂宇に閉鎖されたことがあった。今や知識と美とを特権階級の独占より奪い返すことはつねに進取的なる民衆の切実なる要求である。岩波文庫はこの要求に応じそれに励まされて生まれた。それは生命ある不朽の書を少数者の書斎と研究室とより解放して街頭にくまなく立たしめ民衆に伍せしめるであろう。近時大量生産予約出版の流行を見る。その広告宣伝の狂態はしばらくおくも、後代にのこすと誇称する全集がその編集に万全の用意をなしたるか。千古の典籍の翻訳企図に敬虔の態度を欠かざりしか。さらに分売を許さず読者を繋縛して数十冊を強うるがごとき、はたしてその揚言する学芸解放のゆえんなりや。吾人は天下の名士の声に和してこれを推挙するに躊躇するものである。このときにあたって、岩波書店は自己の責務のいよいよ重大なるを思い、従来の方針の徹底を期するため、すでに十数年以前より志して来た計画を慎重審議この際断然実行することにした。吾人は範をかのレクラム文庫にとり、古今東西にわたって文芸・哲学・社会科学・自然科学等種類のいかんを問わず、いやしくも万人の必読すべき真に古典的価値ある書をきわめて簡易なる形式において逐次刊行し、あらゆる人間に須要なる生活向上の資料、生活批判の原理を提供せんと欲する。この文庫は予約出版の方法を排したるがゆえに、読者は自己の欲する時に自己の欲する書物を各個に自由に選択することができる。携帯に便にして価格の低きを最主とするがゆえに、外観を顧みざるも内容に至っては厳選最も力を尽くし、従来の岩波出版物の特色をますます発揮せしめようとする。この計画たるや世間の一時の投機的なるものと異なり、永遠の事業として吾人は微力を傾倒し、あらゆる犠牲を忍んで今後永久に継続発展せしめ、もって文庫の使命を遺憾なく果たさしめることを期する。芸術を愛し知識を求むる士の自ら進んでこの挙に参加し、希望と忠言とを寄せられることは吾人の熱望するところである。その性質上経済的には最も困難多きこの事業にあえて当たらんとする吾人の志を諒として、その達成のため世の読書子とのうるわしき共同を期待する。

昭和二年七月

岩波文庫の最新刊

トニ・モリスン著／都甲幸治訳
暗闇に戯れて
―白さと文学的想像力―

キャザーやポーらの作品を通じて、アメリカ文学史の根底に「白人男性を中心とした思考」があることを鮮やかに分析し、その構図を一変させた、革新的な批評の書。 〔赤三四六-一〕 **定価九九〇円**

川崎賢子編
左川ちか詩集

左川ちか(一九一一-三六)は、昭和モダニズムを駆け抜けた若き女性詩人。夭折の宿命に抗いながら、奔放自在なイメージを、鮮烈な詩の言葉に結実した。 〔緑二三二-一〕 **定価七九二円**

ヘルダー著／嶋田洋一郎訳
人類歴史哲学考 (一)

風土に基づく民族・文化の多様性とフマニテートの開花を描こうとした壮大な歴史哲学。第一分冊は有機的生命の発展に人間を位置づける。(全五冊) 〔青N六〇八-一〕 **定価一四三〇円**

泉 鏡花作
高野聖・眉かくしの霊

鏡花畢生の名作「高野聖」に、円熟の筆が冴える「眉かくしの霊」を併収した怪異譚二篇。本文の文字を大きくし、新たな解説を加えた改版。(解説＝吉田精一／多田蔵人) 〔緑二七-一〕 **定価六二七円**

……今月の重版再開……

尾崎紅葉作
多情多恨
定価一一三三円 〔緑一四-七〕

大江健三郎・清水徹編
渡辺一夫評論選
狂気について 他二十二篇
定価一一五五円 〔青一八八-二〕

定価は消費税 10% 込です　2023. 9